추천사

진로 교육의 중요성에 대해서 우리는 항상 인식하고 있지만, 그것을 학교의 일상으로 구현하기란 쉽지 않다. 당위와 현실의 간극이 매우 크기 때문이다. 이 책은 그 간극을 메우고 있다. 이 책은 현장 교사의 풍성한 실천과 스토리, 경험지식, 학생들의 수행 기록을 담고 있다. 진로와 진학, 두 마리 토끼를 어떻게 공교육에서 잡을 수 있는가를 생생하게 보여주고 있다.

_ 김성천 한국교원대 교육정책전문대학원 교수, 《고교학점제란 무엇인가?》 저자

진로 중심의 진학 성과를 위한 책으로 이 책을 말하기에는 왠지 모를 부족함이 있다. 학종을 가꾸고 학생부에 펼치는 방법론으로서만 이 책을 이해하는 것 또한 아쉽다. CAT Design은 미래시대를 살아갈 내적 힘을 키워주는 방법이며, 이 책 곳곳에 그렇게 성장한 학생들의 흔적이 담겨 있다.

_ 김승 한국교원캠퍼스 교수, 《10대가 맞이할 세상, 새로운 미래직업》 저자

진로를 토대로 진학을 세우는 일은 쉽지 않다. 이 책은 CAT Design 원리를 통해 진로 위에 진학을 세운 성과를 토대로 집필되었다. 학종 준비의 구체적인 방법뿐만 아니라 인생을 디자인하여 가치 있는 삶을 살고자 하는 학생들과 이들을 돕고자 하는 교사들에게 적극 추천한다.

_ 박권우 이대부속고등학교, 《수박먹고 대학간다》 저자

이제 우리 교육은 학생들이 스스로 자신의 라이프를 디자인할 수 있도록 돕는 일을 할 수 있어야 한다. 그것이 바로 미래 교육의 방향이자 가치이다. 대한민국의 많은 학생이 인생을 디자인하고 그것을 통해 학교에서 배움의 의미를 찾아갈 수 있도록 돕는 데 이 책이 친절한 나침반이 되어줄 것이라 확신한다.

_ 김지영 TLP 교육 디자인 대표, 《다섯 가지 미래 교육 코드》 저자

저자 곽충훈은 타고난 교사이지만 탁월한 실행가이기도 하다. 나는 *그*가 불철주야 청소년의 자기성장을 위해 진심으로 애를 썼다는 것을 잘 알고 있다. 이 책은 청소년 시기에 꼭 필요한 인생 설계를 스스로 할 수 있게 도와줄 뿐만 아니라 학종을 통해 대학 진학을 준비할 수 있게 가이드 한다. 이 책을 통해 저자의 열정이 소리 없이 방방곡곡 퍼지길 소망한다.

_ **오병곤** 터닝포인트 경영연구소 대표, 책쓰기 멘토

이 책은 청사진을 그리는 데 도움이 된다. 이 책은 진로를 중심으로 인생을 설계하고, 설계한 인생 속에서 어떻게 학종을 준비할 것인지 상세히 소개하고 있다. 학종을 준비하는 학생들은 물론 교사, 학부모에게도 큰 도움이 되리라 확신한다.

_ **최지연** 한국교원대학교 초등교육과 교수, 전 입학사정관

이 책은 학생 스스로 자신의 진로를 찾아가는 프로그램을 구안하고 적용해서 아이들의 성장을 지켜본 노하우를 담고 있는 책이다. 아이들 스스로 배움과 성장을 경험하며 꿈을 이뤄가는 것을 제대로 돕고 싶은 분들에게 일독을 권한다.

_ **김영식** 좋은교사운동 공동대표

이 책은 저자들이 오랫동안 학교 현장에서 진로 진학 교육과 학습 코칭을 고민하고 실천한 경험을 바탕으로 나온 매우 의미 있는 성과물이다. 그러기에 학생들의 진로 지도와 학습 지도에 대한 고민을 가지고 있는 사람들에게 의미 있는 가이드북이 될 것이다.

_ **김현섭** 수업디자인연구소 소장, 《미래형 교육과정을 디자인하다》 저자

LSP는 공교육 속의 대안교육 모델이자, 모순된 진학과 진로 두 토끼를 다잡은 역설의 진로교육 모델이며, 미래 인재를 양육하는 미래 교육의 못자리판이다. 긴 세월 사랑하는 제자들을 위한 열정과 감동은 세 가지 디자인(CAT Design) 전략으로 농축되었다.

_ **장슬기** 높은뜻씨앗스쿨 교감, 《미래형 교육과정을 디자인하다》 저자

어?
진로를 잡으니
학종이 보이네!

어?
진로를 잡으니
학종이 보이네!

초판 1쇄 발행 _ 2020년 8월 20일
초판 2쇄 발행 _ 2020년 11월 1일

지은이 _ 곽충훈, 이선경, 이정은
펴낸곳 _ 애플씨드북스
편 집 _ 디자인캠프
디자인 _ 디자인캠프
기획책임 _ 장주영
기획팀 _ 류경희, 홍혜숙

출판등록 _ 2017년 11월 14일 제 2017-000131호
주 소 _ 서울특별시 송파구 법원로 127 408호(문정동)
전 화 _ 070-4870-3000   **팩 스** _ 02-597-4795   **이메일** _ ryu4111@nate.com
인스타그램 _ @appleseed_books

I S B N _ 979-11-969215-2-1 (43370)

책값은 뒤표지에 있습니다.

애플씨드 북스 소개
사과속의 씨는 누구나 볼 수 있지만 씨 속의 사과는 아무나 볼 수 없습니다.
애플씨드북스는 미국 전역에 사과씨를 심으며 개척과 희망의 상징이 된 쟈니 애플씨드를 모티브로
탄생하였습니다. 책으로 세상에 선한 영향력을 심겠습니다.

"진로로 학종을
디자인하라!"

어?
진로를 잡으니
학종이 보이네!

곽충훈, 이선경, 이정은 지음

애플씨드북스

모자 쓴 고양이 나비로 날다

Ⅰ. 고양이(CAT)

CAT은 고양이다. 이 책의 핵심 컨셉이 CAT Design이다.

C Career는 진로 디자인, A Action는 실행 디자인, T Thinking는 생각 디자인이다.

공장 노동자와 직업군인의 양성을 위해 설계된 프러시아 교육을 이어받은 미국 공립학교의 교육은 테일러 주의 공장식 학교 교육으로 공고해졌다.

《평균의 종말》 저자이자 하버드 교육대학원 토드 로즈 교수는 '공장의 종'을 흉내낸 '학교 종'을 도입했다고 말한다. 벤저민 블룸의 학습 속도주의, educational track 개념을 탄생시킨 손다이크의 재능 등급화도 구시대 평균주의자들의 산물이다.

평균주의 함정에서 자유롭지 못한, 자유로울 수 없는 한국 공교육 현장에서 CAT이라는 '인생 디자인' 개념을 정리해, 높이 깃발을 들고, 널리 알리고, 나누는 저자가 고맙다.

토드 로즈 교수는 고교 시절 D⁻로 낙제했고, ADHD, 문제아, 생활보호 대상자였으며 스물한 살에는 아내와 자녀 둘을 부양해야 했지만 대학에서 A를 받고 결국 하버드대학교 교육대학원 교수가 되었다. 단지 시험 점수라는 평균주의를 초월해 본인의 '개개인성'에 집중한 덕분이다. 때문에 '인생 디자인'을 강조하는 저자의 주장에 200% 공감한다. 이 책대로 인생 디자인을 체계적으로 잘 설계하면 진로와 진학은 새털처럼 가볍게 따라올 것이다. 지구상에서 가장 권위 있는 커리어 전문가 리처드 볼스는《파라슈트》에서 일자리 구하기뿐 아니라 인생도 구해야 한다고 했다. 대학 합격을 구하기 전에 인생을 구하는 것이 먼저다.

II. 모자(CAP)

CAP은 모자다. 고양이CAT는 모자CAP를 써야 한다. 즉 인생계획을 체계적, 지속가능하게 하려면 CAP(Career, Action, Plan 또는 Portfolio)이 필요하다. 필자는 바인더라고 부르는 플래너를 활용해 그룹 계열사 최연소 CEO, 수억대 연봉의 탑 세일즈맨을 거쳐 3P자기경영연구소라는 교육 회사 CEO로 30만 명에게 강의를 했고, 국내의 500여 개 독서포럼 나비 회장으로 섬기며 건강한 독서 시민운동을 이끌고 있다. 지금까지 1,000

권이 넘는 바인더를 가지고 있다. 플래닝을 통한 포트폴리오의 힘이다.

앞서 이야기한 리처드 볼스 교수는 직업을 찾거나 커리어를 바꾸는 16가지 방법을 소개한다.

최악의 구직 방법은 성공률 4~10%로 인터넷을 통한 잡포스팅이다. 반면 최고의 구직방법 1위는 놀랍게도 86%의 성공률을 자랑한다. 바로 구직자 자신에 관해 철저히 연구하는 것이다. 또한 면접관들이 이력서를 절대 믿지 않는다고 말하며 그 대안으로 '포트폴리오'의 중요성을 강조한다. 취업이나 진학이나 원리는 동일하다. '나를 아는 것'과 그 증거인 '포트폴리오'의 출발점이 CAP이다. 평범에서 비범으로, 좋은 것에서 위대한 것을 선택하시라.

이 책의 공동 저자(곽충훈, 이정은, 이선경 선생님)도 필자가 운영하는 바인더 플래닝 세미나를 통해 놀라운 변화와 폭풍성장을 했다. 결국 우리 연구소와 함께 CAP이라는 진로 바인더가 탄생하게 되었다.

10여 년간 학교 현장에서 쌓은 노하우와 30여 년간 3P자기경영연구의 지식, 10여 년 넘는 독서포럼 나비의 경험이 결합된 50년 명품 모자 CAP가 탄생되었다. 진로 하면 소주만 떠오른다는 답답한 진로교육 현장에서 특히 학종을 고민하는 학생, 학부모, 교사, 대학교, 교육청, 교육부 관계자들께 여름날 얼음냉수 같은 '솔루션'이 될 것을 확신한다.

III. 나비(Butterfly)

저자 곽충훈 선생님과 이선경 선생님이 운영하는 경안나비(경안고등학교 독서모임)는 놀랍도록 역동적이다. 펄떡이는 물고기처럼. 이미 KBS뉴스, EBS, 한겨레 신문 칼럼 시리즈 등으로 소개되어 전국에 유명세를 탔다. (고양이CAT를 '나비'라 부르고 원숭이를 '잔나비'라 부르는 것은 나부끼듯 날아다니는 모습이나 재빠름에서 나왔다는 설이 유력하다.)

나비는 히브리어로 '선지자' 또는 '눈과 귀가 열린다'라는 의미가 있다. 나비는 변화의 상징이다. 1차원 바닥을 기는 애벌레는 3~4차원 시공간을 넘나드는 화려한 나비와는 비교가 되지 않는다.

독서포럼 나비의 원조는 '양재나비'다 10여 년 전 주식투자로 11억을 잃고 자살을 기도했던 젊은이를 돕고 멘토링하는 과정에서 시작되었다. 이후 국내뿐 아니라 시카고, 런던, 북경, 상해, 몽골 울란바토르에 15개 나비모임 등 500여 개 독서시민운동으로 확산되었다. 지역사회나비, 직장나비, 가족나비, 군대나비, 학교나비 등 다양한 나비들이 생겨났다. 장차 대한민국에 10만 개, 아시아와 전 세계에 100만 개 나비를 만드는 꿈을 꾸고 있다.

인문계 고등학교에서 시작된 진로교육(CAT+CAP)과 나비 독서모임이 (획일화된) 공교육 평균주의를 넘어 사람을 살리고 학교 공동체를 도울 수 있기를 기대한다.

자타공인自他共認을 비틀어본다.

자신을 위해

타인을 위해

공동체를 위해

인류를 위해 공부하자.

(사)대한민국독서만세(독서포럼나비) 회장
3P자기경영연구소 대표
독서혁명가

강규형

차례

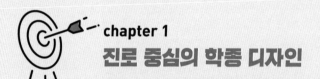

chapter 1
진로 중심의 학종 디자인

chapter 2
삶의 방향을 잡아주는 진로 디자인

chapter 3
성과 있는 삶을 위한 실행 디자인

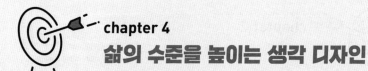

chapter 4
삶의 수준을 높이는 생각 디자인

한 권으로 끝내는
'4차 산업혁명 준비와 학생부 종합전형 준비'

"학교 활동의 원스텝이 중요해요."

학종 합격생 사례 발표 시간 중에 뇌리에 깊이 박힌 장면이 하나 있다. 학종 전형으로 원하는 대학에 합격한 한 학생이 학교 활동이 막막하다는 질문을 한 후배에게 위의 내용으로 답변을 시작했다. 그 학생은 자신의 학교 활동 로드맵을 보여주며 후배들에게 한 가지 활동이라도 시작하라고 권했다.

"하나의 활동을 하면 다음 활동이 보이고, 그 활동을 진행하면 그 다음 활동에 대한 아이디어가 떠올라요."

학생은 이 과정을 통해 진로가 구체화된다며 후배들을 격려했다.

발표자인 학생은 1학년 때 진로 수업과 LSP프로그램을 통해서 진로의 방향을 설정했다. 2, 3학년 때는 학교 활동을 통해서 진로를 구체화시키는 활동을 진행했다. 플래닝과 독서의 체계를 확립해서 지속적이고 깊이 있는 활동을 진행할 수 있었다. 활동을 통해 자신의 사명을 '지체 장애인이나 노인들이 스스로 이동하는 데 불편함 없는 로봇을 제작하여 상용화하는 로봇공학자'로 정하고 이를 이루기 위해 열정적으로 노력했다.

이 학생 외에 다른 학생들도 여럿 발표자로 나섰다. 발표를 진행한 모든 학생들 눈에는 삶에 대한 열정과 학교 활동에 대한 자부심이 묻어 있었다. 이들이 공통적으로 하는 말은 이런 내용이었다.

"고등학교생활이 힘겨웠지만, 사명을 발견할 수 있었고 친구들과 함께 성장할 수 있어서 참으로 행복했어요."

필자는 지난 10년간 교사로서는 매우 독특한 경험을 했다. 2011년부터 학교에서 LSP^Life Scale Planning라는 프로그램을 운영한 것이다. LSP는 진로, 플래닝, 독서, 기업가 정신교육을 통해 청소년들의 자기경영 역량을 성장시켜 미래 인재로 자랄 수 있도록 돕는 경안고의 특성화 프로그램이다. 2011년 학생들에게 플래닝 교육을 진행한 것을 시작으로 2012년 진로교육, 2013년 기업가 정신교육, 2015년 독서교육을 접목하여 현재 형태의 청소년 자기경영 프로그램이 완성되었다. LSP를 통해 많은 학생들이 자신의 인생을 설계하고 학종으로 대학에 진학할 수도 있었다.

본 책이 다른 책과 다른 가장 큰 차별점은 10여 년간의 경험을 통해 진로를 기반으로 학종을 준비할 수 있도록 안내해줄 수 있다는 점이다. 시중에는 진로, 진학과 관련하여 좋은 책들이 많이 있다. 본 책 역시 여러 책들의 장점을 참고하여 저술할 수 있었다. 그러나 대부분의 책들이 진로 또는 진학 한 영역에 초점이 맞춰져 서술되어 있다. 진로를 기반으로 진학을 준비할 수 있도록 돕는 책은 거의 없었다. 있다 하더라도 학교 현장에서 오랜 기간 동안 적용하여 학생들에게 꼭 필요한 부분만 추린 책은 없었다. 본 책은 10년 동안 학생들에게 적용한 사례를 바탕으로 학생들에게 꼭 필요한 내용을 정리한 책이다. 학생들의 삶을 가장 잘 아는 현장 교사의 눈으로 학생들이 자신의 존재를 성장시키고 학종을 준비하는데 최적의 도움을 줄 수 있는 내용으로 정리한 것이다.

"스펙만 잘 쌓아서 대학 진학만 잘하면 되지 굳이 존재를 키우는 노력을 해야 하는가?"라며 반문하는 사람들도 있을 것이다. 그 이유는 4차 산업혁명의 변곡점이 조만간 다가오기 때문이다. 많은 미래학자들의 공통된 예견은 기술의 발전으로 거대한 변화가 일어나는 패러다임 쉬프트가 발생한다는 것이다. 현재 10대들은 거대한 변화의 한가운데 살아갈 가능성이 매우 높은 세대이다. 지금처럼 대학 입시에 모든 초점을 맞추는 것은 개항 시기에 조만간 없어질 과거시험에 모든 것을 거는 유생들의 태도와 다를 바가 없다.

얼마 전에는 서울의 주요대학의 정시 40% 확대가 발표되었다. 발표 이후 교육계는 매우 혼란하다. 공정성이 가장 중요하다는 의견과 미래 사회에 맞추는 교육혁신이 중요하다는 의견이 팽팽하게 대립되고 있다. 패러다임이 변하는 시기에 다양한 의견이 나오고 사회가 혼란스러운 것은 당연한 것이다. 개항 시기에도 그랬다. 온건개화파, 급진개화파, 위정척사파의 다툼이 심하였다. 그러나 확실한 것은 그런 혼란 가운데 미래를 제대로 준비 못한 개인은 막대한 피해를 당한다는 것이다. 현재의 청소년들도 그럴 가능성이 매우 큰 세대이다. 부모가 시키는 대로, 학교에서 시키는 대로 열심히 노력하였는데도 사회에 필요한 역량을 개발하지 못할 가능성이 매우 큰 세대이다. 멀리갈 것도 없이 이미 취업시장에서 많은 대학생들이 겪고 있는 문제이다.

그렇다고 현실을 무시하고 미래를 위한 역량만을 개발하라고 할 수는 없다. 미래는 불확실성을 특징으로 하기 때문에 미래를 확실히 알고 준비하기는 매우 어렵다. 그러면 어떻게 해야 할까? 필자는 현재를 기반으로 미래를 준비하는 "3.5차원 사고"를 가지라고 제안하고 싶다. 학교 활동을 통해 미래 사회에도 변하지 않는 핵심역량을 기르고 대학 진학을 준비하면 좋겠다. 필자가 생각하기에 불확실한 미래 사회에도 변하지 않을 코어 역량은 자기력, 실행력, 사고력이다. 혼란한 미래 사회가 될수록 자기 자신에 대해 잘 알고 있는 것이 중요하다. 선택의 기준이 다른 사람이 아니라 자기 자신이어야 한다. 수많은 정보 중에서 나에게 맞는 것은 무엇이고, 내게 적합한 선택은 무엇인지, 무엇을 준비하면 되는지를 아는 자기력은 빠르게 변화하는 시대에도 꼭 필요한 역량이다. 실행력과 사고력 또한 인공지능에 대체되지 않을 인간의 고유한 핵심 역량이다. 이러한 역량을 키우면 학종에 합격할 가능성도 매우 높아진다. 자신의 꿈을 발견하고 꿈을 이루기 위해 실행할 줄 알며, 깊이 있는 사고를 바탕으로 성과의 수준을 높일 수 있다면 자연스레 학종을 준비할 가능성도 높아지게 된다. 본 책을 읽고 삶에 적용하면 자연스럽게 학종 준비와 미래 준비의 두 마리 토끼를 모두 잡을 수 있게 된다.

이 책은 학생들이 학교 활동을 통해 4차 산업혁명 시대를 대비하고 학종을 준비할 수 있도록 안내한 책이다.

프롤로그2에서는 이 책의 핵심 원리인 CAT Design 원리를 설명하였다. CAT Design 원리는 혼란한 교육제도 가운데서도 인생의 체계를 잡고 학종의 체계를 잡을 수 있도록 도와주는 고마운 원리이다. 청소년들이 이해하기 어렵지 않게 설명하였으니 꼭 읽어보고 책 내용 전반을 이해하면 좋겠다.

1장에서는 학종 디자인 파트로 학종을 준비하는 핵심원리인 학생부를 브랜딩 하는 방법을 자세히 설명하였다. 최근에는 학생부 기재내용이 줄고 서류와 면접이 블라인드 방식으로 진행되고 있다. 학생부의 차별성이 어느 때보다 중요해진 시기이다. 차별화된 학생부를 만드는 핵심원리가 바로 학생부 브랜딩이다. 학생부 브랜딩과 관련한 다양한 예시를 제시하여 독자들이 쉽게 이해하고 적용할 수 있도록 안내하였다. 학종에 대한 핵심을 잡고 싶은 학생들에게 큰 도움이 되리라 확신한다.

2~4장은 학종 디자인의 근간이 되는 진로Career 디자인(2장), 실행Action 디자인(3장), 생각Thinking 디자인(4장)을 설명하였다. 이 세 개를 줄여서 CAT Design이란 용어를 사용했다.

2장에서는 진로 디자인하는 방법을 체계적으로 설명하였다. 자신의 강점을 탐색하고 강점에 맞는 진로를 설정할 수 있도록 안내하였다. 진로를 설정한 후에 사명을 탐색하고, 인생을 설계할 수 있도록 안내하여 10대 시절 삶의 방향을 설계해볼 수 있도록 체계적으로 안내를 하였다. 특히 사명 탐색은 학생부를 차별화시키는 브랜딩과 관련되어 있기에 자세히 설명하였다. 이 책 한 권으로 제대로 된 진로 탐색이 가능하도록 최대한 노력하였다.

3장은 실행 디자인 파트로 성과를 위한 실행력을 키우는 방법을 설명하였다. 모든 성과는 실행함으로 이뤄지게 된다. 실행하지 않고서는 아무 일도 일어날 수 없다. 진로를 탐색하고 학종을 준비하는 것 역시 실행함으로 이루어질 수 있다. 수능, 내신, 학교 활동 등 어느 것 하나 소홀히 할 수 없는 학생들에게 이번 장은 큰 도움이 될 것이다.

4장은 꿈으로 나아가는 과정에서 꼭 필요한 사고력을 키우는 방법을 소개하였다. 사고력이 심화되면 학교 활동의 모든 영역에서 수준을 높일 수 있다. 사고력은 당장의 활동뿐 아니라 앞으로 다가올 4차 산업혁명 시대에 인공지능에게 대체되지 않을 수 있는 인간만의 고유한 능력이다. 이 책에서 소개하는 방법으로 사고력을 키우길 바란다.

학생들이 복잡한 학종의 맥을 잡고 4차 산업혁명 시대를 준비할 수 있도록 돕기 위해 심혈을 기울여 집필하였다. 학종의 맥을 잡기 위해서는 이 책 한 권이면 충분하다고 생각한다.

십대 시절 인생을 디자인하고 미래 인재로 성장하기를 바라는 학생이라면 이 책을 읽어보고 삶에 적용할 것을 권한다. 이 책에 나와 있는 다양한 양식지를 활용하여 삶에 적용한다면 분명히 인생의 체계가 하나씩 잡히는 경험을 하게 될 것이다. 책 내용을 좀 더 적극적으로 활용해보고 싶은 학생들을 위해 바인더도 개발되어 있다.

나아가 학생들의 인생설계 및 학종 준비를 돕고 싶은 교사 및 학부모들에게도 일독을 권한다. 이 책을 통해 대한민국의 많은 청소년들이 인생을 디자인하고 학종을 디자인하여 행복한 학교생활을 할 수 있기를 소망한다. 이제 진정으로 행복한 학교생활을 위한 원스텝을 시작해보자!

대표저자 곽충훈

인생 디자인의 실체 CAT Design

인생 디자인의 3요소

행복한 학교생활과 학종에서의 성공을 위한 인생 디자인의 요소는 무엇일까? 지난 10년간 학생들을 지도하며 진로Career, 실행Action, 생각Thinking이 인생 디자인의 3요소라고 결론을 내리게 되었다. 진로가 체계적으로 설정된 학생들은 삶의 방향을 알고 자신에게 주어진 삶에 열정을 낼 수 있게 된다. 실행의 체계가 잡힌 학생들은 삶의 매 순간 열심히 살아가는 능력을 지니게 된다. 생각의 체계가 잡힌 학생들은 다양한 아이디어를 삶에 적용하며 자신을 성장시켜 나가게 된다. 필자는 진로, 실행, 생각의 체계를 형성하는 것을 진로 디자인, 실행 디자인, 생각 디자인으로 정의를 내렸다.

진로 디자인 Career Design은 자아 및 직업 탐색을 통해 자기 삶의 목적인 사명을 발견하고, 사명을 이루기 위한 과정을 체계적으로 설계하는 것을 의미한다. 좀 더 구체적으로 말하면 자아 및 직업 탐색을 통해 사명을 발견하고, 사명을 이루기 위한 사명 로드맵을 세워 삶의 방향을 설정하며, 학교 활동을 통해 사명을 이룰 수 있는 역량을 청소년 시절부터 준비할 수 있도록 설계하는 것을 의미한다.

진로 디자인

자아 탐색
|
직업 탐색
|
사명&로드맵

실행 디자인 Action Design은 가치 있는 일을 지속적으로 실행할 수 있는 체계를 설계하는 것을 의미한다. 가치 있는 일을 지속화하려면 반드시 계획이 필요하다. 충동구매라는 말은 있어도 충동자원봉사라는 말은 없다. 가치 있고 의미 있는 일은 반드시 계획을 수립하여 실천해야 한다. 계획을 세우고

실행 디자인

주간 플래닝
|
월간 플래닝
|
분기 플래닝

실천할 때 도움이 되는 게 플래닝이다. 주간 단위의 단기 플래닝부터 월간, 분기 단위의 중장기 플래닝을 자신의 삶에 체계화시켜 놓으면 가치 있는 일을 지속적으로 실천할 수 있게 된다. 주간, 월간, 분기 플래닝을 체계화시키는 활동이 실행 디자인이다.

생각 디자인 Thinking Design은 바쁜 학교생활 속에서 삶의 수준을 높이는 아이디어를 지속적으로 생산해낼 수 있는 체계를 형성하는 것을 의미한다. 삶의 수준을 높이는 아이디어를 지속적으로 내기 위한 방법으로 독서를 권한다. 물론 그냥 책을 읽는 것이 아니라, 책을 읽으며 깨달은 점과 삶에 적용

생각 디자인

책 본깨적
|
수업 본깨적
|
학교 활동
본깨적

할 점을 찾으며 책을 읽는 것이다. 이러한 독서법을 본깨적 독서법이라 부른다. '본깨적'은 '보고, 깨닫고, 적용할 것'의 줄임말로, 책을 통해 삶에 적용할 아이디어를 자연스럽게 생산하도록 만들어주는 독서법이다. 본깨적 독서법이 익숙해지면 수업 본깨적, 학교 활동 본깨적 등 타 영역으로 확대도 가능해 삶의 수준을 높여준다.

　이들 세 가지 디자인을 줄여서 **CAT Design**이라고 부른다. 이 CAT디자인이 체계적으로 잘 설계될 경우 인생 디자인의 깃발이 바르게 세워질 수 있게 된다. 뿐만 아니라 자연스럽게 학종 디자인을 형성할 기반도 만들어진다. 사명을 바탕으로 지원 전공에 대한 철학이 나올 수 있다면,

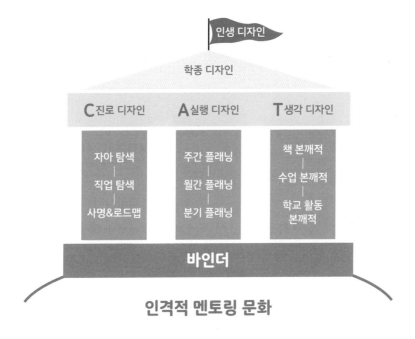

인생 디자인 스쿨

플래닝 역량을 바탕으로 학교 활동에 적극 참여할 수 있다면, 다양한 아이디어를 바탕으로 학교 활동을 심도 있게 진행할 수 있다면 학종 디자인의 핵심인 학생부 브랜딩뿐만 아니라 자기소개서와 면접에서도 좋은 평가를 받을 수 있게 된다.

CAT 디자인 관계도

CAT의 체계를 잘 형성해놓으면 인생 디자인의 깃발을 바르게 세울 수 있다. 그러나 모든 체계를 한꺼번에 형성하는 일은 쉽지 않다. 경안고 LSP처럼 시스템적으로 뒷받침되어 있지 않으면 거의 불가능하다. 경안고 LSP에서는 진로 교육을 통해 진로의 체계를, 플래닝 교육을 통해 실행의 체계를, 경안나비 독서모임을 통해 생각의 체계를 형성할 수 있도록 돕고 있다. 그러나 경안고도 이러한 시스템을 완비한 것은 2017년 정도였다. 비교적 최근 입학한 학생들이 이 세 가지를 한꺼번에 익힐 수 있게 되었다. 그 이전에 입학한 학생들은 한두 영역에서 강점을 보이며 다른 영역으로까지 강점이 확장되었다.

어떤 학생들은 플래닝 교육을 통해 실행력을 강화시킨 후에 진로와 독서의 필요성을 인식하며 진로의 체계, 생각의 체계를 형성하였고, 다른 학생들은 독서를 통해 생각을 힘을 강화시키다 보니 진로와 실행의 필요성을 인식하며 진로의 체계, 실행의 체계를 형성하기도 하였다. 필자의 경우는 사명감이 매우 강한 사람으로, 사명을 통해 나머지 영역을 강화시킨 사례이다. 하나의 영역을 강화시키면 다른 영역에도 영향을 끼치며 그 결과 인생 디자인의 깃발을 세울 수 있게 된다.

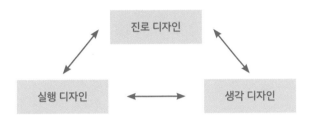

처음부터 모든 영역을 강화시키려고 노력하기보다는 자신이 잘할 수 있는 영역을 먼저 다지면서 체화시키면 좋을 것 같다. 그래도 무엇부터 시작할지 모르는 학생들은 진로 디자인부터 하기를 권한다. 플래너를 오랫동안 써왔거나 어렸을 때부터 독서를 많이 해온 학생들은 실행 디자인 또는 생각 디자인부터 진행해도 괜찮지만, 일반적인 학생들이 실행·생각 디자인부터 익히기는 어려울 것 같다. 우선 진로 디자인을 통해 삶의 방향을 설정한 후에 나머지 영역을 통해 역량을 개발하면 좋을 것 같다.

인생 디자인의 도구, 바인더

좋은 도구는 사람을 성장시키는 데 긍정적인 역할을 한다. 필자 역시 3P자기경영연구소에서 바인더와 책이라는 도구를 만났기에 성장할 수 있었다. 이런 경험 때문에 학생들에게 바인더와 책이라는 좋은 도구를 익히는 방법을 알려주고 싶은 마음이 간절하다.

인생 디자인의 도구로 사용하는 것 역시 바인더와 책이다. 그중에서도 바인더는 CAT Design의 내용물을 담는 매우 좋은 그릇이다. 청소년 시절 바인더를 활용하여 CAT의 체계를 형성할 수 있다면 학생부 종합 전형 준비뿐 아니라 이후 삶에서도 지속적으로 성장할 수 있는 기회를 가질 수 있게 된다.

성장의 3요소와 인격적 멘토링

제대로 성장하고 싶은 사람들이 반드시 알아야 할 성장의 3요소가 있다. 바로 좋은 콘텐츠와 양질의 도구 그리고 인격적 멘토링이다. 필자가 고등학생 때 성장할 수 있었던 것도 성경 QT라는 좋은 콘텐츠, QT 내용을 정리했던 노트라는 양질의 도구, 그리고 넘어져도 끝까지 지지해주고 사랑해주시던 멘토가 있었기 때문이다.

이 책을 통해 좋은 콘텐츠와 양질의 도구는 제시해줄 수 있다. 그러나 이 책을 읽는 독자들이 노력해야만 얻을 수 있는 요소가 있다. 바로 인격적인 멘토링이 가능한 선생님, 선배 또는 친구이다. 물론 이 책에서 제시하는 인생 디자인을 혼자서 진행해도 성장할 수 있다. 그러나 함께할 동지들이 있다면 더 크게 성장할 수 있다. 인생 디자인을 하는 과정에서는 어려운 역경에 봉착할 때가 많이 있다. 어쩌면 자신의 삶의 전 영역을 변화시키는 것이기에 큰 성장통을 겪을 수도 있다. 그럴 때 함께할 동지가 있다면 큰 힘이 된다. 그래서 이 책을 혼자 읽지 말고 주변 친구들과 함께 읽기를 권한다. 바인더를 쓰는 것도 서로 협력하여 함께 진행하면 좋다. 인간은 관계 가운데 행복을 누린다고 하지 않았던가! 성장을 추구하는 동지들끼리 함께 이 책을 읽고 바인더에 적용하며 함께 성장의 기쁨을 누리면 좋겠다.

평생 성장의 힘을 주는 인생 디자인 스쿨

청소년기에 CAT Design을 통해 인생 디자인을 설계한 학생들은 평생 성장할 수 있는 인생 디자인 스쿨에 입학한 학생들이다. 인생 디자인 스쿨은 환경을 이기는 힘을 준다. 어려운 환경 가운데서도 성장시킬 수 있는 역량이 무엇인지 파악하여 성장의 기회를 선사한다. 이전까지는 환경에 휘둘리는 삶을 살았던 학생들은 이제부터는 환경을 변화시키는 영향력을 가지게 될 것이다.

지금까지 수많은 졸업생들을 보며 고등학생 시절 인생을 설계하는 것의 중요성을 많이 느꼈다. 그들은 어떠한 환경에 처하더라도 그 안에서 최선을 다하며 극복해냈다. 이제부터 이 책을 읽는 독자들의 차례이다. 이 책에서 안내하는 내용을 신뢰하고 끝까지 완주하면 좋겠다. 모든 독자들이 이 책을 통해 인생을 설계하여 평생 성장의 인생 디자인 스쿨의 동문이 되면 좋겠다.

chapter 1

진로 중심의
학종 디자인

01
학종 디자인의 필요성

예서의 고민

학급 반장인 예서는 요즘 들어 고민이 많다. 고민의 시작은 담임선생님이 학급 친구들의 꿈을 찾아주는 꿈 찾기 프로젝트를 진행하자는 제안을 하면서부터였다.

예서네 반은 학교에서 수업 분위기가 좋지 않기로 소문난 학급이다. 떠드는 학생은 많지 않지만, 자는 학생들이 너무 많아서 선생님들이 수업을 진행하기 힘들어했다. 선생님들은 처음에는 다양한 방법을 통해 학생들을 수업에 참여시키기 위해 노력했지만, 학생들이 반응을 보이지 않자, 자는 학생들을 놔두고 수업을 진행하고 있다.

담임선생님은 학생들이 꿈을 찾고, 삶이 변하기를 바라는 마음으로 꿈 찾기 프로젝트를 기획했다. 그러고는 학급 반장인 예서와 부반장인 정현이에게 가장 먼저 제안을 했다. 학급에서 진로 멘토를 정해 학급 자체 활동 시간을 활용하여 꿈 찾기 프로젝트를 진행할 계획이라면서, 예서와 정현이에게 진로 멘토의 리더로 활동해달라고 부탁했다. 그러면서 프로젝트가 잘 진행이 되면, 참여한 모든 학생들이 진로가 명확해지고, 삶이 변화될 거라고 했다. 특히 리더로 참여하는 예서와 정현이에게는 실제적인 리더십을 키울 수 있는 좋은 기회라고 했다.

예서는 선생님의 제안을 선뜻 받아들이지 못했다. 초등교사가 꿈인 예서는 대학 진학에 도움이 될 스펙 쌓기를 위해 학급 반장, 초등 멘토링 봉사 등으로 활동하고 있었다. 에너지 낭비를 많이 하지 않고, 적당히 활동하여 학생부에 기록을 남기는 것을 목표로 활동하고 있는 것이다. 그런데 갑자기 선생님이 꿈 찾기 프로젝트를 진행한다며 진로 멘토의 리더를 제안하니 당황스러웠다. 가뜩이나 고등학교에 진학하여 공부할 분량이 많아 부담스러운데 진로 멘토 활동으로 인해 공부에 방해를 받고 싶지 않았다. 꿈 찾기 프로젝트의 효과에 대해서도 의문이 들었다. 프로젝트가 잘 진행되더라도 학생들의 삶이 변할 것 같지 않았다. 리더십도 어느 정도 있었기 때문에 리더십을 더 개발하는 것에도 관심이 없었다. 학생부에 반장 활동을 했다는 기록이 있으면 되지 굳이 에너지와 시간을 투자해서 리더십을 더 개발할 필요는 없다고 생각했다. 또한 중학교 때부터 초등교사의 꿈이 명확했던 자신에게는 꿈 찾기 프로젝트가 시간만 빼앗는 귀찮은 활동이라는 생각이 들었다.

물론 예서에게도 최근 초등 멘토링 봉사 활동을 통해 진로에 대해 잠시 고민을 하는 시간이 있기는 했다. 인근 아동센터에 가서 아이들을 돕는 초등 멘토링 봉사 활동은 초등교사를 지망하는 예서에게 스펙 쌓기 좋은 봉사 활동이다. 그러나 아이들을 가르치는 활동을 진행하면서 아이들과 함께하는 시간을 별로 좋아하지 않는 자신의 모습을 발견했다.

부모님과 상의를 했는데, 부모님은 교사가 되면 직업도 안정적이고 여가 시간도 많아서 하고 싶은 일을 마음껏 할 수 있을 거라며, 다른 고민은 하지 말고 대학 진학에 집중하라고 말씀하셨다. 예서 역시 부모님 말씀에 동의하여 봉사 활동에 나가 시간을 채워 학생부에 기록을 남기는 것을 목표로 활동을 하기로 마음을 다잡았다.

그런데 부반장 정현이를 보면서 고민에 빠지게 되었다. 정현이는 중학교 때까지 학원의 최상위 클래스에서 경쟁했던 라이벌 관계였다. 그런데 정현이는 학교에서 진행하는 진로 멘토링 프로그램에 참여하면서 성향이 크게 변했다. 경쟁을 중시하는 성향에서 협력의 가치를 실천하는 성향으로 바뀌었다. 정현이는 선생님의 제안을 그 자리에서 받아들이며 함께 도울 진로 멘토까지 알아보겠다고 적극적으로 나선 것이다. 학급에 돌아온 후 정현이는 진로 멘토를 물색하고 다니며 예서에게도 꼭 함께하자고 제안했다. 예서는 꿈 찾기 프로젝트로 인해 고민이 더 많아질 수밖에 없었다.

학종 전형이 필요한 이유

대학 입시는 우리나라 모든 사람들에게 매우 큰 영향을 주는 제도이다. 대입보다 더 큰 범주인 교육제도마저도 대입 정책에 영향을 받고 있다. 많은 교육 정책과 제도가 대입을 기준으로 형성되는 게 현실이다.

진로 교육 역시 대입에 많은 영향을 받고 있다. 진로 교육이 주목받는 이유도 "학생들의 미래를 고민"해서라기보다는 "대학 입시에 진로가 중요"해졌기 때문일 것이다. 학교 안의 다양한 활동 역시 마찬가지이다. 다양한 활동을 통해 학생들을 "본질적 존재"로 성장시키려 하기보다는 "대학 입시를 위한 스펙"에 더 중점을 둔다.

　이런 환경에도 불구하고 여전히 많은 교사들은 학교 활동을 통해 참다운 배움을 주려 하고, 학생들을 "본질적 존재"로 성장시키기 위해 노력하고 있다. 더 나아가 존재를 성장시킨 학생들이 대학 진학에도 도움을 받을 수 있도록 진학 지도에도 열정을 쏟는다. 최근 학종 전형이 여러 비판을 받고 있지만, 이런 본질적 교육을 할 수 있는 여건을 만들어 준다는 면에서는 매우 좋은 제도이다.

　필자 역시 학종 전형을 활용하여 학생들의 존재를 성장시키고, 진학에도 도움을 주기 위해 많은 노력을 했다. 이 책에 나오는 인생 디자인 방법은 모두 존재를 성장시키고 대학 진학에 도움을 주었던 경험을 바탕으로 집필한 것이다.

입시 위주 교육 환경과 학생의 4가지 유형

　학종을 지도하면서 진학과 관련해서 학생들을 4가지 유형으로 자연스럽게 분류할 수 있게 되었다.

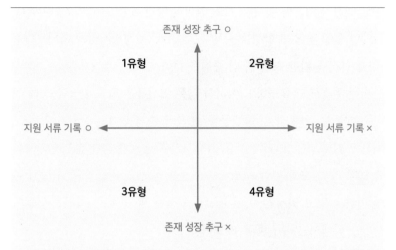

존재 성장 추구 ○

1유형　　　　　　2유형

지원 서류 기록 ○ ←——————————→ 지원 서류 기록 ×

3유형　　　　　　4유형

존재 성장 추구 ×

- **1유형** 본질적 존재로 성장 추구 ○ + 지원 서류에 성장 모습이 잘 드러나서 진학에 도움 ○
- **2유형** 본질적 존재로 성장 추구 ○ + 지원 서류에 성장 모습을 잘 드러내지 못해 진학에 도움 ×
- **3유형** 본질적 존재로 성장 추구 × + 지원 서류에 스펙이 잘 표현되어 진학에 도움 ○
- **4유형** 본질적 존재로 성장 추구 × + 지원 서류에 성장 모습 또는 스펙을 드러내지 못해 진학에 도움 ×

※ 본질적 존재로 성장을 추구한다는 의미는 학교 활동을 대학 진학을 위한 스펙 쌓기 용도로 활용하는 것이 아니라 진짜 성장을 추구해나간다는 의미가 있다.

1유형은 학교생활을 통해 자신의 본질적 존재를 성장시키고, 그 내용이 지원 서류에 잘 드러나서 대학 진학에도 도움을 받은 학생들이다. 앞의 사례에서 진로 멘토에 참여했던 정현이가 그럴 가능성이 큰 학생이다. 정현이는 진로 멘토로 뛰어들어 리더십과 공동체 의식을 함양하고 있으며, 성적도 잘 나오고 있다. 따라서 전공 적합성을 잘 드러낸다면, 학교생활을 통해 본질적 존재를 키우면서 진학까지도 성공할 가능성이 높은 학생이다.

2유형은 학교생활을 통해 자신의 본질적 존재를 성장시켰지만, 지원 서류에 잘 드러나지 못했거나, 기록이 되었더라도 대학에서 원하는 수준에 도달하지 못해 진학에는 도움을 받지 못한 학생들이다. 정현이와 함께 진로 멘토로 뛰어드는 학생들 중에서 성적과 전공 관련 활동이 뒷받침되지 않으면 학교생활을 통해 존재를 키웠어도 진학에 도움을 받지 못할 수도 있다.

3유형은 존재를 키우는 것에는 관심이 없지만, 스펙을 잘 쌓고 내용을 잘 드러내서 진학에 성공한 학생들이다. 앞의 사례에서 예서가 3유형에 속할 가능성이 있다. 면접을 통해서 이런 학생들을 거른다고는 하지만, 지원자가 너무 많기 때문에 현실적으로 어렵다. 그리고 학생들도 면접에서 객관적으로 확인할 수 있는 평가 요소들은 매우 심도 있게 대비를 한다.

4유형은 본질적 존재 성장 및 대학 진학 모두에서 성과를 내지 못한 학생들이다. 예서네 학급에 속한 많은 학생들이 4유형에 속할 가능성이 있다. 수업뿐 아니라 진로 탐색 등에도 관심이 없는 학생일 경우 4유형에 속할 가능성이 매우 높다.

존재의 성장을 추구하는 모든 학생들에게

벌써 대학 입시까지 마치고, 어느새 졸업만 앞두고 있네요. 입시 끝나면 제일 먼저 선생님께 편지를 써 드리고 싶었어요. 그만큼 쌤은 저에게 있어서 너무나도 빛 같은 분이시니까요. 이런 말씀 정말 드리고 싶지 않았는데, 원하는 학교는 다 떨어졌어요. 역시 내신 점수가 많이 부족했나 봐요. 그래도 후회는 없어요.

저는 다시 옛날로 돌아간다면 경안고에 (6지망이 아닌) 1지망으로 지원할 거예요. 내세울 게 없던 저를 끌어올려주신 선생님 덕분에 제 학교생활은 너무 행복했어요. 태어나서 처음으로 가슴이 벅차오르는 게 무엇인지 알게 되었고, 꿈이란 게 사람을 행복하게 할 수 있다는 것도 알았어요. LSP, 경안나비를 하면서 느꼈던 감정들은 말로 설명할 수 없어요. 제가 진심으로 멘토, 멘티들을 아끼고, 조건없이, 이유없이 그냥 사랑을 나누니까 그 사랑이 더 크게 돌아오더라고요. 한때는 사랑을 나누면 꼭 돌려받아야 한다는 생각을 했어요. 근데 '그냥 주는 것만으로도 이렇게 행복할 수 있구나.' 이런 생각이 들었어요.

선생님, 경안고등학교에 있어주셔서 감사합니다. 저조차도 믿지 못했던 저의 가능성을 알아봐주셔서 감사합니다. 어딜 가든 무엇을 하든 선생님께서 믿어주신 저의 가능성을 저 또한 믿으며 살아가겠습니다. 제 인생의 잊지 못할 훌륭한 멘토, 스승이 되어주셔서 감사합니다.

- 충훈샘의 영원한 제자 ○○○

이 학생은 LSP를 통해 자신의 사명을 발견하고, 사명으로 나아갈 수 있는 실행력을 키웠으며, 멘토 활동을 통해 나눔의 기쁨을 맛보았다. 또한 경안나비 반장 활동을 통해 매주 100명이 넘는 아이들 앞에서 사회를 보며 독서 모임을 이끌었다. 중학교 때까지 거의 하지 않던 독서를 경안나비를 통해서만 60권도 넘게 했다. 그렇게 책을 읽으며 생각하는 힘을 키웠다. 바인더와 책을 통해 존재를 성장시키는 법을 확실히 익혔다.

현재 대학 입시 체제에서는 뒤늦게 성장한 이러한 학생들이 좋은 결과를 가져오지 못할 수도 있다. 그럼에도 이 학생은 자신이 고등학교생활 동안 진정한 성장을 했다는 것을 느끼며 선생님에게 감사를 표현하고 있다. 앞으로 더 성장하리라 믿는다.

대학 입시 결과가 전부라고 생각하는 우리 사회에서는 이렇게 성장한 학생들조차도 순간적으로 패배감을 느끼게 하는 환경이 조성되어 있다. 그러나 필자는 확신한다. 이 학생처럼 학교를 통해 사명을 발견하고, 실행력을 익히고, 생각하는 힘을 키운 학생들은 반드시 성공하리라는 것을. 이들은 인생 디자인이라는 성장의 엔진을 내면에 장착했기에 고등학교 교정을 벗어난 이후 더욱 크게 성장할 것이다. 오히려 보이는 스펙을 잘 쌓아서 대학에 진학한 학생들보다 성장 가능성이 더 큰, 진정한 의미에서의 승리자이다.

물론 그럼에도 고등학교 기간 동안 학종 준비를 체계적으로 해서 진학에서도 좋은 성과를 냈으면 하는 게 스승의 솔직한 마음이다. 그러한 마음으로 지난 몇 년간 학종에 대해 공부하고, 학종에 합격한 학생들의 사례를 분석하며 진로 중심으로 학종 디자인을 연구했다. 그 결과 눈에 보이는 스펙을 잘 관리하는 준비 방법이 아니라, 인생 디자인을 바탕으로 존재를 키우며 학종을 준비하는 방법을 어느 정도는 알 수 있게 되었다.

학종 전형은 '깜깜이 전형'이라는 별명이 붙을 만큼 준비가 어려운 전형으로 유명하다. 그러나 이 책을 통해 자신의 사명을 발견하고, 실행력을 기르고, 생각하는 힘을 기르는 본질적 성장을 추구하는 학생들에게는 더 이상 깜깜한 전형이 아니다. 이번 장에서는 진로를 중심으로 학종을 디자인하는 방법을 설명할 것이다. 자신의 존재를 키우고자 노력하는 모든 학생들이 이번 장에서 제시하는 학종 디자인 방법을 익혀 진학에도 성공하는 1유형의 학생들이 되기를 소망한다. 이제부터 시작해보자!

02
학종 디자인의 킹핀, 학생부 브랜딩

좋은 평가를 받는 학생부의 핵심 요건

좋은 평가를 받는 학생부의 핵심 요건은 뭘까? 여러 요건이 있지만, 필자는 자신만의 차별성을 띠는 것이 가장 중요하다고 생각한다. 해당 전공에 지원한 많은 지원자들은 대부분 비슷한 직업인을 꿈꾸며 비슷한 활동을 전개하게 된다. 학교에서 특별한 교육 과정 또는 독특한 프로그램이 없을 경우 더욱더 비슷한 활동 위주로 진행하게 된다. 일반고가 대부분인 현실에서 특정한 몇 개의 고등학교를 제외한 대부분 학교의 교육 과정과 프로그램은 비슷비슷하다. 이런 상황에서 활동 내용마저 차별성이 없을 경우 좋은 평가를 기대하기 어렵다.

자신의 학교가 평범한 일반계 고등학교일 때 어떻게 '나'의 학생부를 차별성 있게 만들 수 있을까? 어렵지 않다. 자신만의 개인 브랜드가 녹아들어갈 수 있게 학생부를 브랜딩하면 된다.

'학생부 브랜딩'은 많은 학생들에게 생소한 개념일 것이다. 학생부 브랜딩을 이해하려면 기업 브랜딩과 비교해서 이해하는 것이 편하다. 애플처럼 강력한 브랜딩을 구축한 사례를 이해하면 학생부 브랜딩의 개념을 이해하는 데 큰 도움이 된다.

브랜딩의 원리와 효과

사이먼 사이넥의 저서 《나는 왜 이 일을 하는가?》에는 애플이 강력한 브랜딩을 구축한 방법이 나온다. 그 방법은 바로 골든서클이다.

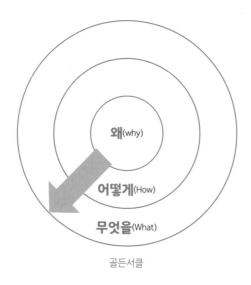

골든서클

애플이 컴퓨터를 만들 당시 경쟁 업체들은 컴퓨터의 성능을 향상시키는 데 모든 힘을 기울이고, 광고 역시 그런 방향으로 했다고 한다. 그러나 애플은 컴퓨터의 성능을 향상시키는 것 이전에 자신들이 이 일을

'왜why' 하는지에 대한 물음부터 던졌다고 한다. 그리고 결론을 내렸다. 애플은 단순히 '컴퓨터를 만드는 회사'를 넘어 '현실에 의문을 제기하고 사람들이 더 편리하게 살아갈 수 있도록 돕는 회사'로 자신을 정의했다. 그들의 이러한 자기 정의는 1997년 제작된 애플의 유명한 광고 〈Think different〉에서도 잘 드러난다.

> "여기 미친 이들이 있습니다. 부적응자, 혁명가, 문제아 모두 사회에 부적격인 사람들입니다. **하지만 이들은 사물을 다르게 봅니다.** 그들은 규칙을 좋아하지 않고 현상 유지도 원하지 않습니다. 그들을 찬양할 수도 있고, 그들과 동의하지 않을 수도 있으며, 그들을 찬미할 수도, 비방할 수도 있습니다. 하지만 할 수 없는 일이 딱 한 가지 있습니다. 결코 무시할 수 없다는 사실입니다. 그들은 뭔가를 바꿔왔기 때문입니다. 그들은 인류를 진보시켰습니다. 다른 이들은 그들을 미쳤다고 말하지만, 저희는 그들에게서 천재성을 봅니다. 미쳐야만 세상을 바꿀 수 있다고 생각하기 때문입니다."
>
> – 애플 Think different 광고 번역문

애플은 자신들이 컴퓨터를 만드는 회사가 아니라 세상을 진보시키는 기업이라는 이미지를 세상에 각인시킨 것이다. 이는 두 가지 효과를 가져왔다. 애플에서 근무하는 사람들에게 단순히 컴퓨터를 만드는 기술자가 아니라 세상을 변화시키는 혁명가라는 자부심을 키워준 것이다. 애플의 제품을 구매하는 사람들에게는 세상의 변화에 동참하는 사람들이라는 인식을 심어준 것이다. 결국 Why라는 질문과 그 답이 애플을 다른 기업과 차별성을 가지는 기업으로, 브랜드로 도약하게 만든 것이다.

학생부를 브랜딩하는 방법도 이와 다르지 않다. 자신이 선정한 전공을 '왜' 하는지 이유가 명확히 나와야 한다. 단순히 자신이 전공한 직업을 통해 돈을 벌고 먹고사는 것에 그친다면 큰 의미가 없다. 세상에 기여하는 더 높은 차원의 가치를 지향할 때, 그 일을 더 열정적이고 지속적으로 진행할 수 있는 힘이 생긴다. 그러한 힘은 다른 학생들과 차별화되는 심화 활동을 전개하는 원동력이 된다. 그리고 이러한 심화 활동을 통해 학생부 기록이 이루어질 때 다른 학생과 차별화되는 자신만의 브랜드를 형성할 수 있다.

자신이 이 전공을 왜 하는지에 대한 이유를 찾기 전에 선행되어야 할 것이 있다. 그것은 자신이 세상에 태어난 이유인 삶의 목적, 즉 사명을 발견하는 것이다. 자신의 사명을 직업을 통해 이룰 방법을 고민하는 과정에서 전공을 왜 하고 싶은지에 대한 이유가 분명하게 나오게 된다. 이것이 필자가 학생부 브랜딩에서 사명과 진로 철학을 강조하는 이유이다. 사명을 가진 학생만이 결국 진로(전공)를 "왜 하고 싶은가?"에 대한 철학적 답을 내릴 수 있다. 나아가 학교 활동을 더욱 깊이 있게 진행할 수 있는 힘을 가지게 되며, 결국 학생부를 브랜딩할 수 있는 성과를 얻게 된다.

사명, 진로 철학, 브랜딩 등의 단어가 복잡하게 들리는 학생들도 있을 것이다. 이 단어가 진로에서는 너무나 중요한 단어이기에 개념을 정확히 짚고 가길 바란다. **'사명'**이란 삶의 목적이다. 즉 '내'가 살아가는 이유이다. **'진로 철학'**은 진로(직업)로 나아가고자 하는 본인만의 목적(이유)을 말하는 것으로 사명에 많은 영향을 받아 형성된다. 마지막으로 **'학생부 브랜딩'**이란 앞의 진로 철학을 학생부에 드러내어 '나'를 차별화하는 브랜드의 과정이다. 각각의 단어들의 개념과 이들의 연관관계를 곱씹어보길 바란다.

학생부 브랜딩을 위한 진로 철학 작성하기

사명을 가지고 진로에 대한 철학적 고민을 하라고 하면 많은 학생들이 매우 어려워한다. 특히 아직 사명을 작성하는 방법을 배우지 못했기에 더욱 어렵게 느껴질 것이다. 사명 작성법은 2장 진로 디자인 파트에서 구체적으로 다루고 있으니 그때 자세히 설명하겠다. 우선은 아래에 소개하는 방법대로 자신의 진로 철학을 작성해보자.

진로 철학을 작성하려면 자신이 선정한 직업을 왜 하고 싶은지 생각해보면 된다. 좀 더 쉽게 이야기하자면 어떤 직업인이 되고 싶은지를 생각해보며 직업 앞에 어떤 직업인이 되고 싶은지 수식어를 붙이면 된다. 아래에 제시한 예시를 보며, 자신의 진로 앞에 다른 학생과 차별화를 이룰 수 있는 수식어를 붙여보자.

수식어: 어떤 직업인이 되고 싶은가?   직업명(진로)
또는 직업을 통해 무엇을 이루고 싶은가?

	진로(직업)	진로 철학 사례
1	정치부 기자	왜곡을 바로잡는 기사를 통해 국민적 차원의 갈등을 완화하는 팩트 체크 전문 정치부 기자
2	외교관	인문학적 소양과 올바른 역사관을 바탕으로 대한민국에 대한 편견과 잘못된 인식을 바로잡는 외교관
3	애널리스트	데이터 분석을 통해 창의적인 방안을 만들어 경영 문제를 해결하는 비즈니스 애널리스트
4	영어 교육자	양질의 교육 콘텐츠를 활용하여 소외 계층의 맞춤형 교육을 보장해주는 영어 교육자
5	로봇공학자	지체 장애인이나 노인들이 스스로 이동하는 데 불편함 없는 로봇을 제작하여 상용화하는 로봇공학자
6	보건의료 전문기자	사회적 약자의 편에서 사회 제도를 변화시키는 보건의료 전문기자
7	가상현실 전문가	장애인이 하고 싶은 일을 할 수 있도록 만드는 감각 유도 뇌과학 가상현실 전문가
8	건축가	예술적이면서 인간과 자연에 해롭지 않고 도시의 환경문제를 개선하는 건축물을 짓는 건축가
9	역사 교사	학생들에게 미래 사회 변화를 알려주어 학생들이 스스로 삶을 설계하며 자율성을 기를 수 있도록 돕는 역사 교사
10	음성합성 전문가	기술 발전에 거부감을 가진 사람들이 자연스러운 음성합성 기술을 통해 기술을 거부감 없이 받아들여 미래를 준비할 수 있도록 돕는 음성합성 전문가
11	정치인	한 사람 한 사람을 소중히 여겨 희생을 강요하지 않는 정치인
12	스포츠 선교사	아프리카에서 운동선수의 꿈을 꾸는 사람을 도우며 복음을 전하는 스포츠 선교사

2020학년도 경안고등학교 학생부 종합전형 합격생 진로 철학 사례

신문방송학과를 지원한 학생들 중에는 기자가 꿈인 학생들이 매우 많을 것이다. 정치부 기자로 한정하면 조금 줄어들기는 하겠지만, 여전

히 많은 수의 학생이 있을 것이다. 팩트 체크 전문 정치부 기자를 꿈꾸는 학생으로 한정하면 더 많이 줄겠지만 어느 정도는 있을 것이다. 국민적 차원의 갈등을 완화하는 팩트 체크 전문 정치부 기자를 꿈꾸는 학생으로 한정하면, 동일한 학과를 지망한 지원자 중에서 거의 드물 것이다. 물론 비슷한 진로 철학을 기반으로 직업을 선정한 학생들은 거의 드물지만, 있을 수는 있다. 그러나 진로 철학을 가지기까지의 과정과 진로 철학을 가진 이후 심화 활동을 진행한 내용까지 동일한 학생은 찾아보기 힘들 것이다. 즉, 진로 철학을 가지는 것만으로도 학생부를 차별화할 수 있는 좋은 전략이 된다.

03
학생부 브랜딩을 위한 학종 디자인 1
창체 활동 디자인

학종 평가 요소

학생부 브랜딩을 위한 학종 디자인을 위해 먼저 학종 평가 요소를 이해해야 한다. 그래야만 평가에 적합한 디자인을 할 수 있기 때문이다. 여기서 제시하는 정보는 학종 디자인을 하기 위한 최소한의 정보다. 학종 전형에 대한 평가의 전반을 다루려면 분량이 너무 늘어나고, 이 책의 집필 목적과도 맞지 않다. 학종 전형 전반에 대한 학생부 기록 방법에 대해 파악하려면 필자가 공저자로 참여한 《나만의 학생부 만들기》(정동완, 김두용, 곽충훈, 장광원)를 참고하면 좋다. 이 책에서 제시하는 사례 중 일부는 《나만의 학생부 만들기》에서 참고했음을 미리 밝혀둔다.

학종 평가요소로 가장 많이 제시되는 내용은 연세대를 포함한 6개 대학이 대입전형 표준화 방안 연구에서 제시한 학업 역량, 전공 적합성, 인성, 발전 가능성이다.

	설명	평가요소
학업 역량	학업을 충실히 수행할 수 있는 기초 수학 능력	학업 성취도, 학업 태도, 학업 의지, 탐구 활동
전공 적합성	지원 전공(계열)과 관련된 분야에 대한 관심과 이해, 노력과 준비 정도	전공 관련 교과목 이수 및 성취도, 전공에 대한 관심과 이해, 전공 관련 활동과 경험
인성	공동체의 일원으로서 필요한 바람직한 사고와 행동	협업 능력, 나눔과 배려, 소통 능력, 도덕성, 성실성
발전 가능성	현재의 상황이나 수준보다 질적으로 더 높은 단계로 향상될 가능성	자기 주도성, 경험의 다양성, 리더십, 창의적 문제 해결력

6개 대학(연세대, 중앙대, 경희대, 한국외대, 건국대, 서울여대) 대입전형 표준화 방안 연구

학업 역량은 학업을 충실히 수행할 수 있는 기초 수학 능력을 평가한다. 세부 평가 요소로는 학업 성취도, 학업 태도, 학업 의지, 그리고 탐구 활동이다. **전공 적합성**은 지원 전공(계열)과 관련된 분야에 대한 관심과 이해, 노력과 준비 정도이다. 세부 평가 요소로는 전공 관련 교과목 이수 및 성취도, 전공에 대한 관심과 이해, 전공 관련 활동과 경험이다. **인성**은 공동체의 일원으로서 필요한 바람직한 사고와 행동으로, 세부 평가 요소로는 협업 능력, 나눔과 배려, 소통 능력, 도덕성, 성실성이다. **발전 가능성**은 현재의 상황이나 수준보다 질적으로 더 높은 단계로 향상될 가능성을 말하며, 세부 평가 요소로는 자기 주도성, 경험의 다양성, 리더십, 창의적 문제 해결력이다.

다음은 위의 평가요소를 좀 더 세부적으로 설명한 서울여대에서 발표한 학종 가이드이다. 학종 평가 요소를 학생들이 이해하기란 정말 어렵다. 대학에서 발표한 내용 중 학생들이 이해할 수 있는 내용을 찾아보

았다. 천천히 읽고 이해해보면 좋겠다.

Q. 학업 역량은 어떻게 평가하나요?

**학생들이 대학에 들어와 공부할 수 있는 기초 수학 능력은 ……
학업 성취도를 중심으로 파악**합니다. …… 우선, 학업 성취도는 등
급만을 보고 평가하는 것이 아닙니다. 학생이 어떤 과목들을 공부
했으며, 과목별로 몇 명의 이수자 가운데 어느 정도 성취를 이루어
냈는지를 보게 됩니다. …… 이 외에도 **3년간의 성적 추이, 과목별
학업 편식 여부 등을 살펴 학업 태도와 의지를 살펴봅니다.** 숫자
로 나타나는 교과 성적과 함께 학생부에 기재된 교과 및 담임선생
님의 학업과 관련한 평가 의견이 나타나는 '세부능력 및 특기사항',
'창의적 체험활동', '행동특성 및 종합의견' 등도 중요한 평가자료
입니다. …… 학생이 자기소개서를 통해 보여주는 학업 태도와 의
지, 관심, 탐구의 과정 등도 미처 학생부에서 볼 수 없었던 학생의
관심 분야와 역량을 엿볼 수 있는 중요한 자료입니다.

Q. 전공 적합성은 어떻게 확인하나요?

학업 역량 평가에서 3년간에 걸친 학생의 전반적인 학업 성취도를
살펴본다면, **전공 적합성 평가에서는 해당 전공에서의 학업을 수
행하는 데 보다 기반이 되어 줄 수 있는 과목의 성취도**를 살펴봅
니다. 교과 성적 외에도 이와 관련된 모든 서술형 평가 내용을 찾아
정성적으로 종합평가합니다. 그리고 **어떤 과목의 수업에서라도 전**

공의 기반이 되는 공부를 한 기록이 있다면 함께 평가됩니다. 우선, 학생들에게 전공 적합성을 넓게 바라볼 것을 당부하고 싶습니다. 전공 적합성은 특정과목뿐만 아니라 연계된 여러 과목을 통해 함께 만들어질 수 있습니다. 관심 분야에 따라 인문학/ 사회과학/ 자연과학에 대한 소양 혹은 융복합적 소양을 갖추는 것이 필요합니다. …… 전공에 대한 올바른 이해를 위해 대학의 학과 홈페이지를 방문할 것을 권합니다. 학과 안내, 교과과정, 진로 로드맵 등을 살펴본다면 본인이 생각하는 전공보다 훨씬 넓은 세계가 담겨 있는 것을 알게 될 것입니다. ……

Q. 인성은 어떻게 평가하나요?

인성을 평가할 때 협업 능력, 나눔과 배려, 도덕성, 성실성, 소통 능력을 살펴봅니다. …… 학생부와 자기소개서 전반에서 인성의 평가항목에 해당하는 내용을 모두 살펴 어떤 모습의 학생인지를 전반적으로 파악하고자 합니다. **학급, 동아리, 학생회 등에서 자신의 능력을 나누고, 솔선, 배려, 협업하는 학생들에게 긍정적인 평가를 합니다.** …… **공동체의 기본윤리와 원칙을 존중하고 지키려는 도덕성, 학업이나 맡은 일에 대해 책임감을 바탕으로 자신의 의무를 다하려는 성실성**은 학교생활이나 사회생활을 하는 데 가장 기본적으로 갖추어야 할 태도입니다. …… 마지막으로, **소통 능력은 상대방의 의견을 경청하고 공감하며, 자신의 정보와 생각을 효과적으로 전달할 수 있는 의사소통 능력**을 의미합니다. ……

Q. 발전 가능성은 어떻게 평가하나요?

발전 가능성에서는 학생의 자기 주도성, 경험의 다양성, 리더십, 그리고 창의적 문제 해결능력을 살펴봅니다. …… 여러 가지 학교 활동을 하는 데 **주도적인 태도**를 보여주는 학생은 선생님이나 친구들로부터 긍정적인 평가를 받을 뿐만 아니라 스스로 목표한 일을 성취하며 배우는 데에서도 앞서나갈 것입니다. 이러한 역량을 갖춘 학생들은 관심 분야에 대해 **다양한 경험**을 할 수 있게 되며, 이러한 경험 가운데에서 **문제를 찾아내고 해결하는 역량**도 길러 갈 수 있을 것입니다. 또한 이 과정에서 리더십을 발휘하는 경험도 하게 될 것입니다. **경험의 다양성은 양적인 개념을 의미하지 않습니다. 하나의 주제나 경험에 대해 다각적, 더 나아가 심층적으로 접근해 지식과 소양을 쌓는 것을 의미합니다.** …… **리더십은 임원 경력을 통해서만 이루어지는 것이 아닙니다. 학급, 동아리, 멘토링, 학생회 등 공동체의 일원으로서 공동체의 목표를 달성하기 위해 계획을 세우고 이를 완수하기 위해 주도적으로 노력한 경험이 있다면 리더십 영역에서 평가됩니다.** ……

창체 활동 디자인

※ 학생부 항목 (2020년 기준 고등학교 1, 2학년)

1. 인적 · 학적 사항   2. 출결 사항   3. 수상 경력   4. 자격증 및 인증 취득 상황
5. 창의적 체험활동 상황   6. 교과학습 발달 상황   7. 독서 활동 상황
8. 행동 특성 및 종합 의견

진로 중심 학종 디자인을 하기를 원하는 학생들이 가장 먼저 신경 써서 준비해야 할 항목은 창의적 체험활동 상황과 교과학습 발달 상황이다. 우선 창의적 체험활동 디자인 방법에 대해 자세히 설명하겠다.

※ 창의적 체험활동 상황(2020년 기준 고등학교 1, 2학년)

학년	창의적 체험활동 상황		
	영역	시간	특기 사항
	자율 활동		500자
	동아리 활동		500자
	진로 활동		700자

학년	봉사 활동 실적			
	일자 또는 기간	장소 또는 주관 기관명	활동 내용	시간 누계시간
		250자		

2020년 1, 2학년을 기준으로 기록할 수 있는 글자 수는 자율 활동 500자, 동아리 활동 500자, 진로 활동 700자이다. 자율 활동과 진로 활동은 담임교사가 기록하고, 동아리 활동은 동아리 담당교사가 기록한다.

(1) 진로 활동

창의적 체험활동 상황에서 진로 활동은 순서상으로 아래에 있지만, 학생부 브랜딩과 가장 관련이 높은 내용이어서 먼저 설명하겠다.

진로 활동은 학교 교육계획에 의해 학교에서 주최, 주관하여 실시하는 진로 활동을 말한다. 학교에서 이뤄지는 진로 수업, 진로 상담, 직업인 특강, 전공 특강, 진로 체험활동 등이 있다. 학교 교육 과정에 의거하여 방학 숙제로 내주는 진로 탐방 활동도 여기에 속한다. 진로 활동의 목적은 자기 이해 증진, 직업세계 이해 증진, 진로 설정 및 구체화이다. 학생부 진로 활동 영역에는 이러한 내용 등을 기록할 수 있다.

진로 활동 영역의 특징은 지원 전공을 명확히 드러낼 수 있다는 것이다. 자신의 흥미, 적성, 성향, 가치관 등의 특질을 드러낼 수도 있고, 특질에 적합한 직업을 탐색한 내용도 기록할 수 있다. 더 나아가 진로를 선정한 이유 및 진로가 구체화되는 과정도 기록하여 평가자들로 하여금 학생의 지원 전공에 대한 전반적인 이해가 가능하도록 만들어준다. 학생부 진로 활동 영역이 제대로 기록이 되면 평가자들로 하여금 전공 적합성 평가에 활용하게 만드는 유익이 있다.

평가자들에게 '나'의 진로에 대해 제대로 이해를 시키려면 어떻게 해야 할까? 그 진로를 가고자 하는 철학이 명확히 드러나게 기록해야 한다. 그리고 학년이 올라갈수록 진로가 구체화되게 기록해야 한다. 앞에서 소개한 정치부 기자를 지망한 학생의 사례를 살펴보자. 그 학생은 1학년 때는 기자라는 꿈을 가지고 있었다. 그런데 2학년 때는 정치부 기자, 3학년 때는 팩트 체크 전문 정치부 기자, 이렇게 학년이 올라가면서 진로가 점차 구체화되었다. 진로 철학도 1학년 때는 '공정한 언론을 위한 기자'라는 다소 추상적인 내용에 머물렀는데, 3학년 때는 '국민적 갈등을 완화하는 팩트 체크 전문 정치부 기자'로 구체화되었다.

이 책에서 제시하는 방법으로 진로를 설계해보자. 이 책에서 다루는 진로설계의 핵심은 프로토타입 방식의 설계이다. 프로토타입 방식의 진로설계는 잠정적으로 진로를 설계한 후 학교 활동을 통해 진로를 구체화시켜 나가는 진로설계이다. 2장 진로 디자인 파트에서 자세히 다루고 있으니 책에서 제시하는 방법으로 자신의 진로를 설계해보자.

많은 학생들이 진로를 설정한 후에 변경이 되면 불리한 것 아니냐며 프로토타입 방식의 진로 설정을 두려워한다. 두려워 말고, 아래 대학교에서 발표한 자료를 보자.

Q. 진로 희망사항이 지원 학과와 다르면 불리한가?

진로 희망 항목 자체는 평가 과정에서 큰 의미를 갖지 않습니다. **가장 중요한 것은 그 과정에서 어떤 노력을 해왔는가입니다.** 진로 희망이 매년 바뀌고 지원 학과가 다르더라도 그 과정에서 이루었던 진로에 대한 탐색 과정과 그 꿈을 이루기 위해 주도적으로 학교생활을 해왔는지가 중요합니다.

- 중앙대 2020 학생부 종합전형 안내서

Q. 진로 희망의 일관성, 통일성이 중요한가?

진로 희망의 일관성, 통일성이 반드시 전공 적합성을 보여준다고 생각하지 않습니다. 오히려 전공 적합성은 학생부, 자기소개서……를 통해 보다 종합적인 관점에서 확인할 수 있습니다. 즉, **전공 적합성을 확인하는 데 진로 희망의 변경 여부가 절대적인 의미를 가지는 것은 아니므로 변경된 사유가 있다면 확인할 수 있도록 기재해주시기 바랍니다.**

- 연세대 2018 학생부 종합전형 안내서

대학의 전공 적합성 평가의 핵심은 진로의 일관성, 통일성이 아니라 주도적인 진로 탐색의 과정이다. 중요한 것은 주도적인 진로 탐색의 과정을 통해 자아와 지원 전공에 대한 이해가 높아졌는지 여부이다. 설령 이 과정에서 지원 전공이 변경되어도 사유를 작성할 수 있다면 문제가 될 게 없다고 대학들은 이야기하고 있다. 그리고 최근 학종 평가는 전공을 학과(역사학과, 경영학과 등)로 한정 짓는 것이 아니라 계열(인문 계열, 사회 계열 등)로 넓게 보고 평가하는 경향이 있다. 같은 계열 안에서 지원학과를 변경하는 것이 용인되고 있으며, 타계열로 변경했더라도 변경된 이유를 작성하면 문제되지 않고 있다. 그러므로 프로토타입 방식으로 진로를 설정하도록 하자. 그렇게 설정한 후 학교 활동을 진행할 때 자신에 대한 이해가 높아지면서 원래 설정한 진로보다 자신에게 더 적합한 진로를 찾을 수 있게 된다.

진로 활동은 700자를 기록할 수 있다. 자율 활동, 동아리 활동의 500자 보다 글자 수가 많다고 해도 700자는 그렇게 많은 양이 아니다. 모든 활동을 기록하기보다는 자신의 특질(흥미, 적성, 성향, 가치관 등)을 잘 드러낸 활동, 관심 직업과 관련된 활동, 진로 철학을 드러낼 수 있는 활동 등 2~3개의 활동을 중점적으로 기록하는 게 좋다.

※ 진로 활동 디자인 tip

고려 요소	주요 활동 내용	활동 예시
자신의 특질을 드러낸 활동	• 학교에서 실시한 진로 관련 검사를 통해 자신의 특질을 이해한 내용	• 교내 진로 적성검사를 통해 자신의 특질을 이해한 사례
관심 직업 관련 활동	• 직업인 특강, 전공 특강 등을 통한 자신의 직업 정보를 탐색한 내용	• 법교육 명사 특강 및 대학 전공탐색의 날 행사를 통한 관심 직업 정보탐색 사례

| 진로 철학
관련 활동 | • 직업 탐방 활동을 통해 진로 철학을 드러내는 내용
• 진로 발표 수업을 통해 진로 철학을 드러내는 내용
• 기업가 정신교육을 통해 관심 직업에 대한 열정을 드러내는 내용 | • 여름방학 진로 탐방 활동을 통해 진로 철학을 드러낸 사례
• 진로 수업 '희망 직업 보고서 발표'를 통해 진로 철학을 드러낸 사례
• 노인들의 무료함 해소 프로젝트를 진행해 진로 철학을 드러낸 사례 |

교내 진로 적성검사를 통해 자신의 특질을 이해한 사례

교내에서 실시한 진로 적성검사(2020.03.25.)를 통해 자신이 **예술가형과 진취형의 특성**을 좀 더 많이 지니고 있음을 알게 되어 **문화를 통한 삶의 질 향상 관련 직업에 관심을 갖고 구체적인 탐색 노력**을 하고 있음.

- 《나만의 학생부 만들기》 p121

    많은 학교에서 진로 검사를 실시하고 있다. 대부분 진로 검사 업체에서 제공하는 내용을 바탕으로 진로 특기사항을 작성한다. 그런데 검사 결과를 그대로 옮겨 적는 것은 학생에게 큰 의미가 없다. 그대로 옮길 경우 심지어는 1학기 검사 내용과 2학기 검사 내용이 상충되는 경우도 발견했다. 맥락을 고려하지 않고 그대로 옮겼기 때문이다. 검사를 여러 개 했다면 학생의 지원 전공(진로 철학)에 맞는 내용을 바탕으로 기록을 하는 게 좋다. 위의 사례도 학생의 진로 철학이 '문화를 통한 삶의 질을 향상시키는 직업인'이다. 아직까지 구체적인 직업은 나오지 않았지만 그 방향에 맞는 특질을 작성한 후에 진로 철학과 연결시키는 게 좋다.

법교육 명사 특강을 통한 관심 직업 정보탐색 사례

법교육 명사 특강(2020.06.26.)에서 ○○○ 판사님의 법교육 명사 특강을 들음. 지루해 하는 다른 학우들과 달리 강의에 집중하며 '로스쿨 제도의 정의성과 효용성 탐색'에 대하여 질문을 했고, 강의 후 판사의 연락처를 얻고, 자신의 멘토로 삼는 모습이 인상 깊음.

- 《나만의 학생부 만들기》 p122

대학 전공탐색의 날 행사를 통한 관심 직업 정보탐색 사례

대학 전공탐색의 날 행사(2020.04.22.)에서 평소 관심 분야인 물리학과 전공 탐색에 참여하여 교육 과정과 직업 전망에 대한 자료를 수집하고, 이를 통해 자기 주도적인 진로 설계를 구체적으로 계획하는 계기를 마련함. 또한 물리학자와의 만남을 통해 진로에 대한 진지한 자세와 학습동기 유발에 큰 영향을 받음..

- 《나만의 학생부 만들기》 p122

많은 학교에서 직업인 특강이나 전공탐색의 날과 같은 행사를 통해 학생들의 진로 의식을 높여주기 위해 노력하고 있다. 모든 행사를 나열식으로 기록하기보다는 학생의 지원 전공과 맞는 내용을 기재해주는 게 좋다. 그리고 행사 과정에서 학생의 특징적인 면이 있다면 기록해주는 게 좋다. 법교육 명사 특강을 들었던 학생의 사례에서 학생의 질문 내용을 기재하여 학생의 관심 분야를 적어놓은 게 의미가 있다. 또한 특강 강사의 연락처를 받아 멘토로 삼았다는 내용이 인상 깊다. 이후 법 관련 추후 탐구 활동을 진행할 때 멘토로 삼은 강사의 도움을 받아 심화 탐구가 진행된다면 더 좋은 사례가 될 것 같다.

여름방학 진로 탐방 활동을 통해 진로 철학을 드러낸 사례

여름방학 중 진로 탐방활동(2017.07.31., 2017.08.03.)에 자기 주도적으로 참여함. 열네 분의 교수님께 인터뷰 요청, 두 분의 교수님과 인터뷰를 진행함. 로봇공학에 대한 두 차례의 인터뷰를 통해 최신 정보와 기초 정보를 습득함. 특히 **자신이 관심을 갖고 있는 장애인이나 노인을 돕는 로봇은 아직 기술이 부족하여 만들지 못하고 있다는 인터뷰 내용을 바탕으로 최초로 자신이 그 사명을 이루겠다는 다짐과 도전에 대한 결의**를 함.

앞선 사례들과 다르게 진로 탐방을 스스로 진행한 사례이다. 이 학생은 학교에서 여름방학 과제로 내준 진로 탐방 활동을 활용해서 자신의 진로를 구체화시켰다. 자신의 주변에 로봇공학자 교수가 없어서 14명의 전공 관련 교수에게 이메일을 보내 2명을 섭외했다. 두 교수를 직접 만나고 와서 자신의 진로 철학을 세우고 진로를 구체화시켰다. 진로 탐방을 위해 14명의 교수에게 인터뷰를 요청했다는 내용은 주어진 환경에 좌절하지 않고 뚫고 나가려는 도전정신을 평가받을 수 있는 내용이다.

진로 수업 '희망 직업 보고서 발표'를 통해 진로 철학을 드러낸 사례

'희망 직업 보고서 발표하기' 시간(2018.09.19.)에 자신이 생각하는 직업의 의미, 직업을 가져야 하는 이유를 자신 있게 밝힘. **장애인이나 노인과 같이 홀로 살아가기 힘든 사회적 약자들이 다른 사람의 도움 없이 혼자 살아갈 수 있도록 보살펴주고 말동무가 되어주는 로봇을 만들어 상용화시키는 일에 헌신하고 싶어서 로봇공학자가 되기를 희망한다고 PPT 보고서를 제작해 명확하게 발표**했음.

위의 예시는 로봇공학자 지망학생의 2학년 진로 활동 기록이다. 역시 사회적 약자를 돕는 로봇공학자의 꿈이 계속 이어지고 있음을 확인할 수 있다. 단순히 로봇을 만드는 것을 넘어서 상용화시키는 분야로까지 진로가 구체화되고 있음을 확인할 수 있다.

노인들의 무료함 해소 프로젝트를 진행하여 진로 철학을 드러낸 사례

새롭고, 즐거운 일이 생길 일이 드문 요양원에서 **노인들의 무료함을 해소해드리는 '노인들의 무료함 해소 프로젝트'를 기획하여 리더로 활동**함. 노인들의 하루 일과를 알아보고 팀원들과 무료함을 풀어드릴 수 있는 활동에 대한 아이디어를 냄. 두뇌 건강에 좋은 보드게임을 직접 제작해서 기부함. 보드게임을 통해 노인들과 즐겁게 봉사하는 모습이 인상적임.

진로 교육 때 진행한 프로젝트 활동을 통해 진로 철학을 드러낸 사례이다. 이 학생의 진로 철학은 '현대인들이 자신의 삶을 즐기며 살아갈 수 있도록 여가문화를 바라보는 시선을 변화시키는 여가 전문 경영인'이다. 1학년 진로 특기사항에서 진로 철학을 작성하고, 2학년 진로 특기사항에 위의 내용을 기록하여 자신을 '여가 전문 경영인'으로 브랜딩했다.

지금까지의 사례들을 통해 진로 활동에 어떤 내용이 기록되어야 하는지 방향을 잡을 수 있을 것이다. 위의 내용을 통해 자신의 진로 활동을 디자인해보자. 활동 전에 디자인을 못하겠다면, 활동을 진행하며 위의 사례가 포착될 경우 꼭 기록을 해놓기 바란다. 기록을 하지 않으면 아무리 훌륭하게 성장한 존재라도 평가를 제대로 받지 못하게 된다.

(2) 자율 활동

자율 활동은 학교 교육계획에 의해 학교에서 주최하고 주관하여 실시한 활동을 말한다. 학교 안에서 이루어지는 자치·적응 활동 및 창의 주제 활동을 진행하고 기록할 수 있다. 구체적으로 학급 임원, 학습 멘토링, 또래 상담, 자치법정, 음악&미술&체육&놀이 활동 등의 활동을 말한다. 이 영역의 주요 평가 요소로는 전공 적합성, 인성, 발전 가능성이다. 공동체 안에서 이뤄지는 활동이 대부분 기록되기 때문에 리더십, 공동체 의식 등 인성 요소를 평가하기 좋은 항목이다. 물론 공동체 안에 자신의 전공과 관련하여 기여한 활동이 있다면 전공 적합성을 평가받을 수도 있다. 또한 활동 과정에서 자기 주도성 및 창의적 문제 해결 역량이 잘 드러날 경우에는 발전 가능성에서도 좋은 평가를 받을 수 있다.

대학에서 학생부를 평가할 때 자율 활동이 포함된 창의적 체험활동 상황은 교과 학습발달 상황 다음으로 많이 참고하고 있는 영역이다. 그러나 대부분 학생들의 자율 활동 기록을 보면 차별점이 드러나 있지 않은 경우가 많다. 반면 학종에서 좋은 평가를 받은 학생들의 자율 활동 기록을 보면 위에서 설명한 평가 요소가 명확히 드러나 있는 경우가 많다.

자율 활동 기록이 잘되기 위한 두 가지 요소가 있다. 하나는 담임교사가 평가 요소를 잘 알고 있어서 학생들의 활동을 면밀히 관찰한 후에 해당 활동을 진행하는 학생들을 기록해주는 것이다. 다른 하나는 학생이 평가 요소를 잘 알고 있어서 자율 활동에 기록될 내용을 디자인하고 담임선생님과 지속적인 상담을 통해 활동 내용이 기록될 수 있도록 하는 것이다. 두 가지 요소 모두 없을 경우 자율 활동에 대한 기록은 매우 평범한 수준에 머무를 가능성이 크다. 그러나 학생이 꼭 알아야 할 것은 이 영역도 평가 항목 중 하나이고, 기록이 잘될 경우 학종 평가에 긍정적인 영향을 끼칠 수 있다는 점이다.

어떻게 해야 자율 활동 기록이 평범한 수준을 넘어 좋은 평가를 받게 만들 수 있을까? 학생부 기록의 주체가 교사이기 때문에 담임선생님이 잘 기록해주기만을 바라며 주어진 활동에 최선을 다하고 기록이 잘되기를 기다려야 하는가? 그렇지 않다고 생각한다. 오히려 학생이 자율 활동을 통해 어떤 평가를 받고 싶은지 정해서 활동의 콘셉트를 잡아가는 것이 더 좋지 않을까? 자율 활동의 글자 수는 500자이다. 적게는 2개 활동, 많아야 3개 정도 활동이 기록될 수 있다. 많은 내용을 기록할 수 없기 때문에 평가의 콘셉트를 정해서 활동을 디자인해보자.

※ 자율 활동 디자인 tip

평가 요소	주요 활동 내용	활동 예시
전공 적합성	• 공동체 안에서 자신의 전공으로 기여할 활동	• 5분 스피치 활동을 통해 자신의 전공을 드러낸 활동 • 반별 체험학습에서 자신의 전공으로 학급에 기여한 활동
인성 평가	• 리더십, 공동체 의식이 잘 드러나는 활동, 그 외 책임감, 성실성, 배려, 협력 등 인성 항목이 드러나는 활동	• 학급 반장으로 선거 공약 이행을 위해 학업 능력 향상 시도 및 학급 차원에서 의미 있는 봉사 활동 진행
발전 가능성	• 활동 과정에서 자기 주도성, 문제 해결 역량이 잘 드러나는 활동	• 기숙사 탈의실에 신발을 신고 들어가 모두가 불편해 하는 현상을 포착하여 주도적으로 해결한 학생

5분 스피치 활동을 통해 자신의 전공을 드러낸 활동

학급특색사업으로 실시한 '아침을 여는 5분 스피치'에서 탐사보도에 대해 소개함. 평소 즐겨보던 〈그것이 알고 싶다〉라는 프로그램의 SNS 채널을 통해 취재 과정의 비하인드 스토리를 알게 되고 범죄, 정치 부패, 기업 비리와 같은 특정 주제를 직접 조사해 캐내는 형태의 저널리즘에 관심을 갖게 됨. 보도까지 적게는 수 개월, 길게는 몇 년을 소비하며 언론인으로서 방관자나 관찰자로 머무르지 않고 가치판단을 통해 선과 악을 구분하여 국민의 알 권리를 보장하는, 탐사보도의 긍정적인 측면을 소개함. **최근 방송 정지 처분을 받고 있는 사건을 예비 언론인으로서 지켜보며 SNS 채널 운영을 통해 보도의 자율성을 보장받는 사회를 희망함을 밝힘.**

자율 활동을 통해 자신의 진로 철학을 드러낸 사례이다. 5분 스피치 활동에서 자신의 지원 전공인 언론에 대하여 발표하며, 보도의 자율성을 보장받는 언론에 대한 자신의 진로에 대한 철학을 명확히 드러내고 있다.

반별 체험학습에서 자신의 전공으로 학급에 기여한 활동

놀이동산으로 반별 체험학습을 다녀온 후 탐구한 내용을 바탕으로 한 기사를 작성함. 놀이공원에서 일어날 수 있는 안전사고(놀이기구 사고, 질서, 에스컬레이터 등)의 다발성과 이를 예방하기 위한 주의사항을 주제로 하여 정보와 사진을 취재하고 기사 초고 작성, 퇴고 과정을 통해 안전에 대한 경각심을 일깨울 수 있도록 함. 또한 아쿠아리움에 관한 동물생명보호 차원에서의 문제점을 알리기 위해 이름표가 부착된 동물, 제한된 서식 반경, 관람 태도가 동물에게 미치는 영향을 새로운 관점으로 접근함. **사소한 체험에서도 다양한 시각으로 바라보는 자세와 기자로서 가져야 할 책임감에 대해 고민하며 실제 작성된 기사로 친구들에게 큰 관심과 호응을 얻음.**

반별 체험학습에서 자신의 전공으로 학급에 기여한 활동이다. 놀이공원에서 일어날 수 있는 안전사고와 아쿠아리움에서 동물생명보호 차원의 문제점을 기사로 작성하여 학급 친구들에게 다양한 정보를 제공하기 위해 노력한 모습이 엿보인다. 지원자의 전공에 대한 관심을 파악할 수 있는 좋은 내용이다.

학급 반장으로 학업 능력 향상 및 의미 있는 봉사 활동 기획

학급 반장(2020.03.01.~2021.02.28.)으로서 선거 때 **자신이 내세웠던 공약인 학급 구성원들의 학업 능력 향상**에 힘쓰는 모습을 보임. 학기 초 자습 시간에 몇몇 급우들이 학습을 방해하는 상황에서 소리치거나 화내지 않고, **개개인별로 만나서 이 시기의 중요성을 알리고 다른 사람들에 대한 배려를 부탁**하며 조용한 학습 환경을 만드는 모습을 보임. 부반장과 함께 학급 게시판에 교과 수업별 과제를 게시하고, 수업 내용을 요약 정리하여 게시함으로써 학생들이 수업에 잘 참여하고 학업 능력을 증진시킬 수 있도록 배려함.
학급 차원에서 의미 있는 봉사 활동에 참여하고자 하는 마음으로 **웹서핑을 통해 다양한 봉사 활동 계획을 찾아 학급 홈페이지에 안내하는 모습을 보이는 등 자신이 내건 공약을 끝까지 실천하려고 노력하는 의지와 실천력**을 보여줌.

– 《나만의 학생부 만들기》 p 93

선거 공약 이행이라는 콘셉트를 바탕으로 학업 능력 향상 프로젝트와 학급 차원에서 의미 있는 봉사 활동을 기획한 사례이다. 리더로서 공동체를 발전시키고자 하는 모습이 잘 드러나 있다. 학습을 방해하는 상황에서 친구들을 설득해 조용한 학습 환경을 조성하고, 부반장과 협업해 교과별 과제를 게시하는 등 친구들의 학업 능력 향상을 위해 노력한 모습이 구체적으로 잘 드러나 있다. 또한 학급 차원에서 의미 있는 봉사 활동을 하기 위해 웹서핑을 통해 다양한 봉사 활동 계획을 찾아 안내하

는 주도적인 모습도 보이고 있다. 리더십과 공동체 의식, 책임감 등을 평가 받을 수 있는 좋은 기록이다.

위의 사례에서 핵심은 리더 역할(또는 전공 관련 역할)을 통해 공동체를 발전시키는 모습이 드러난 것이다. 이러한 사례가 기록되기 위해서는 자신이 학교 또는 학급에서 하고 있는 역할을 바탕으로 공동체를 발전시키기 위한 활동을 진행해야 한다.

기숙사 탈의실 환경 개선

제가 고2때까지 기숙사 탈의실은 더러운 바닥이었습니다. 신발 벗고 들어가라는 규정은 있었지만, 몇몇 친구들이 신발을 신고 들어가서 옷을 갈아입다 보니 다들 신발을 신고 들어가게 되었기 때문입니다. 신발을 벗고 들어가는 것으로 바꾸자는 제 말에 다들 애써 씻고 나와도 옷과 발바닥이 더러워지는 불편함에는 공감했지만 이미 모두가 신발 신고 들어가기에 익숙해져서 자기 혼자 바꾼다고 달라지지 않는다며 동조하지 않았습니다. 그래서 저는 우선 바닥 청소를 하기 시작했습니다. 다들 더러운 바닥 때문에 맨발로 들어가기를 꺼렸기 때문입니다. 바닥 청소 후 친구들을 모두 불러모아 탈의실 문화를 바꾸면 이렇게 깨끗하게 생활할 수 있다며 다들 신발 벗고 들어가 달라고 부탁했습니다. 비록 초반에는 습관화가 안 된 탓에 수시로 다시 청소하고 상기시켜줘야 했지만, 나중에는 같이 청소해주는 친구도 생기고 협조해주는 친구들도 많아졌습니다. 결국 모두 신발을 벗고 들어가게 되었습니다. 앞장서서 행동하고 부탁하면 사람을 움직일 수 있음을 깨달았습니다. 또한 사용 습관을 바꾸면 바뀔 바닥의 모습을 미리 보여줬듯이 비전을 제시하는 것이 큰 효과가 있다는 것을 알게 되었습니다.

- 2018학년도 서강대 기계공학부 합격생 자기소개서

마지막으로 제시하는 사례는 리더십, 공동체 의식뿐 아니라 발전 가능성까지 평가받은 사례이다. 이 학생은 기숙사 탈의실에 신발을 신고 들어가서 샤워 후에 옷을 입을 때 발이 다시 더러워져 모두가 불편해하는 현상을 포착해 주도적으로 해결한 학생이다. 이러한 내용이 학생부 자율 활동에 기록되고, 자기소개서를 통해 구체적으로 드러나서 인성뿐 아니라 발전 가능성도 평가받을 수 있었다.

위의 학생의 활동 사례를 표로 분석해보겠다.

활동명	활동 핵심 내용	인성 평가		발전 가능성 평가
		리더십	공동체 의식	
기숙사 탈의실 환경 개선	위생적인 탈의실 문화를 위해 자발적으로 청소하고, 리더십을 발휘해 친구들을 설득하며 탈의실 문화 개선	① 솔선수범(먼저 청소) ② 소통력(신발 벗고 입실 부탁) ③ 관리력(습관화가 될 때까지 관리)	깨끗한 탈의실 문화를 만들어 모두가 위생적인 환경을 접할 수 있도록 공동체 변화	문제 발견력 및 문제 해결력 등 창의적 문제 해결력을 드러냄

이 활동의 핵심은 누구나 개선되길 바라지만 아무도 나서지 않는 것을 개선한 내용이다. 즉 문제 발견력과 문제 해결력 등 창의적 문제 해결 역량을 드러낼 수 있다. 창의적 문제 해결 역량은 학생부 평가 영역 중 발전 가능성의 핵심 요소이다. 위와 같은 내용이 자율 활동에 기재되고 자기소개서에 기록된다면 인성평가뿐 아니라 발전 가능성에서도 좋은 평가를 받을 수 있다. 물론 가장 중요한 것은 실제로 공동체를 변화시키고 싶은 간절한 마음을 지닌 존재여야 된다는 것이다. 이것은 더 말

할 나위가 없을 것이다.

한 가지 덧붙이자면 리더십 평가는 대학에 따라 인성 영역으로 평가하는 학교가 있고, 발전 가능성 영역으로 평가하는 대학이 있다. 이 책에서는 리더십을 바탕으로 공동체를 변화시킨 내용이 많아 인성 평가에 비중을 두어 서술하였다.

위의 사례들을 통해 자율 활동에 어떤 내용이 기록되어야 하는지 방향을 잡을 수 있을 것이다. 이제 자신의 자율 활동을 디자인해보자.

(3) 동아리 활동

동아리 활동은 공통의 관심사와 취미 등을 지닌 학생들이 자발적으로 모여서 자신들의 능력을 창의적으로 표출하는 것을 주 활동으로 하는 집단 활동이다. 공통의 관심사에 따라 자발적으로 모였기 때문에 동아리 구성원 간의 지원 전공이 비슷할 가능성이 높다. 특히 동아리는 학년 구별 없이 활동하기 때문에 지원 전공과 관련해서 준비를 잘하고 있는 선배를 만날 가능성도 높다. 선배를 통해 지원 전공과 관련한 활동 tip 및 관련 책 목록 등을 얻을 수 있는 기회가 되기도 한다.

동아리 활동을 제대로 진행하면 전공 적합성, 학업 역량, 인성, 발전 가능성을 모두 평가받을 수 있다. 동일한 관심 분야의 사람들이 모이기 때문에 전공 관련 학술 활동을 진행할 수 있는 장점이 있다. 이 과정에서 전공 적합성뿐 아니라 전공과 관련된 다양한 학업 역량을 드러낼 수 있다. 또한 공동체 안에서 이뤄지는 활동이기에 인성 역량을 드러내기도 쉽다. 물론 활동 과정에서 자기 주도성 및 창의적 문제 해결 역량 등을 드러내어 발전 가능성에서도 좋은 평가를 받을 수 있다.

필자는 학생들에게 동아리 부장 활동을 권하고 있다. 동아리는 교사의 개입이 비교적 적어 학생들 스스로 기획을 많이 하게 되는데, 기획 및 운영 과정에서 부장의 역할이 크게 작용한다. 즉 다양한 역량 개발을 할 수 있는 기회를 가지게 된다. 활동을 기획하고 진행하는 과정에서 전공과 관련된 다양한 역량이 개발되며, 또한 운영 과정에서 리더십, 공동체 의식, 갈등 관리, 창의적 문제 해결력이 필요한 경우가 많기 때문에 해당역량을 성장시킬 수 있다. 그리고 이렇게 개발한 역량을 학생부 및 자기소개서에 기록하기도 용이하다.

관심 분야의 동아리가 없을 경우 자율 동아리를 만들면 된다. 2020년 기준으로 고등학교 1, 2학년 학생들은 자율 동아리가 대입에 반영되고 자기소개서에도 기록할 수 있다. 더불어 자율 동아리 활동에 대해 연간 1개 이내, 30글자로 학생부에 작성할 수도 있다. 이러한 이유로 학교에서는 자율 동아리 활동을 권하고 있다. 다만 2020년 중3부터는 자율 동아리 활동은 가능하나 대입에 반영되지는 않는다. 따라서 고등학교를 지원할 때 희망 전공 관련 정규 동아리가 있는지 확인하고 지원하는 것도 좋을 것 같다.

동아리 활동 역시 자율 활동과 마찬가지로 글자 수는 500자이다. 동아리에서 진행한 모든 활동을 기록하기보다는 평가 요소와 관련된 2~3개의 활동을 중점적으로 기록하는 게 좋다. 특히 전공 역량과 관련된 내용은 필히 들어가는 게 좋다. 전공과 직접적인 연관이 없는 활동이라면 전공 관련된 학업 역량이 드러날 수 있도록 활동을 진행해야 한다. 가장 좋은 활동은 동아리와 교과 간의 연계된 활동이다. 동아리에서 진행하는 프로젝트에서 관련 교과 지식을 접목하여 진행하고, 진행 과정에서 동아리와 교과 담당 선생님의 도움을 받으며 깊이 있는 탐구 활동을 전개해나가는 과정이 가장 좋은 활동이다. 그렇게 되면 동아리와 관련 교과의 세부 특기사항에 모두 기록이 되어 활동에 대한 신뢰성이 높아진다. 동아리 활동 역시 진로 철학을 반영하여 학생부에 자신을 브랜딩할 수 있는 좋은 영역이다.

※ 동아리 활동 디자인 tip

고려 요소	주요 활동 내용	활동 예시
전공 역량 & 학업 역량	• 전공 관련 동아리 활동 진행. 본인의 역할이 명확하여 전공 역량, 학업 역량이 구체적으로 드러나도록 활동.	• 경영 철학반 활동을 통해 자신의 진로 철학이 잘 드러낸 사례 • 영자 신문반 활동을 통해 자신의 전공 역량 및 학업 역량을 잘 드러낸 사례
교과와 연계한 동아리 활동	• 동아리에서 진행하는 프로젝트에 관련 교과 지식을 활용하여 진행. 진행 과정에서 담당 선생님들에게 필히 자문 구하기	• 로봇공학자가 꿈인 학생이 동아리에서 계단을 올라가는 휠체어를 설계하고 제작. 제작 과정에서 기술 선생님에게 자문을 구하며 완성. 발표 수업을 활용하여 관련 주제 발표
인성 역량	• 동아리를 운영하며 리더십, 공동체 의식이 잘 드러나는 활동	• 영어 교사 지망 학생이 영자 신문반 부장으로 동아리를 발전시킨 활동

경영 철학반 활동을 통해 자신의 진로 철학이 잘 드러낸 사례

(경영 철학반) '철학자를 통해 바라본 세계'를 주제로 발표 수업을 진행함. 소크라테스의 '무지의 무지'를 접하고 주어진 정보만으로 모든 것을 판단하는 것이 아니라 겸손한 태도로 본질적인 면을 보려고 노력해야 된다는 것을 깨닫게 됨. 이 활동을 통해 보이는 현상만이 아니라 보이지 않는 본질적인 면을 파악하려고 노력하는 모습을 보임. 발표 수업을 진행하며 **철학적 사유를 바탕으로 창의적 방안을 만들어 경영 문제를 해결하는 경영 컨설턴트**' 의 꿈을 굳건히 함.

이 학생의 진로 철학은 "철학적 사유를 바탕으로 창의적 방안을 만들어 경영 문제를 해결하는 경영 컨설턴트"이다. 경영 철학반 동아리 활동을 통해 자신의 진로 철학이 잘 드러나 있다.

영자 신문반 활동을 통해 자신의 전공 역량 및 학업 역량을 잘 드러낸 사례

(영자 신문반) 평소 의료 이슈에 관심이 많아 조현병 기사 작성을 희망함. 일부 언론의 부정적 이미지 전달을 파악하고 개선하고자 중립적 시각으로 기사를 작성, 사회적 편견 및 제도 개선에 대한 메시지를 전달하고자 함. 이후 **기사를 공유하여 다수의 학생들에게 조현병에 대한 부정적 인식 개선의 피드백을 이끌어 냄.** 영문 기사를 작성함에 있어 논리적 문맥 구성뿐 아니라 **문법적 오류가 거의 없는 탁월한 영어 실력을 보여줌.**

보건의료 전문기자를 꿈꾸는 학생이 동아리 활동을 통해 자신의 전공 역량 및 학업 역량을 드러낸 사례이다. 의료 이슈와 관련된 기사를 작성하는 과정을 통해 인식을 개선시킨 내용이 잘 드러나 있다. 마지막 문장에 문법적 오류가 거의 없는 탁월한 영어 실력을 보여주었다는 선생님의 평가를 통해 영작 실력이 우수한 학생임을 파악할 수 있다. 학생의 역량과 관련된 교사의 평가는 학생부 종합전형 평가에서 매우 중요한 요소이다. 학종 전형에서 "학생에 대한 평가는 교사가 하고 선발은 대학에서 한다"는 이야기가 있다. 탁월한 역량이 보이는 학생에 대해서는 위의 예시처럼 긍정적 평가를 해주는 게 학생의 대학 진학에 도움이 될 수 있다.

교과와 연계한 동아리 활동을 전개한 사례(로봇공학자 지망 학생)

- [IT 동아리] '아두이노'에 대해 학습하고, 프로그래밍에 많은 관심과 흥미를 나타내고, 스스로 응용하고자 하는 모습을 보임. **계단을 올라갈 수 있는 휠체어를 동아리원들과 협력해 설계**하고 제작함. 동아리 활동을 통해 **모든 사람이 편리하게 사용할 수 있는 로봇을 제작하고자 하는 사명**을 만들었으며, 로봇공학자라는 장래희망에 대한 확신을 나타냄.

- [기술.가정 과목] 평소 관심이 많았던 기계 제작에 대한 발표하기에서 **'장애물을 넘는 휠체어'를 주제로 창의적 제품을 구상하고, 설계 방법을 바탕으로 '턱을 올라가는 휠체어'를 제작하는 능력**을 보임. 휠체어가 턱이 낮음에도 불구하고 올라가지 못하고 경사로를 통해서만 이동하는 불편함을 개선하고자 제3각법을 이용한 정투상법을 활용해 도면을 제작. 또한 '과학상자'와 'EV3', '아두이노'를 활용해 휠체어를 제작하는 능력을 보임. 과제를 수행하는 과정에서 표준화의 중요성을 깨닫고 특허 출원에 대한 구체적인 생각을 통해 친구들의 호응을 이끌어냄.

동아리와 관련 교과인 기술 과목과 연계된 활동이다. 학생은 관련된 활동을 하면서 기술 선생님에게 문의하며 활동을 진행했다. 동아리 친구들과 함께 기계를 제작하고, 기술 교과 시간에 관련 활동을 발표했다. 활동 내용을 영역별 특징에 맞게 기록했다. 동아리 영역에서는 동아리원들과의 협력 및 자신의 진로 철학을 강조했고, 교과 세부 특기사항에는 지식을 활용한 내용을 넣어 영역별 특징에 맞게 기록했다. 교과 세부

특기사항 작성법은 다음 장에서 설명하겠다.

동아리 활동을 통해 리더십, 공동체 의식을 드러낸 사례

"올해 너희의 활동을 보고 너희의 존폐 여부가 결정된다."

2학년, **영자신문 동아리의 부장**이 된 저에게 특별활동부 선생님께서 하신 말씀입니다. '마지막 기회다.'라는 생각에 다급해진 저는 동아리의 모든 일을 혼자 처리했습니다. 하지만 부원들은 독단적인 제 행동에 불만이 쌓였고, 결국 불화가 생기고 말았습니다. 공부 시간이 줄어들어 성적까지 하락하니 저는 점차 지쳐갔습니다. 그러다 문득 '내가 지금 옳게 행동하는 건가?' 하는 생각이 들었습니다. 동아리가 부흥하기 위해서는 저 혼자가 아니라 다 같이 힘을 합쳐야 한다는 깨달음에 이르렀습니다. 회의를 통해 기자가 직접 기사 주제를 선정하고, 4명의 조장을 뽑아 한 면씩 맡아 기사와 디자인까지 책임지도록 했습니다. 마감 전날까지 다듬다가 새벽 3시에 최종본 메일을 보내오는 부원들과 서로 격려했습니다. 그러자 관계도 점차 회복되었습니다. **함께 고생해서 만든 신문은 내용과 디자인 등이 더 좋아졌다는 칭찬을 받았고, 동아리는 폐부되지 않고 존속될 수 있었습니다.**

– 중앙대 영어교육과 합격생 자기소개서

위 학생의 활동 사례를 표로 분석해보겠다.

활동명	활동 핵심 내용	인성 평가		전공 적합성 평가
		리더십	공동체 의식	
영자 신문반 부장 활동	영자 신문반의 영어 신문 만들기 과정에서 발생한 갈등을 리더로서 풀어가며 공동체를 발전시킨 내용	① 자발성 부여(직접 기사 선정) ② 조직 운영 및 관리 (4명 조장 선정) ③ 성찰력, 소통력 등	① 신문 내용, 디자인 질적 향상 ② 동아리 폐부 위기를 극복함.	소재(영자 신문반 활동)를 통해 영어에 대한 열정과 관심을 드러냄

동아리에서 이런 활동을 진행했다면 리더십, 공동체 의식인 인성적인 영역, 지원 전공과 관련된 열정과 관심을 모두 드러낼 수 있다. 표면적으로 드러난 내용은 동아리 부장으로서 동아리에서 발생한 갈등을 잘 관리해 공동체를 발전시킨 내용이지만, 글감을 통해 살펴볼 수 있는 내용은 전공인 영어에 대한 열정과 관심이다. 전공 관련 동아리에서 갈등을 잘 관리해 발전시킨 사례가 있다면 학생부에 기록하고 자기소개서를 통해 구체적으로 제시하는 것이 좋다. 인성 평가뿐 아니라 전공에 대한 열정까지 평가받을 수 있는 좋은 소재이다.

지금까지의 사례들을 통해 동아리 활동에 어떤 내용이 기록되어야 하는지 방향을 잡을 수 있을 것이다. 이제 자신의 동아리 활동을 디자인해보자.

(4) 봉사 활동

봉사 활동은 자신은 물론 타인과 공동체를 변화시키는 힘을 가지고 있다. 필자는 고등학교 졸업 후 주일학교 교사로 10여 년간 봉사 활동을 한 경험이 있다. 봉사 활동을 하면서 여러 어려움도 발생했지만, 활동을 통해 아이들을 성장시키며, 공동체의 문화도 조금은 변화시킬 수 있었다. 그러나 무엇보다 그 안에서 가장 많이 성장한 사람은 나 자신이었다. 세상을 바라보는 시야가 넓어져 자신을 넘어 타인을 볼 수 있게 되었고, 내가 속한 공동체를 품을 수 있게 되었다. 사람을 돕고 공동체의 문화를 변화시키는 과정에서 나의 역량이 부족함을 느끼며 다양한 역량을 함양하기 위해 노력하는 삶의 태도도 지닐 수 있게 되었다. 그 시절 나는 "자신을 성장시켜 학교를 변화시키자"는 LSP의 구호를 나도 모르게, 자연스럽게 행동에 옮긴 것일지도 모르겠다. 봉사 활동은 이처럼 타인과 공동체를 도울 목적으로 시작하지만, 실상은 자신의 삶 전체를 변화시킬 수 있는 놀라운 활동이다. 아무 생각 없이(또는 억지로) 했던 봉사 활동이라도 시간이 지나면서 자신을 변화시키는 경우가 발생하기도 한다.

"봉사 시간을 몇 시간 채워야 만점 받나요?"

학생들이 봉사 활동에 대해 가장 많이 하는 질문이다. 그러나 봉사 활동의 진정한 의미는 '시간'이 아니라 '변화'이다. 변화를 위한 키워드는 '진정성', '자발성', '지속성'이다. 얼마 전까지 학교에서 주관하는 봉사 활동보다 학생이 직접 봉사 활동 기관을 찾아서 진행하는 개인 봉사 활동이 더 강조된 적이 있다. 개인 봉사 활동이 진정성과 자발성을 평가하기 더 적합해 보였을지도 모른다.

최근에는 개인 봉사 활동이 부모의 사회 · 경제적 요인에 의해 좌우된다며 다시 축소되고 있는 실정이다. 2020년 현재 중3부터는 개인 봉사활동이 대입에 미반영된다. 사실 진정성과 자발성은 학교 봉사 활동이냐 개인 봉사 활동이냐로 평가할 문제는 아니다. 봉사 활동을 통해서 자신이 어떻게 성장했으며, 타인의 성장과 공동체의 변화에 어떻게 기여했는지가 평가의 기준이 되어야 한다. 진정한 '변화'와 '성장'은 당연히 '진정성'과 '자발성'을 내포하고 있기 때문이다. 또한 일회성 봉사보다는 지속적인 봉사가 변화와 성장에 더 큰 영향을 미치리라고 짐작할 수 있다. 물론 일회성이라고 영향을 주지 못한다는 의미는 아니다. 찐한 일회성 봉사 활동도 충분히 사람을 변화시키고 성장시킬 수 있다.

내실 있는 봉사 활동을 진행하면 인성에 좋은 평가를 받을 수 있다. 활동이 전공과 연계될 경우에는 전공 적합성 평가도 받을 수 있다. 다만 봉사 활동 역시 자율 활동, 동아리 활동과 마찬가지로 활동 과정에서 자신의 활동 내용이 명확히 드러날 수 있어야 한다. 봉사 활동에서 무슨 역할을 하였는지? 봉사 활동 과정에서 어떤 기여를 했는지? 자신의 어떤 면이 성장했는지? 타인과 공동체에 어떤 영향을 미쳤는지? 활동을 하면서 어떤 에피소드가 있었는지? 활동을 진행하며 발생하는 역경을 어떻게 극복했는지? 등이 구체적으로 드러날 수 있어야 한다. 물론 봉사 활동을 디자인할 때는 위에서 제시한 모든 내용을 다루기는 어렵기 때문에 '자신의 변화', '타인의 변화', '공동체의 변화'의 세 가지 측면을 고려하여 설계하는 것이 좋다.

2020년 고3 학생들은 학생부에 봉사 활동에 대해 특기 사항을 기록할 수 있지만, 고2 이하 학생들은 활동 실적만 기록할 수 있다. 그러면 봉사 활동을 통한 변화는 어떻게 기록해야 할지 고민이 될 것이다. 다행히도 2020년 고1, 2학년은 자기소개서에 기록할 수 있다. 자기소개서를 통해 활동의 변화를 드러내면 된다. 2020년 중3부터는 자기소개서마저 폐지되기 때문에 봉사 활동을 통한 변화를 어떻게 하면 좋을지 더 고민이 될 것이다. 행동 특성 및 종합 의견을 추천서 형식으로 쓰라고 권하고 있으니 그 부분에 녹여서 쓰면 된다. 이제 학종 합격생들의 봉사 활동 특기사항 및 자기소개서 기록을 바탕으로 봉사 활동 디자인 방법을 설명하겠다.

※ 봉사 활동 디자인 tip

고려 요소	주요 활동 내용	활동 예시
자신의 변화	• 봉사 활동을 통해 삶의 중요한 가치를 깨닫게 된 경험	• 요양원 봉사 활동을 통해 내적인 성숙을 경험한 사례 • 오케스트라 활동을 통해 '조화'의 가치를 경험한 사례
타인의 변화	• 봉사 활동을 통해 타인을 변화시킨 경험	• 플래닝 멘토링 활동을 통해 타인의 변화를 경험한 사례
자신 변화 → 타인 변화	• 자신이 봉사 활동의 수혜자로 변화된 후에 봉사 활동을 통해 일으킨 타인의 변화	• 멘티 때 멘토의 격려로 성장한 학생이 멘토가 되어 멘티들을 성장시킨 사례
공동체 변화	• 공동체를 변화시키기 위해 노력한 경험	• 경안나비 독서모임 개척을 통한 공동체 문화의 변화를 경험한 사례

자신의 변화
요양원 봉사 활동을 통해 내적인 성숙을 경험한 사례

주1회 노인요양원에 방문하여 어르신들에게 발 마사지와 말벗 등을 해드리는 학교 봉사단 '행복나누미' 활동을 지속적으로 성실하게 수행함. 활동할 때 갑자기 어르신께서 호흡곤란을 겪는 등 위급한 상황을 많이 마주하게 되었지만 강한 정신력과 봉사정신으로 어려움을 이겨내고 더욱 진정성을 갖고 봉사에 임하였음. 이를 통해 학생의 꿈인 의료인이 갖추어야 할 충분한 봉사정신과 강한 정신력을 가지고 있다는 것을 알 수 있었음. **'봉사에 있어서 가장 중요한 것은 진정으로 봉사하고자 하는 마음가짐이라는 것을 알게 되었다.'라고 활동 일지에 느낀 점을 남길 정도로 내적으로 성숙해진 모습을 보였음.**

봉사 활동을 통해 내적인 성숙을 경험한 사례이다. 봉사 활동의 핵심은 다른 사람을 돕는 활동을 통한 자신의 내적인 성장이다. 봉사 활동을 통해 세상을 바라보는 시야가 자신과 가족을 넘어 타인, 그리고 공동체 영역까지 확장되게 된다. 더 나아가 진로에 대한 철학도 봉사 활동을 통해 가지게 되는 경우가 많다.

자신의 변화
오케스트라 활동을 통해 '조화'의 가치를 경험한 사례

'아무리 잘난 '혼자'라도 우리를 당할 수 없다'
학교와 MOU를 맺은 단체의 오케스트라(하늘소리 틴메이커) 재능 봉사를 통해 공동체의 하나됨을 경험했습니다. 첼로를 연주하는 저는 베이스 파트만 맡아 다른 악기에 비해 소리가 묻히는 것 같았습니다. 그래서 매주 연습 때마다 악기 소리를 드러내려고 일부러 더 크게 소리를 냈습니다. 어느 날 오케스트라의 녹음 파일을 듣게 되었는데, 뭔가 어색했습니다. 멜로디를 맡은 다른 악기가 연주할 때도, 분위기가 잔잔할 때도 첼로 소리만 컸던 것입니다. **저의 잘난 모습만 보여주려 했던 마음이 드러난 것 같아 부끄러웠습니다.** 그때부터 첼로 악보에서 음표뿐 아니라 강세와 분위기도 생각했고, 다른 악기 소리에 귀 기울였습니다. 그러면서 **오케스트라의 웅장함과, 제가 연주의 한 부분이 되어 연주한다는 연대감을 느낄 수 있었습니다. 1년 동안 네 번의 재능 봉사를 하면서 하나의 악기로는 만들 수 없는 아름다운 연주를 만들어나갔습니다.**

봉사 활동을 통해 조화의 가치를 깨달은 학생의 사례이다. 이 글에서는 조화의 중요성을 오케스트라 재능 봉사 활동으로 깨달았다는 게 중요하다. 조화의 중요성을 경험했다는 내용에서 인성 요소가 부각된다. 또한 글감이 악기 연주라는 측면에서 예술적 재능도 드러내는 좋은 소재이다. 예술 분야 지망과 관계없이 다른 계열이라도 예술적 재능을 인성에 녹여서 풀어낼 수 있다면 다른 지원자들보다 조금은 유리한 평가를 받게

된다. 융합 인재가 중요한 학교 및 학과에서는 꽤 좋은 평가를 받게 된다.

이 학생의 진로 철학은 '좌절하고 넘어져 다시 일어설 수 없다고 생각한 아이들을 일으켜 세우는 교사'이다. 자신의 진로 철학이 활동에 잘 드러나 있다. 생활습관이 엉망이고 내면의 상처가 많아 삶에 무기력한 학생들을 변화시키기 위해 열정을 다한 모습이 잘 나타나 있다. 활동을 통해 멘티들을 변화시키며, 변화의 원동력이 결국 사랑이라는 것을 깨닫게 되었다는 것이 울림을 준다. 이렇듯 제대로 된 봉사 활동은 타인은 물론 자신의 가치관에도 큰 변화를 일으키는 힘이 있다.

자신의 변화 이후 타인의 변화
멘티 때 멘토의 격려로 성장한 학생이 멘토가 되어 멘티들을 성장시킨 사례

'자발성의 걸음마를 배우다'
"등 좀 펴고 다니렴." 제가 주변 사람으로부터 많이 들은 말입니다. **낮은 자신감으로 몸을 굽히는 습관이 있었습니다.** 그러다가 고등학교 1학년 때, 교내 'LSP 토요학교'에 선발되어 멘티로 활동하게 되었습니다. LSP에서 멘토 선배는 플래닝이 습관이 되도록 제게 지속해서 격려하는 한편, 스스로 계획을 세울 것을 요구했습니다. 타인의 방법대로 학습해왔기에, 처음엔 제게 맞는 학업 계획을 세우는 일이 쉽지 않았습니다. 스스로 계획을 수립하는 과정에서 누차 실패를 경험했습니다. 그렇지만 멘토 선배의 끊임없는 격려에 힘입어 마침내 제게 맞는 계획을 수립할 수 있었고, 학업에서 지속적으로 성취할 수 있었습니다. LSP는 제게 학업 역량 이상의 역량을 함양해주었습니다. 바로 **자발적이고 주체적으로 살아가는 힘**이었습니다. 매일 계획을 세우고 실천한 과정을 돌아보는 피드백을 하면서 저의 부족한 점을 개선할 수 있었습니다. **제 삶이 주도적이고 자발적으로 변하고 있다는 느낌을 받았습니다.** LSP에서 익힌 플래닝 방법으로 이후 다양한 교내 활동에 주체적으로 참여했습니다. 또한, 2학년 때 LSP 멘토로 활동하며 후배들과 친구들의 삶을 코치해주었습니다. 생각보다 주위 많은 학생이 타인의 계획대로 생활하고 있음을 알게 되었습니다. **제 삶의 변화를 보여주며 다른 학생들도 주도적인 삶을 살 수 있도록 도왔습니다.** 저를 통해 학생들이 주체적이고 주도적으로 변화하는 모습을 보며 큰 기쁨을 느꼈고, 제가 이 일을 좋아함을 알 수 있었습니다. 더 나아가 **타인의 자발성을 길러주어 성장시키는 일을 계속하고 싶다는 생각**이 들었습니다.

이 학생도 활동을 통해 자신의 삶의 철학과 태도가 변화된 학생이다. 고등학교 입학하기 전까지 부모나 타인이 시키는 일만 했던 학생이 멘토의 도움으로 자발성의 걸음마를 배우게 되었다. 자발적인 삶을 추구하며 살아가다 보니 생각보다 많은 청소년들이 타인의 계획대로 살아가고 있는 모습을 보게 되었다. 이를 계기로 멘토로 봉사하며 후배들과 친구들에게 주도성을 길러주는 봉사 활동을 하게 되었다. 결국 이 봉사 활동을 통해 '학생들이 스스로 삶을 설계하여 자율성을 기를 수 있도록 돕는 교사'라는 자신만의 진로 철학을 수립할 수 있었다. 이 내용을 바탕으로 자신을 브랜딩할 수 있었다.

공동체의 변화
경안나비 독서모임 개척을 통한 공동체 문화의 변화를 경험한 사례

선생님께서 경안나비 독서모임을 만들자고 하셨습니다. 저와 15명이 독서리더가 되었지만, 시작 시간이 아침 7시라는 것을 알았을 때 참여하면서도 반신반의했습니다. 저희는 나비 독서모임의 문화를 배우기 위해 아침 5시 40분까지 학교에 모였고, 서울의 나비 독서모임에 참가해 성장한 사람들의 이야기를 듣고 운영에 관한 것들을 배웠습니다. 반신반의했던 **저는 독서나눔과 문화를 통한 학생들의 성장이라는 꿈을 확신했습니다.** 그 꿈을 독서리더들과 공유했습니다. 그 후 각자의 역할을 정하고 경안나비 독서모임을 진행했습니다. 처음에는 많은 학생들이 참여했습니다. 하지만 여러 가지 문제로 참여하는 학생의 수가 점점 줄어들었습니다.

겨울방학 때, 이 문제를 해결하기 위해 독서리더들과 매주 모였습니다. 모여서 의논한 끝에 아이들을 위해 '힘주기'와 같은 다양한 문화를 만들었습니다. 제가 제시한 '들감, 나감'의 문화도 반영했습니다. 또, 매주 독서모임을 연습했습니다. 발표하는 것을 좋아하는 제가 종종 전체 발표시간에 첫 번째로 발표하기도 했습니다. 그러고 나면 분위기가 부드러워져 아이들이 연달아 발표하는 릴레이 현상이 일어났습니다. 3학년 1학기, 다시 독서모임을 시작했을 때 아이들은 나눔을 어색해했습니다. 그러나 **겨울방학 때 만든 문화들 덕분에 즐거움과 열정으로 채워졌습니다. 특히 나눔이 끝나고 '들감'과 '나감'을 말하며 다음 사람으로 자연스럽게 넘어가는 것을 보면서 독서모임이 저의 작은 아이디어를 통해 성장한 것 같아 뿌듯했습니다.** 이 활동을 통해 저는 독서가 취미라고 당당하게 말할 수 있게 되었습니다. 제 후배들은 독서나눔이 재미있고, 이를 통해 자신감을 얻었다고 합니다. 이러한 변화의 씨앗을 심은 제 자신과 동료들이 자랑스러웠습니다.

동료란 '혼자서 이룰 수 없는 꿈을 공유하는 사람'이라고 합니다. 저는 동료와 함께 하면서 각자의 재능과 아이디어의 힘이 더 커지는 협력의 힘을 목격했습니다. 저와 동료들뿐만 아니라 주변 사람의 동반성장까지 경험했습니다. 동료의 성장을 바라며 하는 행동은 그 주변 사람들에게까지 선한 영향력을 준다는 것을 알았습니다. 이 경험을 통해 저는 장차 **교사가 되었을 때 학교의 동료 선생님들과 성장하는 공동체를 만들고 학교의 문화를 성숙하게 만들겠다고 결심했습니다.**

이 학생은 활동 과정에서 자신이 기여한 내용을 명확히 명시했다. 팀으로 활동했을 때, 자신이 기여한 내용이 명확하다면 역량을 드러낼 때 유리하다. 마지막 부분에 공동체의 문화를 변화시킨 결과를 쓰면서 '학생과 교사가 함께 성장하도록 만드는 교사'라는 자신의 진로 철학과 연결시킨 것도 눈여겨볼 점이다.

많은 학생들이 전공 관련 봉사 활동을 꼭 해야 하는지 질문한다. 반드시 그럴 필요는 없다. 소개한 첫 번째 사례처럼, 전공과 관련이 없는 경우도 있다. 중요한 것은 봉사 활동을 통해 삶의 중요한 가치와 공동체에 대한 사랑을 깨닫는 것이다. 이것이 잘 드러난 활동이라면 높은 평가를 받게 된다.

위의 사례를 참고하여 자신의 봉사 활동을 디자인해보자. 봉사 활동의 특성상 사전에 계획하는 일이 어려울 가능성이 높다. 활동 전에 작성이 어렵다면 활동을 진행하며 위의 사례가 포착될 경우 꼭 기록을 해놓기 바란다.

04
학생부 브랜딩을 위한 학종 디자인 2
교과 활동 디자인

학종 전형의 교과 성적 이해

학종 평가에서 사정관들이 가장 눈여겨보는 학생부는 어떤 영역일까? 경희대 입학전형연구센터에서 2017년 발표한 자료에 의하면 지원 학과 관련 교과 성적이 가장 중요하다고 나왔다. 그다음으로 면접, 학생부 교과 활동, 학생부 교과 외 활동 순으로 중요하다는 결과가 나왔다.

평가 요소	중요도
지원 학과 관련 교과 성적	5.4
면접	5.39
학생부 교과 활동	5.16
학생부 교과 외 활동	5.08
학생부 전 교과 성적	4.85
자기소개서 내용	4.73
교사 추천서 내용	4.12
고교 프로파일	4.02
수능 성적	3.52

6 = 매우 중요

5 = 중요

4 = 조금 중요

3 = 조금 중요하지 않음

2 = 중요하지 않음

1 = 전혀 중요하지 않음

학생부로 한정한다면 '지원 학과 관련 교과 성적 〉학생부 교과 활동 〉학생부 교과 외 활동'순으로 중요하다고 조사되었다. 교과 성적 및 교과 활동은 현재 학종 평가에서 중요한 요소로 작용하지만, 앞으로는 더더욱 중요하게 평가될 것이다. 2024년 대입 개편안에서 비교과 활동이 상당히 축소되기 때문에 축소가 되지 않은 교과 활동 영역의 비중이 더 커지게 될 것은 당연하다. 교과 활동 디자인에 앞서 교과 성적에 대해 잠시 살펴보자.

학생부 종합전형 초창기에 비교과 활동이 평가에서 중요하게 다뤄진다고 하니까 많은 사람들이 교과 성적이 낮아도 비교과 활동만 잘하면 좋은 대학에 진학한다는 오해를 한 적이 있었다. 물론 학종이 교과 성적만 가지고 커트라인을 정해 칼로 두부 자르듯이 선발하지 않기에 성적이 다소 부족해도 합격을 할 수는 있다. 그러나 다소 부족한 정도를 넘어서 많이 부족하다면 합격할 가능성은 거의 없어진다.

몇 해 전 서울대학교 학생부 종합전형 설명회에서 교과 성적과 관련해 매우 의미 있는 내용을 들은 적이 있어서 소개하겠다.

같은 고등학교에서 서울대를 지망한 학생 A와 B가 있었다. A는 내신 평점이 1.24이고, B는 1.48이었다. 당연히 A가 붙고 B가 떨어질 것으로 예상했다. 그런데 B가 붙고 A가 떨어졌다. 입시 담당 선생님은 전화를 해서 항의를 했다고 한다. 왜 B가 붙고 A가 떨어졌는지 이해가 안 가며, 앞으로 진학 지도를 어떻게 해야 하느냐며 하소연을 했다고 말했다.

강사는 ○○○ 교과의 성취도를 비교하면서 설명회에 참석한 선생님

들을 이해시켰다. 학생 A의 ○○○ 교과는 1학년 1학기부터 3학년 1학
기까지 모두 1등급이었다. 반면 B의 ○○○교과는 1학년 1학기부터 3
학년 1학기까지 2, 1, 1, 1, 2등급이었다.

학생 A		1-1	1-2	2-1	2-2	3-1
	등급	1	1	1	1	1

학생 B		1-1	1-2	2-1	2-2	3-1
	등급	2	1	1	1	2

여기까지는 성적만 보면 확실히 A가 우수한 학생으로 보인다. 그러나
원점수와 세특, 수상기록까지 살피면 이야기가 달라진다.

학생 A		1-1	1-2	2-1	2-2	3-1
	등급	1	1	1	1	1
	원점수	89	88	91	87	94
	세특	○○○: 성실하고 차분하게 수업을 잘 듣는 학생				
	수상	1학년 ○○○장려, 2학년 ○○○장려				

학생 B		1-1	1-2	2-1	2-2	3-1
	등급	2	1	1	1	2
	원점수	87	100	99	100	93
	세특	○○○: 논리적 이해력이 타의 추종을 불허하며……				
	수상	1학년 ○○○장려, 2학년 ○○○우수, 3학년 ○○○최우수				

※ 2016 서울대학교 학생부 종합전형 우수성과 공유 컨퍼런스 책자

B가 2등급이 나온 학기의 원점수를 비교해보자. 1학년 1학기 87점으
로 2등급이 나왔는데, A는 89점으로 1등급이 나왔다. 그리고 3학년 1학
기는 93점으로 2등급이 나왔는데, A는 94점으로 1등급이 나왔다. 등급

으로는 1등급과 2등급이지만 실상은 내신 1~2점 차이가 났을 뿐이다. 이 정도의 점수 차이로 학생의 실력을 명확히 판단하기 어렵다는 것을 교사들은 잘 알고 있다. 나머지 1학년 2학기, 2학년 1학기, 2학년 2학기를 보면 B는 월등히 높은 점수로 1등급을 받았는데, A는 간신히 1등급을 유지한 느낌이 든다. 원점수를 보니 성적만 가지고는 A가 B보다 우수하다고 판단하기는 어렵다고 보인다.

과목별 세부능력 및 특기사항(이하 세특)과 수상 실적을 보면 오히려 반대의 생각이 든다. A의 세특은 일반적으로 수업을 잘 듣는 모범학생이라는 생각이 드는 내용이다. 그러나 B에게 적힌 "논리적 이해력이 타의 추종을 불허하며……"라는 표현은 쉽게 적을 수 없는 표현이다. 이 학생이 다른 학생들보다 정말로 논리적 이해력이 탁월하지 않으면 적어줄 수 없는 내용이다. 수상 실적을 보면 A는 1, 2학년 장려상을 받았는데, B는 1학년 장려상, 2학년 우수상, 3학년 최우수상을 받았다. 학년이 올라갈수록 상의 등급이 올라가고 있다.

강사는 마지막 슬라이드에서 다음과 같은 질문을 던졌다.

"누가 더 우수한가요?"

✓"평균 1.24등급" V.S. "평균 1.48등급"
누가 더 우수한가요?

1.24　　　1.48

학생의 우수성을 수치만으로 판단할 수 없음

2016 서울대학교 학생부 종합전형 우수성과 공유 컨퍼런스 책자

해당 사례에서 보듯이 학생의 우수성은 교과 성적의 수치만으로는 판단할 수 없다. 종합적인 판단을 거쳐야 한다. 그것이 학생부 종합전형의 핵심이다. A와 B의 사례처럼 성적이 다른 지원자들에 비해 다소 부족해도 교과 세특, 수상 실적, 그 외의 비교과 활동에서 우수성이 입증될 때 합격이 가능하다.

물론 교과 성적이 다른 영역으로 보완이 가능하다 하더라도 학생의 우수성을 판단할 수 있는 객관적인 지표가 되기 때문에 평가에서 여전히 중요하게 다뤄지고 있음을 잊지 말자. 대학 지원 전에 자신이 희망하는 대학 및 학과 합격생의 전년도 교과 성적을 미리 확인하자. 전년도 교과 성적을 확인하기 위해서는 대입정보포털(www.adiga.kr)을 활용하면 좋다. 해당 사이트에 "대입정보포털 - 대입정보센터 - 대학별 입시정보 - 학생부 종합전형"에 들어가서 지원하고자 하는 대학을 클릭한 후에 전형방법을 찾아보면 해당 대학의 전년도 학생부 종합전형 교과 점수를 확인해볼 수 있다. 대입정보포털에서는 온라인 대입상담도 이용할 수 있으니 활용하는 것도 좋은 방법이다.

교과 활동 디자인

(1) 교과 활동 디자인의 필요성

학생의 우수성을 제대로 파악하기 위해서는 세특이 반드시 필요하다. 앞에서 이야기 했듯이 내신 1, 2점 차이로 등급이 갈릴 수 있는데, 단순히 성적만 비교해서 학생의 우수성을 판단하기는 어렵기 때문이다. 과목별 세특은 해당 교과의 교사가 점수에는 드러나지 않는 학생의 우수성을 표현해줄 수 있는 영역이다. 교과를 가르치며 파악되는 학업의 우수한 점, 전공에 대한 열정 및 자질, 앞으로의 성장 가능성 등을 작성할 수 있다. 물론 교과 및 전공에 대한 역량뿐 아니라 수업에 참여하는 모습을 통해 리더십, 협업력, 공동체 의식, 성실성, 책임감 등의 인성까지도 드러내줄 수 있다.

　학종 전형이 본격화된 후에 수업 혁신에 관심이 없던 교사들도 고민이 많아졌다. 기존 강의 위주의 수업으로는 학생들의 우수성을 구체적으로 관찰할 수 없기 때문이다. 학생의 우수성을 관찰하기 위해서는 학생들이 질문, 발표, 토론 등을 주체적으로 진행해야 한다. 그 과정에서 학생의 교과에 대한 지식, 논리성, 발표력, 의사소통 능력 등이 드러난다. 모둠으로 활동을 하는 경우에는 리더십, 협업력, 공동체 의식, 책임감 등의 인성 역량도 드러나게 된다. 이런 이유로 인해 교사들은 수업을 변화시키기 위한 고민을 하게 되었다. 그리고 그런 고민 끝에 많은 교사들이 협동 학습, 거꾸로 수업, 프로젝트 학습, 하브루타 등 학생 참여형 활동 수업을 진행하게 되었다.

　그러나 여전히 많은 교사들이 강의 위주의 수업을 진행한다. 활동 수업 준비에 에너지가 많이 들어가서 강의 위주의 수업을 하는 교사도 있지만, 교과의 특성상 강의식 수업이 더 효과적이라는 판단에 강의 위주의 수업을 진행하는 경우도 많다. 그렇다 하더라도 강의식 수업만으로는 학생의 우수성을 구체적으로 파악할 수 없어 수행평가 등을 활용해 수업 중간 중간에 활동을 넣어 학생들의 역량을 관찰한다.

　필자도 교과에 따라 수업 방식을 달리한다. 활동 수업만으로 수업을 진행하는 교과도 있고, 강의 위주의 수업에 활동을 결합해서 진행하는 교과도 있다. 활동 위주의 수업과 강의 위주의 수업은 교과의 성격에 따라 달리하는 게 적절한 것 같다. 그리고 그것은 교사 개인의 재량이다. 무엇이 좋다 나쁘다 단정할 문제는 아니라고 본다. 그러나 한 가지 분명한 것은 강의식 수업은 학생들의 우수성을 구체적으로 관찰하기는 어렵다는 것이다. 강의식 수업만으로 구성되어 학생 참여가 어려운 수업은 해당 교과의 세특 기록이 구체적이지 않을 가능성이 크다.

수능 준비가 중요한 인문계 고등학교에서는 여전히 강의 위주로 수업이 진행되는 경우가 많다. 특히 정시 확대가 결정된 올해 입시부터는 그런 경향이 더욱 강화될 것이다. 강의 위주로 진행되는 수업에서 학생들은 어떻게 세특을 준비해야 할까? 다음 장에서 학생부 교과 학습 발달 상황에 대해 알아보며 세특이 잘 작성될 수 있는 교과 활동을 디자인하는 방법을 설명하겠다.

(2) 교과 학습 발달 상황

교과 학습 발달 상황은 교과 성적과 세부능력 및 특기사항을 기록할 수 있는 영역이다. 교과 성적을 통해 학업 성취도를 파악할 수 있으며, 세특을 통해 학생의 교과 학습과 관련된 매우 다양한 정보를 확인할 수 있다. 수업 시간에 보인 교과 관련 다양한 역량, 전공 교과에 대한 열정 및 자질, 심화학습 경험, 수업 태도 및 기여 정도가 바로 그 정보들이다. 뿐만 아니라 해당 교과의 수업 형태(강의식, 협동 학습, 토론 학습, 프로젝트 학습 등) 및 수행 평가의 내용 등의 정보도 얻을 수 있다.

많은 정보를 얻을 수 있기 때문에 학업 역량, 전공 적합성, 인성, 발전 가능성 등 모든 요소를 활용하여 평가를 진행한다. 세특은 비교과 활동이 점점 축소되고 있는 현실 가운데 중요성이 더욱 부각되고 있다. 글자수는 과목당 500자를 기록할 수 있다. 한 학년에 8~10과목이라고 한다면 세특만으로 4,000~5,000자를 쓸 수 있는 것이다. 학생들이 자신을 드러낼 수 있는 영역이 실질적으로 자율 500자, 동아리 500자, 진로 700자, 종합 의견 500자 정도임을 감안할 때 세특의 영향력이 매우 커진 것을 확인할 수 있다. 글자 수를 보더라도 입학사정관들이 이 영역을 가장 유심히 살펴볼 수밖에 없다는 것을 느낄 수 있을 것이다.

세특은 교사별로 기록의 질이 확연히 차이가 날 수밖에 없다. 앞에서도 이야기했듯이 수업의 형태가 강의 위주로 구성이 된다면 학생의 참여가 적을 수밖에 없기 때문에 구체적인 기록이 어렵다. 물론 활동 수업이라도 학생이 활동에 참여를 안 할 경우에는 기록이 좋지 않을 것이다. 학생이 활동에 열심히 참여했더라도 여러 가지 이유로 평가에 적합한 기록이 안 될 가능성도 있다.

어떻게 해야 세특 기록이 잘 작성되어 좋은 평가를 받을 수 있을까? 학생부 기록의 주체가 교사이기 때문에 주어진 환경 안에서 최선을 다하고 기록이 잘되길 기다려야 하는가? 필자는 그렇지 않다고 생각한다. 학생부 기록의 주체는 교사가 맞지만, 학생부의 주인은 학생이다. 주인인 학생은 대입뿐 아니라 인생 전체를 통해 학생부의 영향을 받을 수도 있다. 학생부 기록이 잘될 수 있도록 관심을 가지는 것은 주인으로서 당연한 일이다. 세특 기록이 잘되기 위해서는 교과 활동을 통해 어떤 성장을 이루고 싶고, 어떤 평가를 받고 싶은지 정해서 활동을 디자인하면 된다. 교과 활동 디자인 방법은 다음 장에서 자세히 다루겠다.

(3) 교과 활동 디자인

① 교과활동 디자인의 핵심, 교과 심화 탐구

교과 심화 탐구를 바탕으로 지식을 심화시키자

학생부 세특 작성이 잘된 사례를 분석해보면, 학생 스스로가 교과 지식에 대한 궁금증을 가지고 지식을 심화, 확장시켜나간 사례가 많다. 심화시켜나가는 과정에서 여러 자료를 찾으며, 다양한 사람들에게 조언을 구하며, 필요하다면 다른 활동과 연계해서 지식을 탐구한 학생들을 선호한다. 그런 학생들이 대학에 들어와서도 지원 전공 분야를 자기 주도적으로 탐구해나갈 수 있기 때문이다. 이는 서울대 2020 학생부 종합 전형 안내 책자에 나오는 "넓고 깊게 공부하고자 노력하는 학생"과 통하는 면이 있다.

서울대학교 2020 학생부 종합전형 안내

2. 넓고 깊게 공부하고자 노력하는 학생

① 교과서, 수업 내용을 바탕으로 더 넓고 깊게 공부하자

공부하다 보면 교과 내용을 '내 것'으로 만드는 과정에서 만족하는 것이 아니라 더 찾아보고 싶은 분야가 자연스럽게 생겨나게 됩니다. 이런 생각이 들 때가 바로 스스로 찾아서 공부할 때입니다. **시간 낭비가 아니라 나의 호기심을 자극하여 나의 실력과 역량을 한층 도약시킬 수 있는 기회라고 생각하기 바랍니다.** 더 알고 싶은 분야의 서적을 찾아서 읽고, 이해하다 보면 나도 모르게 예비 학자로서의 면모가 갖춰지지 않을까요?

이 외에도 학교에서의 **탐구 활동, 모둠 수행 과제, 토론 활동, 글쓰기** 등 여러분의 지적 호기심을 자극하고, 다양한 소양과 학업에 대한 열정, 적극성을 발휘할 수 있는 기회를 제공합니다.

서울대의 책자를 보면 호기심을 바탕으로 지식을 심화, 확장해서 탐구한 학생이 서울대에 적합한 학생이라고 제시한다. 그리고 그러한 지식을 심화, 확장하는 과정에 필요한 도구로 '서적'과 '학교의 다양한 활동'을 이야기하고 있다. 학문을 연구하는 대학에서 독서와 학교의 다양한 활동을 통해 지식을 심화, 확장시켜나가려고 노력한 학생을 선호한다는 사실을 파악할 수 있다. 이렇게 지식을 심화, 확장시켜나간 내용을 학생부에 녹여서 기록할 때 학종에서도 좋은 평가를 받을 수 있다.

교과 활동을 중심으로 다른 영역으로 확장하자

서울대에서 교과 지식을 학교의 다양한 활동으로 연계시켜나가는 방법에 대해서 제시하고 있어서 소개하겠다.

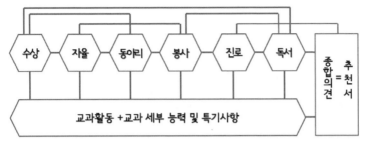

학생 중심 학생부 구조(2016 서울대학교 학생부 종합전형 우수성과 공유 컨퍼런스 책자)

뿌리에서 다양한 줄기가 나오듯, 위의 그림처럼 교과 활동을 뿌리에 두고 다른 비교과 활동들이 다양하게 진행되어야 한다. 교과에서 심화 탐구를 진행할 때 동아리 또는 자율 영역에서 확장해 진행해도 좋다. 반대로 비교과 영역에서 활동을 진행할 때는 교과 지식을 어떻게 활용할 것인지 생각해보는 것도 좋은 방법이다. 학교에서 활동을 진행할 때 교과 지식을 바탕으로 활동을 진행하면 활동의 깊이가 더 깊어지게 된다.

교과 선생님의 조언을 바탕으로 심화 탐구를 진행하자

심화 탐구를 진행할 때 선생님의 도움을 받자. 자기 주도적으로 탐구한다는 것은 탐구 과정을 주체적으로 설계하고 진행한다는 의미이지, 혼자서 다 하라는 의미는 아니다. 탐구 과정에서 도움이 필요하다면 가장 먼저 담당 교과 선생님에게 조언을 구해야 한다. 서울대 2020 학생부 종합전형 안내 자료에서는 어떻게 도움을 받아야 되는지 친절하게 안내하고 있다.

서울대학교 2020 학생부 종합전형 안내

③ 선생님의 도움을 받아 공부해보세요
여러분의 학교에는 여러분을 안내하고 이끌어줄 선생님들이 계십니다.

- 친구들과 모둠활동을 하는데 방향을 잡기 어려워요.
- 우리끼리 해결해가는 방법이 좀 미숙한데, 전문적인 조언을 부탁드려요.
- 이 분야와 관련한 책 좀 소개해주세요. 더 알아보고 싶어요.
- 이 분야와 관련해서 좀 더 깊이 있게 공부하려면 어떤 방법이 있을까요?
- 선생님, 저희 이런 프로젝트 하게 해주세요.

학교는 무엇보다 여러분의 배움을 통한 성장을 위해 펼쳐진 마당입니다. 선생님들께 계속해서 묻고 도움을 청하고 때로는 귀찮아하실 때까지 매달려보는 것은 어떨까요? 선생님과 함께 열정을 다해 공부해 온 여러분을 서울대가 기다립니다.

대학은 심화 탐구 과정에서 선생님의 도움을 받으며 지식을 심화시켜 나간 학생들을 선호한다. 이런 학생들이 대학에 들어와 교수님의 도움을 자연스럽게 받으며 지식을 심화시킬 수 있기 때문이다.

활동이 방향을 잡기 어려울 때, 문제를 해결해나가는 과정에서 전문적인 조언이 필요할 때, 해당 분야와 관련한 서적을 추천받고 싶을 때, 심화 학습 방법을 잘 모를 때 선생님들에게 찾아가 도움을 부탁드리자. 그리고 지식을 심화시키는 데 도움이 되는 프로젝트에 대한 아이디어가 생각난다면 프로젝트를 진행하게 해달라고 부탁도 드려보자. 친구들에게 자신이 탐구한 내용을 알려주고 싶다면 관련 주제 수업 시간에 발표를 진행하겠다고 부탁을 드리자. 이렇게 지속적으로 교과 담당 선생님의 도움을 받으며 심화 탐구를 지속한 학생들은 세특에 해당되는 내용이 기재될 수 있다.

② 교과 심화 탐구 tip

심화 탐구 주제를 정할 때에도 앞에서 제시한 학생부 브랜딩을 고려하는 게 좋다. 지원 전공과 관련 깊은 교과는 진로 철학이 잘 드러날 수 있는 심화 탐구를 진행할 때 자신의 브랜드를 확실히 각인시킬 수 있다.

지원 전공과 관련 없는 과목이라도 수업에 참여하다 보면 전공과 연결되는 탐구 주제를 발견할 수도 있다. 또한 심화 탐구를 진행하는 과정에서 학업 역량, 인성 역량 등의 기초 역량이 개발되어 평가에 긍정적인 영향을 줄 수 있다. 심지어 심화 탐구를 진행하면서 진로가 더욱 구체화되는 경우도 생긴다.

고려 요소	주요 활동 내용	활동 예시
지원 전공 관련 심화 탐구	• 지원 전공과 관련된 교과의 심화 탐구 활동. 진로 철학과 관련하여 심화 탐구를 진행하는 것 추천	• 미적분 수업을 활용해 전공 관련 심화 탐구를 진행한 사례 • 동아시아사 수업의 심화 탐구와 봉사 활동을 통해 진로 철학을 드러낸 사례 • 지구과학 I 수업의 전공관련 심화 탐구를 진행하여 진로 철학과 관련된 역량을 드러낸 사례
심화 탐구 통한 진로 구체화	• 심화 탐구를 진행하다가 진로 철학이 구체화되며 진로가 확실히 정해진 활동	• 심화 탐구를 통해 문화 마케터의 진로가 구체화된 사례 • 심화 탐구를 통해 아시아 마케팅 전문가의 진로가 구체화된 사례

심화 탐구 통한 역량 노출	• 심화 탐구를 진행하면서 다양한 역량을 개발한 내용	• 화학 I의 심화 탐구를 통해 역량을 개발한 사례 • 미술의 심화 탐구를 통해 역량을 개발한 사례
활동 수업 통한 역량 노출	• 협동 학습, 거꾸로 수업, 프로젝트 학습, 하브루타 등 활동 수업을 통해 역량을 개발한 내용	• 국어 토론 수업을 통해 역량을 개발한 사례 • 수학 프로젝트 수업을 통해 역량을 개발한 사례 • 영어 발표 수업을 활용해 자신의 진로 철학과 전공 역량을 드러낸 사례

미적분 수업을 활용해 전공 관련 심화 탐구를 진행한 사례

평소 로봇팔을 자주 만드는 학생이 로봇팔을 이용하여 물체를 이동시키는 미션을 진행하던 중 '삼각함수를 활용하여 로봇팔의 각도를 수학적인 방법으로 구할 수 없을까?'라는 궁금증을 갖고 연구를 진행함. 연구 과정에서 자신이 만들던 로봇팔이 3DOF를 가진 로봇팔이라는 것을 알게 되었고, 삼각함수가 사용되는 '역기구학'을 이용하면 끝점의 위치나 움직임에 따라 각 관절의 위치나 각도를 구할 수 있다는 것을 알게 됨. 이에 물체를 이동시키는 미션에서 역기구학을 이용하여 각도를 직접 구하였고, 그 각도에 따라 코딩을 하여 친구들 앞에서 발표함.

로봇팔 관절 각도를 수학적 방법으로 계산하는 심화 탐구 활동을 바탕으로 세특을 기록한 사례이다. 학생은 이 활동이 자신에게 매우 의미 있다고 판단하여 자기소개서에도 작성했다. 학생의 자기소개서를 첨삭하면서 알게 된 사실은 탐구 활동 가운데 고교 과정을 넘어서는 내용이 등장해서 매우 어려웠다고 한다. 그러나 이 활동이 자신의 사명과 연계되었기에 포기하지 않았고, 필요한 내용을 찾아 스스로 학습하여 심화 탐구 활동을 끝까지 마칠 수 있었다고 한다. 이처럼 자신의 진로에 대한 철학이 명확한 학생들은 학습 과정에서 역경이 찾아오더라도 사명을 이루는 과정으로 생각하기에 좀 더 내실 있고 심도 있게 진행할 수 있게 된다. 이렇게 심화된 활동들은 다른 학생들과 차별화되는 학생부 기록을 남기게 되어 자신만의 브랜딩을 형성할 수 있다.

동아시아사 수업의 심화 탐구와 봉사 활동을 통해 진로 철학을 드러낸 사례

교육에 관심이 많은 학생으로, 동아시아사 수업 중 근대 문물의 도입 파트에서 기술의 변화와 서양적 생활 방식 수용 부분이 현재 사회의 변화와 비슷하다고 생각해서 '근대기 기술의 변화와 현대 기술의 변화'를 비교하여 발표를 진행. 근대기 기술의 변화가 인류에 끼친 영향을 통해 기술의 변화가 거스를 수 없는 시대의 흐름임을 깨닫고 개인이 역량을 키워 대비해야 된다고 발표함. 지역 아동센터 멘토링 경험을 통해 저소득층 학생들과 다문화 가정 아이들이 변화하는 사회에 대처하는 게 취약함을 깨달은 학생은 이들에게 **바른 역사 인식과 인문학적 성찰 능력을 키워주어 빠르게 변화하는 미래 사회에 대처할 수 있도록 돕는 역사교사가 되고 싶다고 발표함.**

근대기 기술의 변화와 현대 기술의 변화를 비교하는 심화 탐구 활동을 바탕으로 세특을 기록한 사례이다. 교과 탐구 활동을 통해 깨달은 지식을 지역 아동센터 봉사 활동으로 확장하여 자신의 진로 철학을 확립하게 된 내용이 매우 인상 깊다. 위의 기록과 더불어 진로 특기사항에 진로 철학 형성 기록과 봉사 활동 특기사항(2020학년도 고1, 2학생은 행동특성 및 종합의견 또는 자기소개서)에 봉사 활동의 구체적인 내용을 작성한다면 학생부에 자신을 브랜딩하는 데 도움이 된다.

지구과학 I 수업의 전공관련 심화 탐구를 진행하여 진로 철학과 관련된 역량을 드러낸 사례

천체에 대해 더 쉽게 접근하는 방법으로 평소에 본인이 관심을 가지고 있었던 가상현실, 증강현실과 연관지어 스페이스 워크 VR에 관하여 발표함. 더불어 '가상현실 실험이 학업 성취도와 과학 관련 태도 및 창의성에 미치는 효과'라는 논문을 인용하여 가상현실이 학업의 향상에 큰 도움을 줄 것이라 설명하였고 교육, 의료, 오락, 건축 등의 분야를 모두 아우르는 가상현실을 만들겠다는 포부를 밝힘.

지구과학 교과의 천체 파트를 더 잘 이해할 수 있는 방법으로 자신의 관심 분야인 가상현실VR을 활용하여 심화 탐구를 진행한 사례이다. 관련 논문을 읽고 심화 활동을 전개하고 가상현실을 천체에 대한 이해뿐 아니라 모든 영역에 활용할 포부까지도 밝히며 자신의 진로 철학과 연계해서 이해할 수 있도록 돕고 있다. 학생의 진로 철학은 '장애인이 하고 싶은 일을 할 수 있도록 만드는 감각 유도 뇌과학 가상현실전문가'이다. 장애인을 돕고 싶다는 내용이 기록되지는 않았지만, 가상현실과 관련된 다양한 관심 분야를 발표하여 장애인이 하고 싶은 일을 할 수 있도록 돕고 싶은 자신의 진로 철학과 연결해서 이해하도록 돕고 있다. 이처럼 교과 세특에 직접적인 진로 철학을 기록하지 않더라도 진로 철학과 관련된 역량 및 내용 등을 기록하면 학생을 이해하는 데 큰 도움이 된다.

심화 탐구를 통해 문화 마케터의 진로가 구체화된 사례

[1학기] '세계를 고객으로 상품에 세상의 가치를 부여하는 마케팅 전문가'를 꿈꾸는 학생으로, 유라시아에 걸쳐 대제국을 건설한 칭기즈칸의 경영 방식에 대한 호기심을 가지고 발표를 준비. 《CEO 칭기스칸(김종래)》를 읽고 칭기즈칸이 천호제, 역참제, 단일화폐교초 등을 활용하여 거대한 제국을 효율적으로 경영한 점이 인상 깊었다고 발표함. 당시 세계를 무대로 교역한 상인들의 활동과 상품 판매에 대해 관심이 생겨 조사해보고 싶다고 발표함.

[2학기] '과거 동아시아 국가의 마케팅 전략'에 관심을 갖고 자료를 조사해 발표함. 원의 '역참'과 조선의 '임상옥'을 통해 입소문 마케팅과 헝거Hunger 마케팅에 대해 흥미 있게 설명함. 특히 원 상인들이 당시로서는 획기적 기술인 역참의 통신을 마케팅에 적극 활용한 것을 보며 감명을 받음. 미래 기술의 변화를 조사하며 원 상인처럼 새로운 기술을 적극 수용하여 '세계를 고객으로 차별 없는 콘텐츠 마케팅을 통해 상품의 가치를 극대화하는 문화 마케터'의 사명을 이루고 싶다고 함.

　　전공과 직접적인 관련 없는 과목에서 전공과 연계된 내용을 뽑아 심화 탐구 활동을 진행하여 세특을 기록한 사례이다. 역사에는 큰 관심이 없는 학생이었는데, 1학기 수행평가 때 읽었던 《CEO 칭기스칸》을 통해 자신의 지원 전공과의 연계성을 찾아 심화 탐구 아이디어를 얻었다고 한다. 1학기 때 얻은 아이디어를 2학기 내용과 연계하여 심화 탐구를 진행한 내용이 인상 깊다. 심화 탐구를 통해 진로 철학이 좀 더 분명해진 것을 확인할 수 있다. 수업을 통해 진로가 명확해지자 성적도 크게 올랐다. 1학기 때는 11%로 간신히 2등급을 받았는데, 2학기 때는 과목 1등을 차지하기도 했다.

심화 탐구를 통해 아시아 마케팅 전문가라는 진로가 구체화된 사례

[1학기] 교과서의 〈한중일의 임진왜란에 대한 평가〉라는 글을 읽고 실제 중국, 일본에서 임진왜란을 어떻게 평가하는지 호기심을 가짐. 중국, 일본 웹사이트에서 임진왜란에 대한 대중의 평가를 원문 그대로 읽고, 일부를 발췌해 한글로 번역해서 친구들에게 소개함. **조사 과정에서 아시아 마케팅 전문가를 꿈꾸는 자신의 진로의 중요성을 깨닫게 됨.** 한국에 대한 잘못된 정보가 많이 퍼져 있는 것을 보고 한국이라는 브랜드를 올바르게 구축하기 위해 제대로 된 정보를 바탕으로 마케팅을 전개해야 함을 깨달음.

[2학기] **역사를 통해 현실을 바라보는 통찰력이 가장 탁월한 학생으로** '중화, 천하를 탐하다'라는 제목의 심화 탐구 주제를 발표함. 특히 당교의 엘리트 양성을 중국 역사를 통해 설명하며 중국 정치체제의 특수성을 설득력 있게 제시함. **발표를 통해 중국 시장에 대해 이해와 통찰이 시급하다고 판단했으며, 이러한 중국 시장의 특수성을 활용할 역량을 갖춘** '아시아 마케팅 전문가'가 되고 싶다고 발표함.

앞의 학생과 마찬가지로 전공과 직접 관련되지 않은 과목에서 전공과 연계된 내용을 뽑아 심화 탐구 활동을 진행하여 세특을 기록한 사례이다. 이 학생은 수업 시간에 교과서 내용을 읽고 탐구하는 활동에서 심화 탐구 아이디어를 얻을 수 있었다고 했다. 탐구 활동을 통해 자신의 진로의 중요성을 깨닫고 진로가 더욱 구체화된 것을 확인할 수 있다. 탐구 활동을 통해 학생의 중국어, 일본어 역량을 드러낼 수 있다는 점도 큰 장점이다. 외국어 관련 학업 역량도 평가받을 수 있는 부분이다.

2학기 때는 1년간 지켜본 학생의 특징적 역량을 기록했다. 이 학생은 교과 성적은 그리 높지 않지만 지식을 활용하여 현실을 통찰하는 능력이 매우 탁월한 학생이다. 세특은 이처럼 성적으로 확인할 수 없는 역량

을 기록해주어 입학사정관으로 하여금 학생 평가에 반영할 수 있도록
해주는 것도 중요하다.

화학I의 심화 탐구를 통해 역량을 개발한 사례 II

전반적으로 과학 과목에 대해 호기심이 많지만 특별히 **화학 과목에 대한 지적 호
기심이 강한 학생.** 교과서 공부뿐만 아니라 전공서적 공부 등을 통해 깊이 있으며
확실한 공부를 해나가는 모습을 보임. 탄소화합물 단원에서 탄소와 수소의 실제
결합각이 예측 값과 다르게 나오는 이유를 묻는 질문에서 **심화 화학 과정인 혼성
오비탈의 개념을 도입하여** 설명하는 답변을 통해 학생의 높은 화학 성취도를 알
수 있었음. 독학으로 물질의 상태 변화와 에너지의 출입, 중화 반응과 반응 속도
등, **화학II의 핵심이론을 유기적으로 이해하는 모습을 보임.**

– 《나만의 학생부 만들기》 p149

화학I 과목 심화 탐구를 통해 학업 역량과 발전 가능성을 확인할 수
있는 내용이다. 화학 과목에 대한 지적 호기심을 충족하기 위해 전공서
적으로 깊이 있게 공부한 내용과 독학으로 어려운 개념을 공부했다는
내용을 통해 자기주도성을 확인할 수 있다.

또한 심화 화학 과정인 혼성오비탈 개념을 도입하여 질문에 답하는
모습과 화학II의 핵심이론을 유기적으로 이해하는 모습을 통해 화학 과
목에 대한 학업 역량을 파악할 수 있다. 화학(과학)이 필요한 지원 전공(계
열)이라면 전공 적합성도 평가받을 수 있는 좋은 기록이다.

미술의 심화 탐구를 통해 역량을 개발한 사례

쿤스의 〈풍선개〉를 맥락주의적 관점에서 적용하여 분석함. 팝아트 작품의 가치와 사회 현상을 대입하여 분석하고 자신의 의견을 서술, 논술함. 학교 공간 문제 해결을 위한 공공미술 활동에서 학교 내의 공간으로 인한 불편함과 위험 요소를 탐색하고, 그 원인에 대한 자신의 생각을 설명함. 공공미술의 사례를 조사하고 교내 문제 공간에 적용하여 개선하고자 하며 기획 과정을 한눈에 알아볼 수 있도록 일정표와 제작 단계를 정리함. 실측 과정에서 학교 운동장의 모래와 계단의 위험한 공간을 잔디로 바꿔 친환경적인 운동장을 스케치함. 사실적 표현을 위한 실제 사진과 스케치를 합성함.

– 《나만의 학생부 만들기》 p137

미술 과목의 심화 탐구를 통해 학업 역량과 발전 가능성을 확인할 수 있는 내용이다. 〈풍선개〉를 분석해서 자신의 의견을 서술, 논술한다는 내용을 통해 분석력, 글쓰기 역량 등의 학업 역량을 확인할 수 있다. 학교 공간 문제 해결 활동에서는 문제를 발견하고 해결해나가는 창의적 문제 해결 역량 등의 발전 가능성을 확인할 수 있다. 기록의 전반적인 내용을 통해 예술에 흥미가 많은 학생임도 확인이 가능하다. 예술 관련 전공을 선택한 학생이라면 전공 적합성도 평가받을 수 있는 좋은 기록이다.

국어 토론 수업을 통해 역량을 개발한 사례

소설 〈만무방〉 수업 중 '가난 때문에 범죄를 저지른 응오의 행동은 정당화될 수 있는가?'라는 토론 주제를 두고 토론하는 수업에서 반대 측 토론 팀장을 맡음. **팀장으로서 토론 준비 과정에 잘 참여하지 않는 모둠원들에게 적절한 역할과 자료 조사를 분담하여 모든 모둠원들이 역할을 맡고 자료를 조사할 수 있도록 함.** 수업 시간 전에 수차례 만나 토론에 대한 전략을 협의하는 등 성실하게 준비하는 과정에서 리더십을 발휘함. "가난은 개인적인 원인이 아니라 사회적 원인에 의해서 기인한다"는 상대방의 반론에 대해 "모든 가난의 이유를 사회적 원인으로만 돌린다면 어느 누구도 스스로 가난에서 벗어나려 하지 않을 것이다"라는 주장으로 재반론하는 모습을 보이며, **여러 가지 조사한 자료들을 논리적으로 제시하여 상대방의 질문과 반론을 무력화시키는 등 입론과 반론 과정에서 크게 기여함.**

– 《나만의 학생부 만들기》 p141

국어 과목의 토론 수업을 통해 학업 역량과 인성 역량을 확인할 수 있는 내용이다. 토론 팀장을 맡아 토론 준비 과정에 잘 참여하지 않는 모둠원들도 무임승차하지 않도록 적절한 역할을 분담해 수행했다는 내용과 토론에 대한 전략을 협의하는 과정을 통해 리더십과 성실성 등의 인성 역량이 확인 가능하다. 토론 과정에서 상대방의 반론을 재반론하고, 자료를 활용한 논리적인 주장을 통해 상대방의 질문과 반론을 무력화시켰다는 내용을 통해 언어 역량 및 논리적 사고력 등의 학업 역량 등이 확인된다. 토론 능력이 필요한 전공을 선택한 학생이라면 전공 적합성도 평가받을 수 있는 좋은 기록이다.

수학 프로젝트 수업을 통해 역량을 개발한 사례

수행평가를 위한 프로젝트 학습에서 조원들과 함께 주제를 정하기 위해 토론할 때 최근에 배운 다항함수의 미분법을 활용하여 변화를 나타내는 주제를 정하자는 아이디어를 내고, 팀원들과 토론한 결과 '온도에 따른 풍선의 부피 변화 예측하기'를 주제로 프로젝트 활동을 시작함. 팀의 조장은 아니었지만 조장을 도와 각자의 역할을 분배하고 자료 조사의 범위를 나누는 일을 함. 프로젝트 활동 도중 화학과 관련된 의문이 생겼을 때에도 스스로 그 주제에 대해 탐구해본 후 의문점을 정리하여 화학 선생님께 질문하는 등 **학습에 대한 체계가 잘 잡혀 있는 모습을 보임.** 팀원들과 적극적인 의사소통 과정을 통해 부피와 온도 함수를 추론했고, 다소 오류는 나왔지만, 검토하고 점검하는 부분에서 **스스로 오류를 찾고 교정하는 등 수학적 모델링과 문제점을 찾는 데 남다른 수학적 재능을 보임.**

- 《나만의 학생부 만들기》 p142

미적분I 과목의 프로젝트 학습을 통해 학업 역량과 인성 역량을 확인할 수 있는 내용이다. 조장을 도와 각자의 역할을 분배했다는 내용과 화학 관련 의문이 생겼을 때 화학 선생님에게 직접 질문을 했다는 내용을 통해 협동심과 적극성의 인성 역량이 확인된다. 프로젝트 주제의 아이디어를 내고, 주제와 관련하여 의문점을 체계적으로 정리하여 질문했다는 내용과 스스로 오류를 찾고 교정한다는 내용에서는 학업 역량이 확인된다. 구체적 사례와 함께 제시된 담당교사의 평가(학습에 대한 체계가 잘 잡혀 있는 모습을 보임, 수학적 모델링과 문제점을 찾는 데 남다른 수학적 재능을 보임)는 학생의 학업 역량에 신뢰를 갖도록 한다. 수학, 화학 능력이 필요한 전공을 선택한 학생이라면 전공 적합성도 평가받을 수 있는 좋은 기록이다.

영어 발표 수업을 활용해 자신의 진로 철학과 전공 역량을 드러낸 사례

영어 발표 수업 시 급우들의 흥미를 고려하여 영화 〈Accepted〉를 선정하였으며 이를 본인의 진로인 교육철학과 관련지어 발표함. 영화 제목 및 대사를 분석하여 **학생의 삶에 방향을 제시하고 흥미를 기반으로 하여 지식을 확장시키고자 하는 본인의 교사상을 진정성 있게 전달하였음.** 이를 통해 급우들에게 큰 공감을 얻고 감동을 주는 모습이 인상적임. 발표 중 **영화 클립 영상을 준비하거나 키워드 중심으로 발표를 전개하는 등 학생 중심적**이며 체계적으로 내용을 구성하는 점이 돋보임. 이후 **교사가 되어 수업을 어떻게 진행할지 매우 기대됨.** 평소 교육에 대해 지속적으로 관심을 갖고 행동하는 모습이 인상적임.

수업시간 발표 주제를 자신의 진로와 관련 내용으로 선정하여 진로 철학과 진로 관련 역량을 드러낸 사례이다. 발표 수업시 급우들의 흥미를 고려한 소재 선정과 학생 중심적 발표 설계 등을 통해 예비교사로서의 역량을 드러내고 있다. 발표 내용을 통해 자신의 진로 철학인 '학생의 삶에 방향을 제시하고 흥미를 기반으로 하여 지식을 확장시키는 교사'를 직접 드러내는 것도 매우 인상 깊다. 과목 선생님의 '교사가 되어 수업을 어떻게 진행할지 매우 기대됨'이란 평가 역시 학생의 교직 역량을 이해하는 데 도움이 된다.

지금까지의 사례를 보며 느꼈겠지만, 교과 세특은 학업 역량, 전공 적합성, 인성 역량, 발전 가능성까지 모두 평가할 수 있는 매우 중요한 기록이다. 기본적으로 학업에 관련되어 작성하기 때문에 학업 역량에 대한 기록은 자연스럽게 될 가능성이 있다. 전공과 관련된 과목 또는 전공과 연결시킬 수 있는 과목이라면 학업 역량뿐 아니라 전공 적합성도 평가받을 수 있도록 하자. 또한 교과 심화 탐구를 자기 주도적으로 설계하여 진행하면 좋다. 교과에 연계된 실생활 관련 문제를 해결해나가는 프로젝트를 전개한다면 발전 가능성도 평가받을 수 있다. 심화 탐구 활동을 통해 자신의 진로 철학을 구체화시킬 수 있다면 학생부에 자신을 브랜딩하여 평가자들에게 지원 전공을 각인시킬 수 있는 좋은 기회가 된다. 학업, 전공 역량이 기록되기 어렵다고 생각되는 과목은 수업에 열심히 참여하고, 활동 수업 때 자신의 역할을 제대로 수행하여 적극성, 책임감, 리더십, 성실성 등의 인성 역량이 구체적으로 기록될 수 있도록 하자.

③ 시기별 교과 활동 디자인

마지막으로 시기별 교과 활동 디자인 방법을 설명하겠다. 계획과 실행 중 본질은 실행에 있다. 모든 성과는 실행을 통해서 일어난다. 그러나 지속적인 실행을 위해서는 반드시 계획이 필요하다. 계획을 세워서 실행의 방향을 정하고, 이 과정에서 얻은 정보를 바탕으로 계획을 구체화하여 실행이 지속적으로 진행될 수 있도록 한다. 구체적인 계획을 바탕으로 실행을 지속적으로 할 때 성과가 나올 수 있다.

교과 심화 탐구 활동도 마찬가지이다. 학기 초, 본격적으로 수업이 시작되기 전에 교과서를 살펴보며 심화 탐구할 주제를 고민해보자. 그리고 수업에 참여하며 심화 탐구 주제에 대한 정보가 구체화될 때 활동을 진행하면 된다. 계획을 수립할 수 없는 과목은 수업에 참여하면서 심화 탐구 아이디어를 지속적으로 적어놓는 일이 필요하다. 어느 정도 아이디어가 모이면 실제로 실행할 수 있는 것을 골라 심화 탐구를 진행하면 된다. 심화 탐구가 진행되는 과정에서 지속적으로 선생님과 소통하자. 선생님을 통해 탐구 방향에 대한 정보를 얻을 수 있고, 책도 추천받을 수 있다. 새로 알게 된 지식을 선생님에게 검증 받는 것도 필요하다.

심화 탐구 아이디어가 떠오르지 않는 과목은 수업에 기여한 내용이라도 적어놓는 것이 좋다. 세특이 빈 공간으로 남는 것보다는 인성 요소라도 기록이 되는 것이 좋다.

학기 초 - 교과 심화 탐구 계획 작성

학기 초 수업이 본격적으로 시작되기 전에 교과서를 한번 쭉 훑어보며 관심 분야를 찾아보면 좋다. 첫 수업은 오리엔테이션으로 진행되는 경우가 많으니, 선생님의 수업 운영에 대한 설명을 들으며 자신의 전공 분야와 관련된 탐구 주제가 있는지 살펴보는 것도 좋다. 다음 예시를 한번 살펴보자.

과목명	심화 탐구 주제	심화 탐구 동기	활동 아이디어
지구과학2	CCS심화탐구	나의 사명은 '쾌적한 환경을 조성하는 도시공학자'이다. 지구공학에서 최근 가장 주목받는 기술인 CCS를 심화 탐구 주제로 삼아 나의 사명을 이룰 수 있는 역량을 함양하고 싶다.	이산화탄소의 90% 이상을 포집 및 저장하는 CCS기술에 대해 자세히 조사해본다. 도서관에 가서 관련 서적을 찾아보고 선생님께 문의드려 관련 논문이 있는지 확인해보겠다. 서적 및 논문의 저자에게 메일을 보내 최근 연구 성과를 확인하여 심화 탐구 방향을 설정해보겠다.
미적분	미적분을 이용한 도로 설계	쾌적한 도시 환경을 조성하기 위해 도로는 환경에 적합하게 건설되어야 한다. 도로 및 건물을 건축할 때 미적분 등의 수학적 기술이 활용되고 있다. 나는 그중에서 미적분을 이용한 도로 설계를 심화 탐구해보고 싶다.	열차나 차의 진입로에서 이용되는 변화곡선인 클로소이드, 3차 포물선, 렘니스케이트 곡선 등에 대해 조사하고, 보고서 작성 및 발표를 진행하겠다.

진로 철학까지 나온 2, 3학년 초에는 진로 철학과 관련된 수준 높은 탐구를 정해보는 것이 좋다.

본격적으로 수업이 시작된 이후 – 수업을 통해 심화 탐구 아이디어 포착

학기 초에 세운 심화 탐구 아이디어에 대한 정보를 지속적으로 탐색하며 활동을 진행하자. 특히 담당교과 선생님을 통해 심화 탐구 방향에 대한 아이디어를 얻고 관련 책을 소개받도록 하자. 활동 과정에서 스스로 해결하기 어려울 경우에는 선생님에게 조언을 구하며 해결해보도록 하자.

학기 초 계획을 수립하지 못한 과목은 수업에 참여하면서 심화 탐구 아이디어를 지속적으로 적어 놓는 일이 필요하다. 이때 필요한 역량이

4장에서 소개하게 될 '수업 본깨적' 역량이다. 수업을 들으며 심화 탐구 아이디어에 대한 깨달음과 적용할 점을 작성해 놓으면, 이후 진행될 심화 탐구 활동을 알차게 진행할 수 있다.

교과명	일시	특이사항(심화 탐구 동기 & 주제 등)	교과 심화 및 학생부 기재 아이디어
문학	2019. 09.16	나의 진로는 '자신의 심리를 파악할 수 있도록 돕는 심리상담사'인데, 수업 시간에 고전문학을 통해 인물의 심리를 파악할 수 있다는 내용을 듣고 '고전문학 속 인물 심리파악'이라는 심화 탐구 주제에 대한 생각이 떠올랐다.	앞으로 수업 시간에 배울 《홍길동전》, 〈양반전〉, 〈허생전〉 등에서 인물의 심리를 파악해보자. 작품 속의 인물의 대사와 행동, 그리고 작가의 심리 변화에 대한 해설 등을 자세히 살펴보며 인물의 심리 변화에 대해 종합적으로 파악해보자. 주인공의 심리상담가가 된다는 심정으로 심화 탐구를 진행해보자. 재미있을 것 같다.^^
생물	2019. 10.22 ~11.8	모둠 프로젝트 학습에서 이끔이를 맡아 활동을 이끌게 되었다. 몇몇의 친구들은 과학이 어렵다며 프로젝트에 큰 흥미를 보이지 않았다. 프로젝트를 제대로 이해한다면 흥미를 보일 거라는 생각에 조원들의 이해 수준을 분류하여 이해가 빠른 친구들을 먼저 멘토링한 후에 그 친구를 통해 다른 조원을 멘토링하는 시스템을 만들었다. 그래서 프로젝트가 원활하게 진행될 수 있도록 했다.	보고서와 발표 PPT에 프로젝트 내용뿐 아니라 각자의 역할에서 했던 활동을 상세히 기록하여 모둠원들이 '리더십', '공동체 의식', '성장 가능성' 등을 평가받을 수 있도록 해야겠다.

전공과 전혀 관련 없을 것 같은 과목이라도 수업을 자세히 듣다 보면 지원 전공과 관련된 심화 탐구 주제를 발견할 수 있을 것이다. '고전문학 속 인물 심리 파악'을 심화 탐구 주제로 선정한 학생도 수업을 듣다가 선생님에게 기업체에서 면접을 할 때, 고전문학 안에서 인물의 심리를 물어보는 평가를 한다는 이야기를 듣고, 탐구 주제를 선정할 수 있

게 되었다.

심화 탐구와 관련된 내용이 아니더라도 수업 시간에 자신이 기여했던 내용을 작성해도 된다. 위의 생물 수업에서 이끔이로 참여했던 학생은 모둠 프로젝트 학습에서 프로젝트에 흥미를 보이지 않던 모둠원에게 멘토링을 통해 흥미를 유발해 프로젝트가 성공적으로 진행될 수 있도록 기여했다. 수업에서 모둠 학습을 진행하다 보면 흥미를 보이지 않고 무임승차하려는 학생들이 반드시 있다. 이런 학생들을 동기부여시켜서 프로젝트를 성공적으로 이끈 활동은 작은 공동체를 변화시킨 훌륭한 경험이다. 선생님과 소통을 하지 않는다면 이러한 훌륭한 사례가 학생부에 담기지 않을 수도 있다. 이 양식지를 활용해 내용을 작성한 후에 선생님과 소통을 통해 학생부에 기록이 될 수 있도록 하자.

심화 탐구 종료 – 발표를 통해 공유

심화 탐구를 통해 새로 알게 된 지식을 발표를 통해 공유해보자. 학기 초에 심화 탐구 주제를 선정한 학생들은 선생님에게 부탁해 관련 주제에 해당되는 수업 시간에 맞춰서 발표를 준비하면 좋다.

본격적인 수업이 진행된 후에 주제를 선정한 학생들은 관련 주제 수업이 지나갔을 수도 있다. 그럴 경우에도 선생님에게 말씀드려 발표 시간을 정해보자. 선생님은 자신이 수업한 내용을 바탕으로 심화 탐구를 진행한 학생의 수고를 싫어하실 리가 없다. 오히려 다른 학생들에게 심화 탐구 사례로 제시하여 탐구 활동을 장려할 기회로 삼을 수도 있다. 다만 지필평가 준비로 인해 발표할 여건이 허락되지 않을 수도 있다. 그럴 경우에는 지필평가가 끝난 후 방학 전 수업 시간에 발표를 요청하

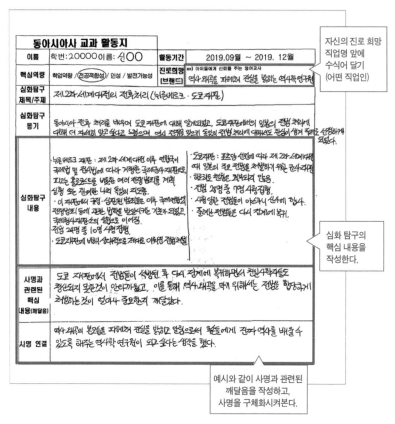

교과 활동지 사례

면 된다.

발표할 때는 PPT 등 프레젠테이션 도구를 활용하여 학급 친구들이
내용을 이해하기 편하도록 설명해주면 좋다. 어떤 내용으로 준비할지
고민될 수 있으니 발표 PPT를 만들기 전에 작성하는 활동지 예시를 소
개하겠다.

학생부 브랜딩을 고려할 때 전공 관련 심화 탐구 활동은 진로 철학(사

명)과 연결되는 것이 좋다. 진로 철학과 연결이 필요 없는 과목은 '심화 탐구 동기 → 심화 탐구 핵심 내용(새로 알게 된 지식) → 심화 탐구 깨달음'을 작성하고 발표를 준비하면 좋을 것 같다. 물론 정해진 틀은 없다. 관련 교과 및 심화 탐구 성격에 따라 발표 자료를 만들어 사용하면 된다.

학종 디자인 활동 가이드

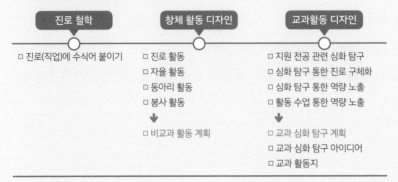

진로 철학	창체 활동 디자인	교과활동 디자인
□ 진로(직업)에 수식어 붙이기	□ 진로 활동 □ 자율 활동 □ 동아리 활동 □ 봉사 활동 ↓ □ 비교과 활동 계획	□ 지원 전공 관련 심화 탐구 □ 심화 탐구 통한 진로 구체화 □ 심화 탐구 통한 역량 노출 □ 활동 수업 통한 역량 노출 ↓ □ 교과 심화 탐구 계획 □ 교과 심화 탐구 아이디어 □ 교과 활동지

※ 빨간색으로 표시된 양식지는 부록자료에 첨부되어 있으니 활용해보세요.

Q. 평가영역 중 학업 역량의 탐구 활동과 발전 가능성의 창의적 문제 해결은 어떤 활동들을 통해 평가하나요?

A. 학업 역량 중 탐구 활동은 학생이 지니고 있는 탐구 역량을 평가하는 요소입니다. 탐구 역량은 교과에서 이뤄지는 심화 탐구 학습, 프로젝트 학습이나 동아리 등 비교과 활동에서 이뤄지는 다양한 연구 활동을 통해 드러나게 됩니다. 발전 가능성의 창의적 문제 해결은 창의적이고 논리적 사고를 통해 문제를 해결하는 역량을 평가하는 요소입니다. 교과 및 비교과 활동 과정에서 드러나는 창의적 사고, 창의적 발상이 이에 해당합니다. 또한 학교 활동을 진행하다가 발생하는 문제를 흘려보내지 말고 포착하는 문제 발견력과 다양한 아이디어를 바탕으로 해결책을 내는 문제 해결력 역시 창의적 문제 해결 역량에 포함됩니다.

Q. 저는 제가 속한 공동체에 관심이 많고 공동체를 변화시키는 활동을 좋아합니다. 공동체를 위한 활동이 학종에서 평가를 잘 받기 위해서는 어떻게 활동을 진행해야 되나요?

A. 공동체를 위한 활동은 학종에서 높게 평가를 받을 수 있는 요소입니다. 리더가 되어 공동체를 변화시키려고 노력하다보면 다른 사람은 그냥 넘어가는 문제점을 발견할 수 있게 됩니다. 그리고 문제를 해결하기 위해 해결 과정을 기획하며, 선생님들과 친구들의 도움을 받기 위한 설득을 하고 협업을 하며 문제를 해결해나가게 됩니다. 그 과정에서 당연히 역경은 발생하고 그 역경을 헤쳐나가기 위한 다양한 아이디어를 구상하고 실행해나가게 됩니다. 이러한 과정이 만약 자신의 지원 전공과도 관련 있다면 어떨까요? 눈치가 빠른 학생들은 이미 예측했겠지만, 위의 예시만 하더라도 발전 가능성(창의적 문제 해결력, 리더십), 학업 역량(탐구 역량, 기획력), 전공 적합성(전공 관련 활동), 인성(공동체 의식, 소통력, 협업, 역경 극복)의 평가영역 4가지 요소가 모두 포함되는 멋진 활동이 됩니다. 물론 평가를 넘어 자신의 존재를 키워 미래 사회의 인재로 준비될 수 있는 유익을 누리기도 하고요. 공동체를 위한 활동을 위의 설명한 예시대로 기획하여 학종에서 좋은 평가를 받게 되길 바랍니다.

LSP 8기 박건우

> 「언론의 이해관계나 이념적 분쟁으로 가짜뉴스가 퍼지는 것에 대해
> 분노할 줄 알고, 바로잡는 기사를 작성하여 왜곡된 시각을 가진 대중
> 들에게 정확한 사실을 알려주는 일에 헌신하는 팩트 체크 전문 기자」
>
> — 서울대학교 인문계열 20학번 입학 당시 박건우의 사명

"성적은 꽤 괜찮은데 학생부에서 네 사명이 더 잘 드러나야 할 것 같
구나. 독서나 자율동아리, 교과 세특에서 네가 왜 정치부 기자가 되고 싶
은지, 이를 위해 어떤 노력을 했는지를 더 보여줘야 해."

2학년이 되어 받은 학생부 상담에서 선생님이 건우에게 건넨 말씀이
다. 상담 이후 건우는 커다란 고민거리를 하나 얻게 되었다. 어떻게 학
생부에서 자신의 사명을 더 잘 드러낼 수 있을지 막막해진 것이다. 무
슨 책을 읽어야 할지, 안 그래도 없는 시간에서 자율동아리는 어떤 주
제로 시작을 해야 할지 깜깜했다. 무엇보다도 교과 세특이 도저히 감이
잡히지 않았다.

"기말고사 끝! 다들 수고 많았다. 다음 주부터는 교과 세특에 반영되
는 자유발표 시간을 가질 예정인데, 영어랑 관련된 걸로 준비해와야 한
다! 시간은 5분 내로 준비해!"

감도 못 잡고 있는 건우에게 자유발표 시간은 큰 부담으로 다가왔다.
각 교과의 성격에 맞는 발표를 준비해야 하는데, 아무리 생각해도 정치

부 기자와 직접적인 연관이 없는 교과에서는 어떻게 해야 할지 답이 없었다. 답답한 마음에 주말에 기숙사를 나와 집에 돌아온 건우는 무심코 방문 앞에 붙어 있던 진로 포트폴리오를 올려다보게 되었다. 1학년 때 처음으로 '세상의 잘못됨을 바로잡는 기자'라는 사명의 프로토타입을 작성하면서 훌륭한 정치부 기자가 되기 위해 필요한 능력이나 지식을 열심히 고민했던 시기가 떠올랐다.

"너희들의 진로와 관련이 없어 보이는 과목이라도 교과 세특에서 충분히 연결시킬 수 있단다. 사명을 이뤄나가는 데 꼭 필요한 역량들을 해당 교과에 연결시켜보렴!"

LSP 시간에 들었던 곽충훈 선생님의 조언도 생각이 났다. 건우는 본인의 사명을 돌아보게 되었다. 프로토타입을 작성하고 2년여가 지나면서 자신의 생각도 많이 바뀌었기 때문이다. '어떤 정치부 기자가 되면 좋을까?'

곰곰이 생각하던 건우는 얼마 전 보았던 SNS 게시물이 떠올랐다. 언론사에서 제시하는 통계, 인터뷰와 같은 객관적인 자료들이 사실은 언론사의 의도를 담고 있는 주관적 자료일 수도 있다는 내용이었다.

"언론사의 의도에 따른 편향된 자료들로 사람들이 혼란스러워 하는구나…… 어떻게 하면 내가 도움이 될 수 있을까? 기자로서 나는 어떤 역할을 해야 하는 걸까?"

건우는 주말 내내 이것을 고민했다.

다음 주 학교에 간 건우는 친구 A에게 자신의 고민을 털어놓았다. A는 웃으면서 대답했다.

"야, 요새 대세는 팩트 체킹이잖냐? 지난번 대선 때도 팩트 체킹이라고 실시간으로 SNS에 올라오고 그랬던 거 알지? SNS라 걸러서 듣긴 했지만, 그래도 우리 엄마 아빠는 도움이 된다며 좋아하시더라. 좀 믿을 만한 곳에서 이런 거 해주면 좋을 텐데.”

그 순간 건우는 머리에 전구가 켜진 것 같았다. 곧바로 도서관에 달려가서 팩트 체킹과 관련된 책을 빌려 읽었다. 책을 읽을수록 자신이 무엇을 해야 할지 사명의 가닥이 잡히는 것만 같았다.

“다음 발표자는 박건우. 나와서 발표하렴!”

“안녕하세요. 저는 이번 학기 수학시간에 배웠던 ‘확률과 통계’를 기사자료의 통계 왜곡과 연관지어 발표하려고 합니다. 언론들이 제공하는 통계자료가 미치는 영향력은 매우 크지만, 어떤 의도를 갖고 있느냐에 따라 왜곡되어 해석될 수 있기 때문입니다. 이러한 문제를 방지하기 위해서는 우리 스스로가 객관적으로 바라볼 수 있는 눈을 갖춰야 합니다. 그 방법은……”

건우는 수학 교과에서 ‘확률과 통계’를 언론사의 통계왜곡과 연결짓는 센스를 발휘했다. 또한 영어 교과에서는 기사 왜곡에 대한 원문자료를 번역해서 발표했다. 시간이 부족해 모든 과목과 연결지을 수는 없었지만, 건우는 사명을 학생부에 연결하는 작업을 충분히 잘 해냈다.

방학 동안 건우는 공부를 하다가 답답할 때면 도서관에 갔다. 희망하는 대학의 학과 홈페이지에 들어가면 학년별 전공수업의 안내자료를 볼 수 있었다. 그중 자신의 사명과 관련이 있어 보이는 책이 있으면 도서관에 앉아서 읽기도 하고, 정치 관련 코너를 돌며 책을 찾아보기도 했다. 사명이 구체화될수록 건우는 3학년 때 본인이 무엇을 준비해야 할지 확신을 가질 수 있었다. 개학하기 전부터 마음 맞는 친구들을 모아 3학년 1학기에 진행할 자율동아리를 준비할 정도였다.

"주제는 '정치 이념 분쟁의 해결'로 하자. 나는 이념마다 다른 가짜뉴스를 조사하고, 각 뉴스들이 제시하는 자료를 팩트 체크해서 발표할게."

3학년이라 자율동아리를 개설할 때 많은 우려가 있었지만, 건우는 오히려 선생님들을 설득하며 활동을 진행했다. 단순히 학생부에 한 줄 더 쓰기 위한 것이 아닌, 정말로 자신의 사명을 확장시키기 위해 하는 활동이라는 것을 알게 된 선생님들은 자율동아리 담당교사를 맡는 등 건우를 응원해주었다. 건우에게 3학년 1학기는 학업까지 하느라 정말 바쁜 시기였다. 그런데도 방학 중에 정리했던 책 목록을 활용해 학기 중에 조금씩 관련 서적도 꾸준히 읽었다. 자율동아리도 진행했으며, 교과 세특에서도 기회가 생길 때마다 발표를 하거나 보고서를 제출하는 등 자신의 사명을 드러낼 수 있는 활동엔 최대한 참여했다.

"《거짓말로 배우는 10대들의 통계학》을 읽고 이번 수학 시간에 발표를 하고자 합니다."

"미국 오바마 시절, 국무장관이 했던 인터뷰가 각 언론사마다 다르게 편집되어 기사화된 사건이 있었습니다. 저는 실제 영어 원문을 조사하여 언론사의 자료와 비교해보았습니다. 이번 영어시간에는 국무장관의 발언에 대해……."

이렇게 활발하게 활동하는 건우는 정말 사명에 충실한 학생이었다.

건우는 참여하고 있던 정규동아리 '학교 신문반'에서도 팩트 체킹을 통해 언론사의 편향된 시각을 꿰뚫어볼 수 있는 방법에 대해 기사를 작성했다. 이 작업을 통해 생각보다 많은 감사 인사를 듣게 되었다.

"건우야, 고3이라고 정치나 사회에 대해서는 하나도 모르고 있었는데, 네 덕에 어른 되기 전에 제대로 알고 간다. 고맙다!"

"네가 영어시간에 했던 발표, 되게 재미있었어. 나도 영어 쪽 전공인데, 나중에 한번 조사해보려고!"

건우는 자신이 하는 행동이 쏟아지는 언론 정보의 홍수 속에서 혼란스러워하는 사람들에게 큰 도움이 될 수 있음을 확신할 수 있었다. 2학년 때에 비해 시간이 턱없이 부족한 상황에서 이루어낸 성과라 더욱 뿌듯했다. 건우는 급식을 먹으면서 플래너로 시간관리를 해야 했던 숨가쁜 순간을 떠올리며 보람을 만끽했다.

"건우, 너…… . 3학년 때 그렇게 열심히 하더니, 성적도 나쁘지 않네! 1학년 때 성적이 조금 아슬아슬하기 한데, 서울대 한번 써볼래?"

그래도 서울대에 입학하기에는 조금 애매한 성적이었다. 고민하던 건우는 자신의 학생부를 쭉 살펴보았다. 그냥 기자도 아니고, 일반적인 정치부 기자도 아니고, '팩트 체킹을 통해 사람들이 왜곡된 정보를 받지 않고 소모적인 이념 전쟁에 상처받지 않도록 돕는 기자'. 건우는 자신의 사명에 확신을 갖고 있었다. 고등학교생활 동안 다양한 분야에서 아쉽지 않을 만큼 잠재력을 보여주었다는 자신감도 가지고 있었다. 건우는 그 자신감으로 서울대에 지원했다. 그리고 당당히 합격했다.

"서울대 입학을 축하해, 건우야! 후배들에게 하고 싶은 말이 있으면 해줄래?"

후배들 앞에 선 건우가 당당하게 말했다.

"음…… . 사실, 진로만 갖고 있으면 대학이라는 문턱에서 멈출 가능성이 높다고 생각해요. 취업도 그렇고, 편한 길을 가고 싶을 수도 있죠. 하지만 사명은 우리가 평생토록 추구해야 하는 목적이잖아요. 우리의 인생 자체이기도 하고요. 사명이라는 큰 줄기를 세우고 나면 세부적인 가지를 붙이는 일은 훨씬 쉬워지는 것 같아요. 다양한 경험을 해보시고, 후배님들이 본인에게 맞는 사명을 찾길 진심으로 바랄게요. 여러분 한 명한 명이 큰 변화의 바람을 불어 일으킬 수 있는 귀한 사람이에요. 지금은 비록 힘들고 지치겠지만, 사명을 이루었을 때의 모습을 상상하면서 하루하루를 이겨나가는 사람이 되길 바래요."

chapter 2

삶의 방향을
잡아주는
진로 디자인

01
청소년 진로 디자인의 핵심과 유익

현주의 고민

"현주야, 진로 탐색은 잘되고 있니?"

고등학교에 진학한 현주는 진로에 대한 고민이 많다. 중학교 때부터 영어선생님을 꿈꾸던 언니가 작년에 학생부 종합전형으로 명문대에 입학한 후 현주의 진로에 대한 엄마의 관심이 부쩍 높아졌다. 언니가 학교에서 다양한 활동을 할 때는 공부에 방해된다며 싫어하시던 엄마가 명문대 합격이라는 결과를 가져오자 갑자기 변하신 거다. 꿈에 대한 고민이 한창일 사춘기 때 "쓸데없는 고민 말고 공부나 해"라고 말씀하셨던 엄마는 진로가 대학진학에 도움이 되는 것을 경험하시고 이제는 꿈을 강요하신다. 엄마가 학교 진학 설명회에 다녀오신 후에 진로에 대한 압박이 더 심해졌다. 진학 설명회에서 명문대에 진학한 학생 대부분이 1학년 때부터 진로를 명확히 설정하고 관련된 활동을 통해 대학에 진학했다는 이야기를 들었기 때문이다. 엄마는 현주에게 1학년 때부터 진로를 꼭 설정하기를 강조했다.

　학교 선생님들도 진로를 강조하신다. 학교 수행평가도 자신의 진로와 연계된 활동을 장려하고 있다. 학교의 많은 프로그램들이 진로가 설정된 학생들 중심으로 이루어지는 것 같다. 언니처럼 중학교 때부터 영어선생님이 꿈이던 친구 혜원이는 벌써부터 영자 신문반 동아리와 배움나누미에 가입하여 열심히 활동하고 있다. 현주 역시 중학교 때부터 꿈에 대한 고민이 많았기에 진로를 빨리 정하여 혜원이처럼 진로 관련 활동을 열심히 하고 싶다. 그런데 학교에서 진로를 탐색할 시간이 없다. 해야 할 일들이 너무 많다. 입학할 때부터 동아리 면접, 특성화 프로그램 면접 등으로 바쁘다가 한 달이 지난 후부터는 중간고사 준비에 정신없이 보냈다. 중간고사가 끝나니 무슨 수행평가가 그렇게 많은지, 과목당 2개 이상의 수행평가를 준비하다 보니, 진로를 고민할 시간조차 주어지지 않는 느낌이다.

　현주는 진로 시간이라도 열심히 참여하여 진로 설정을 하려고 노력한다. 하지만 크게 도움이 되지 않는 것 같다. 선생님은 진로를 탐색하기에 앞서 자아 탐색이 중요하다고 하시며 다양한 활동과 심리검사를 하고 있는데, 과연 나의 진로 탐색에 도움이 되는지 현주는 잘 모르겠다. 수업 시간에는 나에 대해 고민을 해서 좋지만, 수업이 끝난 후에는 다시 해야 할 일들에 파묻혀 지내다 보니, 진로를 찾는 일은 다시 잊혀 간다. 그래도 중학교 친구인 다은이가 다니는 학교보다는 좋은 것 같다. 다은이 학교의 진로 수업은 대부분 영상을 보여주거나, 활동은 안 하고 선생님이 말로 시간을 보내는 경우가 많다고 한다. 그러나 현주도 다은이도 진로를 찾지 못한 것은 동일하다.

진로 찾기라는 어려운 과제

학종 전형이 대학 진학에 가장 중요한 전형이 되면서 진로의 중요성이 크게 부각되고 있다. 시대의 흐름에 맞춰 학생들의 진로를 찾고자 하는 열망도 이전보다 훨씬 증가했다. 선생님들도 예전보다 진로에 대한 인식이 많이 변했다. 학교에서 처음 진로 수업을 진행한 7~8년 전보다 많은 선생님들이 청소년 시절 진로를 찾는 것의 중요성을 알고 장려하고 있다. 부모님들의 진로 중요성에 대한 인식도 커져서 이제는 진로를 빨리 찾으라고 강요하는 실정이다.

많은 사람들이 진로의 중요성을 알고 학생들도 진로를 찾고자 하는 열망이 증가한 이 시대에도 여전히 많은 학생들에게 진로란 찾기 어려운 과제로 남아 있다. 여러 가지 이유가 있지만 가장 큰 이유는 진로를 탐색할 시간적 여유가 없는 것이다. 현주의 사례처럼 학생들의 학교생활은 매우 빠듯하다. 최근에는 활동 수업이 강조되기 때문에 학생들이 준비해야 될 과제가 매우 많다. 과제뿐 아니라 여러 개의 비교과 활동도 해야 하므로 학생 자신이 중심을 잡고 활동하지 않으면 활동에 끌려다니게 될 가능성이 높다.

물론 다양한 활동이 진로를 탐색하는 데 또한 심화시키는 데 도움이 되지 않느냐고 반문할 수도 있다. 그것은 어디까지나 주도적으로 진로를 개척하는 일부 학생들의 이야기에 불과하다. 대다수 학생들은 활동을 자신의 진로 개척에 활용하지 못하고 숙제처럼 끝내기에 급급하다. 여러 활동으로 인해 자신을 깊이 있게 성찰할 시간이 부족하니, 다양한 활동이 진로 탐색에 큰 도움이 되지 못하는 경우가 많은 것이다. 그렇다고 자아 성찰을 위한 활동을 건너뛰고 진로 탐색을 하기는 어렵다.

그렇다면 바쁜 학교생활 속에서 어떻게 자신의 진로를 탐색해야 할까? 가장 쉬운 방법은 진로 수업에 적극적으로 참여하는 것이다. 진로수업이 주1회 정규 교육 과정 안에 있기에 학생들은 자아에 대한 고민의 끈을 이어갈 수 있고, 인생의 방향을 잡을 수 있으며 진로 탐색의 시간을 가질 수 있다.

지금 이 글을 쓰고 있는 기간은 수행평가 과제가 많은 기간이다. 학생들이 진로 교실까지 과제를 가져올 정도로 과제가 많다. 하지만 수업이 진행되면 일상의 과제들은 잠시 잊고 자기 자신에게 몰입하게 된다. 물론 현주처럼, 자아 탐색이 진로 탐색에 도움이 되는지 깨닫지 못하는 학생들도 있을 수 있다. 그러나 진로 탐색의 시작은 자아를 탐색하는 것부터 시작하는 것이다. 자신에 대한 깊은 이해가 있어야 인생의 방향을 잡을 수 있기 때문이다. 자아에 대한 깊은 이해는 지속적으로 자아에 대한 이해를 이어갈 때 가능하다.

다은이네 학교처럼 진로 수업이 제대로 되지 못하는 경우도 있을 수 있다. 그럴 경우라면 학생 개인이 좀 더 적극적으로 진로를 탐색해야 한다. 문제는 그러한 환경에 놓인 학생들이 많다는 것에 있다. 여전히 많은 학교에서 진로 교육이 제대로 진행되지 못해서 학생들이 진로 탐색에 어려움을 겪고 있다. 학교 진로 교육이 내실화되어서 진로 교육의 사각지대에서 혼란스러워하는 학생들이 줄어들었으면 좋겠다. 그런 환경 가운데서도 진로를 탐색하기 위해 이 책을 읽고 있는 학생들에게 큰 박수를 보낸다. 쉽지 않은 진로 탐색의 여정에 이 책이 도움이 되었으면 좋겠다. 이 책의 안내에 따라 한 걸음씩 나아가다 보면 어느새 인생의 방향이 잡히는 즐거움을 맛보게 될 것이다.

청소년 진로 디자인의 핵심 - 프로토타입 방식의 진로 설계

> "하나의 길은 다른 길로 이어지는데, 이때 길은 절대로 반듯한 직선을
> 그리지 않는다."
>
> - 세스 고딘의 《시작하는 습관》 중에서

생일이면 많은 분들이 카카오톡으로 선물을 보내주시는데, 스타벅스 커피 상품권이 가장 많이 들어온다. 한 달에 한두 번은 스타벅스에 가서 나만의 블루타임을 오롯이 가진다. 플래너를 통해 삶을 점검하고 독서를 통해 저자와 가상의 대화를 즐기며 지적이고 정서적인 즐거움을 맛보기도 한다. 이러한 시간이 내게는 정말 소중한 시간이다.

스타벅스는 이렇듯 단순히 커피를 파는 공간이 아닌 하고 싶은 일을 방해받지 않고 집중할 수 있는 문화적인 공간이다. 그 장점으로 인해 전 세계적으로 성공을 거두게 되었다. 그러나 스타벅스가 처음부터 문화적인 공간이었던 것은 아니다. 하워드 슐츠가 스타벅스를 인수한 후에 탈바꿈한 것이다. 원래 스타벅스는 원두를 파는 곳이었다. 창업자는 제리 볼드윈, 고든 보커, 지브 시글 세 사람으로 시애틀에 부드럽고 향기가 강한 '아라비카' 원두를 소개하기 위해 만든 매장이었다. 후에 하워드 슐츠가 마케팅 이사로 합류하게 된다. 하워드 슐츠는 이탈리아를 방문한 후에 당시 대표였던 볼드윈에게 스타벅스가 원두만 판매하는 업

체가 아닌 커피와 공간을 함께 판매하는 업체로 방향을 전환해야 된다고 설득했다. 하지만 원두의 품질을 높이는 것을 중시했던 세 명의 창업주들은 이를 탐탁지 않게 여겼다. 이후에 이들은 갈라서게 되었다. 볼드윈 등 세 명의 창업주들은 원두의 질을 높이는 방향으로 계속 연구했고, 슐츠는 커피전문점을 공간과 문화를 파는 곳으로 만들기 위해 노력했다. 그 후 1987년 슐츠는 스타벅스를 인수했고, 세계적인 프랜차이즈로 만드는 데 성공했다.

많은 사람들이 슐츠를 성공자, 볼드윈은 실패자라고 이야기한다. 그러나 사실 슐츠의 성공도 볼드윈이 원두를 판매하는 스타벅스를 세웠기 때문에 가능했던 것이다. 만약 볼드윈이 '원두를 팔아서 성공할 수 있을까? 차라리 아무것도 하지 않는 게 낫겠어'라고 생각하며 스타벅스를 세우지 않았다면 어땠을까? 아마 오늘날 스타벅스의 성공도 없었을 것이다. 어떠한 성공도 반듯한 직선을 그리지 않는다. 하나의 과정을 겪고 그것을 기반으로 다음 과정을 거치면서 성공으로 나아가게 된다.*

진로 탐색도 마찬가지이다. 많은 학생들이 진로를 한 번에 정하려는 경향이 있다. 물론 시간이 부족하기 때문에 조급해지는 마음은 이해가 간다. 그러나 진로를 정하는 것도 직선적으로 이루어지지 않는다는 것에 문제의 본질이 있다. 자신에게 맞는 직업을 잠정적으로 정하고, 그것을 탐색하는 과정에서 자신에게 더 어울리는 직업을 발견하게 되면서 순차적으로 찾아가게 되는 것이다. 많은 학생들은 자신에게 딱 어울리는 직업이 나오기 전까지 진로를 정하지 않겠다는 입장을 지니고 있다. 그런 자세로 진로 탐색을 할 경우 학교 다니는 기간 안에 진로를 정하지

---

* IT동아(CEO 열전: 하워드 슐츠), 2018-06-18

못하게 될 가능성이 매우 크다.

　바쁜 학교 현실 가운데 자신에게 맞는 진로를 탐색할 수 있는 방법은 없을까? 학생들에게 진로 수업 시간에 제시하는 방법은 **프로토타입 방식의 진로 탐색**이다. 프로토타입은 주요한 기능만을 탑재하여 시장에 내놓는 시제품이란 뜻을 가지고 있다. 주로 IT업계에서 신상품을 개발할 때 많이 사용하는 방식인데, 제품을 완성시켜서 시장에 내놓았다가는 IT의 특성상 유행이 지나거나 경쟁사에 밀릴 수 있게 된다. 그래서 프로토타입으로 제품을 내놓고 소비자들의 반응을 보며 업그레이드 시키며 제품을 발전시켜 나간다. 이 과정을 통해 처음 발매했을 때와 비교도 안 될 정도로 발전한 제품이 나오게 된다. 어떤 경우에는 처음 발매했을 때와 완전히 다른 제품이 탄생하기도 한다.

　필자는 청소년 진로 설계의 핵심은 프로토타입 방식의 진로 설계라고 생각한다. 여러 가지 여건상 자아에 대하여 깊이 있는 탐색이 어렵기 때문에 먼저 프로토타입 성격의 직업을 정하고, 직업을 탐색하는 과정을 통해 직업에 대한 이해를 구체화시켜나가는 것이다. 이 과정을 통해 자신에 대한 이해가 심화되기 때문에 처음 선택했던 직업과 전혀 다른 직업을 정하게 되는 경우도 많이 목격했다. 물론 프로토타입 성격의 직업을 정한다고 해서, '어차피 바뀔 거니까'라고 생각하며 대충 탐색하는 경우는 없어야 한다. 프로토타입 성격의 직업을 정할 때도 가능한 시간에 정성을 다해 자아를 탐색하고, 최대한 직업 정보를 탐색해야 한다. 그리고 그 시점에서 자신에게 가장 맞다고 생각되는 직업을 정해야 한다. 다만 주위에서 너무 강요하는 것은 자제하는 것이 좋다. 본인에게 맞는 직업을 정하라고 강요하면, 직업을 정하는 것을 너무 어려워할 수 있다.

따라서 맞는 직업은 언제든 바뀔 수 있다는 점을 고려해서 조금은 편한 마음으로 정할 수 있도록 지도하는 것이 바람직하다.

프로토타입 방식의 진로 설계

프로토타입 방식의 진로 설계 방법도 처음에는 여타 진로 설계 방법과 다르지 않다. 먼저 자아에 대한 탐색을 하고, 그 후에 자신에게 적합한 직업을 탐색해나간다. 직업 정보 탐색을 거친 후에는 하나의 직업을 잠정적으로 선정한다. 물론 시간적 여건이 부족하기 때문에 그렇게 선정한 직업이 마음에 들지 않을 수도 있다. 그럼에도 하나의 직업을 잠정적으로 선정하도록 안내한다. 다음으로는 그 직업에 대하여 직업 탐색을 하고, 사명을 탐색한 후에 사명에 이르는 로드맵을 그리도록 한다.

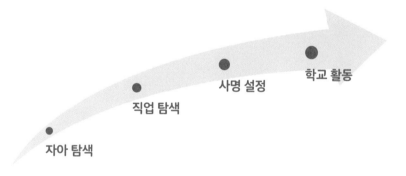

프로토타입 진로 설계 과정

다른 진로 설계와의 차이점은 잠정적인 직업 및 사명을 설정하도록 안내하며 잠정적 직업 및 사명을 바탕으로 진로 설계를 하고 학교 활동을 통해 진로를 구체화하는 것을 중시한다는 것이다. 학교 활동을 진행하면서 진로가 구체화되는 경우도 있지만, 진로가 변하여 재탐색을 하는 경우도 있다. 그러나 이때는 이미 진로 설계 방법을 익혔기 때문에 빠르게 자신에게 적합한 진로를 탐색해나가며 설계해나갈 수 있게 된다. 이러한 방식이 프로토타입을 내놓고 현장의 반응을 통해 제품을 발전시켜나가는 과정과 비슷하기에 프로토타입 방식의 진로 설계라고 정의한 것이다.

그렇다면 프로토타입 방식의 진로 설계는 어떠한 유익이 있을까? 가장 큰 유익은 진로 설계의 방법을 익힐 수 있다는 것이다. 진로 교육에서 중요한 것은 진로 설계 자체가 아니라 진로 설계 방법을 익히는 것이다. 지금의 청소년들은 성인이 되어서도 여러 번 직업이 변경될 가능성이 높다. 직업을 바꿀 때 가장 필요한 것은 당시 자신의 여건에 가장 적합한 직업으로 변경하는 것이다. 지금의 진로 교육은 물고기를 잡아주는 교육을 벗어나 물고기를 잡을 수 있는 역량을 길러주는 교육이어야 한다. 즉 진로를 찾아주는 교육이 아니라 진로를 찾고 설계할 수 있는 힘을 길러주는 교육으로 전환되어야 한다.

두 번째 유익은 구체적인 진로 설계를 가능하게 한다는 것이다. 앞서 이야기 했듯이 진로 설계는 직선적으로 이루어지기 힘들다. 완벽한 정보가 제공된다고 학생들이 진로 설계를 제대로 할 수 있을까? 그렇지 않다. 진로 설계는 경험적인 요소가 반드시 들어가야 자신에게 적합한지 아닌지를 알 수 있게 된다. 많은 정보를 바탕으로 자신에게 적합한 진로라고 생각해서 선정했는데, 그렇지 않은 경우도 부지기수다. 오히려 많은 정보를 탐색하느라 시간이 허비되는 경우가 많다. 어차피 경험적인 요소가 가미되기 때문에 주어진 시간 안에 최대한 정보를 탐색하고 잠정적으로 선정한 후 경험을 통해 구체화시켜나가는 게 좋다. 그렇게 할 때, 시간도 절약할 수 있고, 구체적인 진로 설계도 가능해진다.

다음 장부터는 '프로토타입 방식의 진로 설계 과정'대로 진로 설계가 이루어질 것이다. 책에 나온 내용을 바탕으로 프로토타입 방식으로 진로 설계를 해보자.

02
일상에서의 자아 탐색

'나'를 바라보는 탐색의 시간

"어머님은 언제까지 무대 위에 저를 세우실 겁니까. 그만큼 분칠하고 포장해서 무대 위에 세워놓고 박수받으셨으면 됐잖아요. 어머님 뜻대로 분칠하신 바람에 제 얼굴이 어떻게 생겨먹었는지도 모르고 근 오십 평생을 살아왔잖아요."

2019년 초에 방영했던 드라마 〈SKY 캐슬〉 제18회에서 주인공 강준상이 자신의 어머니에게 했던 대사이다. 강준상은 어머니의 뜻대로 삶을 살았던 사람이다. 어머니의 원대로 공부해서 학력고사 전국 1등을 하고 서울대 의대를 다녀 의사가 되었다. 의사란 직업도 그에겐 환자를 돌보는 마음보다는 병원장으로 출세를 하기 위한 한 방편에 지나지 않았다. 어머니가 심어놓은 목표를 하나의 의심 없이 자신의 목표인 줄 알고 살았다가 딸이 죽는 인생의 비극 가운데서 그동안의 삶이 무대 위의 연극 같은 삶이었음을 고백하게 된다.

　우리는 어떠한가? 대학, 직장을 선택할 때도 본인에게 맞는지보다 사람들이 인정해주는 곳인지가 더욱 중요하지 않은가? 다른 사람에게 보이기 위한 삶을 계속 살아가다 보면 연극 위의 무대가 자신의 삶이라고 착각하며 살아가게 된다. 그러나 틀린 문제를 맞은 것처럼 위장을 하면 결국 시험을 볼 때 자신의 실력이 드러나는 것처럼, 인생의 위기의 순간에 자신의 본질이 드러나게 된다. 드라마 속의 강준상처럼 자신의 본모습을 잃고 살아온 날을 후회하는 순간을 맞이하게 된다. 십대 시절부터 자신을 찾아서, 연기하는 삶이 아닌, 자기 본연의 삶을 사는 것이 중요하다. 연기하는 삶에는 진정한 행복이 있을 수 없다. 그렇다면 진정한 행복함은 어디에서 올까? 바로 '나'의 모습을 제대로 보는 것에서 시작하지 않을까?

　지금 여기 자아를 깊이 있게 성찰하여, 자신에게 주어진 환경을 거스르고 자신의 삶을 살고 있는 사례가 있다. 주인공의 아버지는 세계에서 가장 큰 아이스크림 회사를 창립하여 전 세계에 매장을 수천 곳이나 둔 성공한 사업가였다. 성공한 아버지 덕분에 그는 어렸을 때부터 거대한 저택에 아이스크림콘 모양의 수영장에서 수영을 하며 인생을 편안하게 살았다. 아버지는 외아들인 그가 사업을 이어받기 원했고, 그는 판매고가 수십억 달러에 이르는 아이스크림 제국의 후계자가 될 운명이었다. 그러나 그는 깊이 있는 자아 성찰을 통해 자신의 가치가 아버지의 회사의 기업 가치와 배반된다는 사실을 알고 후계자를 포기했다. 그는 식생활 및 환경과 건강의 연관성에 관한 세계적인 전문가 존 로빈스이다. 그리고 그의 아버지가 세운 기업은 세계 최대의 아이스크림 회사인 배스

킨라빈스 31이다.

존 로빈스는 어떻게 많은 사람들이 부러워하는 운명을 거부하고, 자신만의 길을 택할 수 있었을까? 다음은 존 로빈스가 아버지의 제안을 거부할 때 했던 말이다.

> "아버지, 지금 세상은 아버지 어릴 적하고는 다르다는 걸 아셔야 해요. 인간의 행위 때문에 환경이 빠르게 파괴되고 있고, 음식물이 넘쳐나 쓰레기통으로 직행하는 곳이 있는가 하면 다른 곳에서는 어린이들이 굶주림으로 2초마다 한 명씩 죽어가고 있어요. 이런 상황에서 서른두 번째 맛을 만들어내는 것이 저에게 어울린다고 생각하세요?"
>
> – 존 로빈스 《존 로빈스의 음식혁명》 p11

존 로빈스는 금전적으로 큰 부자가 되는 것보다는 지구환경을 보호하고, 다른 사람들의 행복에 기여하는 삶을 사는 것을 더욱 가치 있게 여겼다. 많은 사람들이 추구하는 부유한 삶이 아니라 세상에 보탬이 되는 삶이 그가 진정으로 추구했던 가치였다. 존 로빈스는 자신을 깊이 있게 성찰하여 자신이 지향하는 가치를 명확히 알고 있었기 때문에 많은 사람들이 중요하게 생각하는 물질적 가치를 탈피할 수 있었다. 자신의 가치에 따른 선택을 하며 자신의 인생을 살 수 있었다. 반면에 〈SKY 캐슬〉의 강준상은 자신이 지향하는 가치가 무엇인지 모르고, 부모가 제시한 대로 살다가 나이 쉰이 되어서 인생의 방향을 잃어버리게 된 것이다. 여기서 또 한 가지 중요한 점은 다른 사람에 의해 선택을 했더라도 선택에 대한 책임은 고스란히 자신이 질 수밖에 없다는 것이다.

거듭 강조하지만 진로 디자인의 시작은 '나'를 제대로 보는 것에서 출발한다. 흥미, 재능, 가치관, 성향 등을 통해 깊이 있는 자아 성찰을 하고 진정한 '나'를 만나길 바란다.

일상 속 흥미를 통해 바라본 '나'

일반적으로 많은 학교에서 자아 탐색은 표준화된 검사를 통해 이루어진다. 검사를 하면 한 달 뒤에 담임선생님이 결과지를 나눠주고 읽어보라고 한다. 그리고 다시 걷어간다. 이런 과정 속에서 학생들은 이 검사의 주체이면서도 이 검사에 대해 기억을 못 하는 일이 빈번하게 일어나고 있다. 이러한 자아 탐색은 의미가 없다고 생각한다. 그래서 본 책에서는 표준화된 검사 전 일상 속에서 할 수 있는 자아 탐색 과정을 안내하고자 한다.

먼저 일상 속 흥미를 통해 '나'를 바라보자. '나'를 진정으로 행복하게 하고 즐겁게 하는 것을 어떻게 찾을 수 있을까? 많은 사람들이 자신을 진정으로 행복하고 즐겁게 하는 것이 먼 곳에 있다고 생각한다. 그러나 행복은 가까운 곳에 있다.

얼마 전 첫째 딸에게 모리스 마테를링크의 《파랑새》를 읽어준 적이 있다. 《파랑새》는 베릴뤼네 요정의 부탁으로 주인공 남매인 틸틸과 미틸이 파랑새를 찾아가는 모험을 그린 작품이다. 남매는 파랑새를 찾기 위해 추억의 나라, 밤의 궁전, 향락의 정원, 미래의 나라 등을 모험했지만, 끝내 파랑새를 구하지 못하고 아침을 맞게 된다. 그런데 모험을 끝내고 돌아온 남매의 눈에는 주변이 달라 보였다. 초라하게 느껴졌던 집은 아늑하게 보였고, 부모님들도 이전보다 근사하게 느껴졌다. 가장 놀라운 일은 틸틸과 미틸이 방에서 키우던 새의 깃털이 파란색으로 변해 있었던 것이다. 모험에서 간절히 찾던 파랑새는 사실 남매의 방 안에 있던 새였던 것이다. 작품에서 이야기하는 파랑새는 행복을 의미한다. 모리스 마테를링크는 파랑새를 통해 행복이 아주 가까이 있다는 것을 사람들에게 느끼게 해주고 있다. 일상생활 속에서 찾는 행복이 진정한 행복인 것이다.

일상생활에서 나를 즐겁게 해주고 행복하게 해주는 것을 어떻게 찾을 수 있을까? 행복을 찾기 위해서는 행복하다고 느끼는 순간을 유심히 관찰하고 그것을 기록해두어야 한다. 조지프 캠벨은 진짜 행복한 상태는 "들떠서 행복한 상태, 흥분해서 행복한 상태가 아니라 자신이 살아 있다고 느끼는 그윽한 행복의 상태"라고 했다. 일상 속에서 자신을 행복하게 하고 즐겁게 하는 것이 자신의 흥미일 가능성이 높다.

흥미의 사전적인 의미는 어떤 종류의 사물이나 활동에 끌린다는 감정을 수반한 관심이다. 흥미란 본인이 가장 관심 있고 즐거워하는 것이다. 어떤 활동도 좋고, 사물도 좋다. 일상에서, 삶 속에서 자신이 관심이 가고 즐거워하는 것을 통해 자신의 흥미를 발견할 수 있다. 다음은 일상 속에서 흥미를 발견할 수 있도록 도와주는 질문이다. 잠시 시간을 내서 질문에 답을 하며 자신의 흥미를 찾아보자.

분류	질문	나의 흥미
하고 싶은 것	• 나는 무엇을 할 때 즐겁고 행복한가? • 무엇을 할 때 집중이 잘되나? • 시키지 않아도 알아서 하는 일은? • 나도 모르게 사람들에게 말을 많이 하는 주제는? • 무슨 과목을 공부할 때 즐거운가?	
가 보고 싶은 곳	• 나는 어떤 공간에 있을 때 편한가? • 시간 가는 줄 모르고 있는 곳은? • 힘들 때면 찾아가는 곳은? • 시간 있을 때 꼭 가보고 싶은 끌리는 곳은?	
갖고 싶은 것	• 나는 어떤 것을 가졌을 때 기쁨을 느끼는가? • 무엇을 소유했을 때 즐거움을 느끼는가? • 내 방을 채우고 있는 물건은?(책상, 책장, 벽 등) • 자주 가지고 다니는 것은?(가방, 주머니 등) • 마트나 백화점, 문구점에서 주로 가는 코너는?	
되고 싶은 모습	• 자신의 어떤 모습에서 기쁨을 누리는가? • 누구와 함께 있을 때 기쁨을 누리는가? • 책이나, 영화, TV 등을 통해 알게 된 사람 중 끌렸 던 사람은 누구인가? 어떤 점을 닮고 싶은가?	

일상 속 흥미 탐색

분류	질문	나의 흥미
하고 싶은 것	• 나는 무엇을 할 때 즐겁고 행복한 가? • 무엇을 할 때 집중이 잘 되나? • 시키지 않아도 알아서 하는 일은? • 나도 모르게 사람들에게 말을 많이 하는 주제는? • 무슨 과목을 공부할 때 즐거운가?	• 내가 스스로 무엇인가를 성취했을 때, 내가 좋아하는 취미생활(야구, 여행 등)을 할 때, 맛있는 음식을 사랑하는 가족과 먹 을 때 • 노트정리나 일기 등 글쓰기를 할 때 • 삼시세끼 밥 챙겨먹기 • 학업 관련 주제나 미용(외모) 관련 주제, 스포츠 관련 주제 또는 추억에 관한 주제 • 내가 잘하는 과목

분류	질문	나의 흥미
가 보고 싶은 곳	• 나는 어떤 공간에 있을 때 편한가? • 시간 가는 줄 모르고 있는 곳은? • 힘들 때면 찾아가는 곳은? • 시간 있을 때 꼭 가보고 싶은 끌리는 곳은?	• 집이나 사람이 많지 않고 조용한 공간, 특히 아늑한 공간에 있을 때 편함. • 서점, 도서관, 쇼핑몰, 문구점, 음식점 • 야구장, 교회 • 동해바다
갖고 싶은 것	• 나는 어떤 것을 가졌을 때 기쁨을 느끼는가? • 무엇을 소유했을 때 즐거움을 느끼는가? • 내 방을 채우고 있는 물건은? (책상, 책장, 벽 등) • 자주 가지고 다니는 것은? (가방, 주머니 등) • 마트나 백화점, 문구점에서 주로 가는 코너는?	• 소소한 선물을 받았을 때 • 내가 평소에 원하던 것을 소유할 때 • 책, 필기도구, 메모해 놓은 종이들 • 거울, 화장품, 지갑, 휴대폰 • 의류 코너, 잡화 코너, 문구 코너
되고 싶은 모습	• 자신의 어떤 모습에서 기쁨을 누리는가? • 누구와 함께 있을 때 기쁨을 누리는가? • 책이나 영화, TV 등을 통해 알게 된 사람 중 끌렸던 사람은 누구인가? 어떤 점을 닮고 싶은가?	• 무엇인가를 성취했을 때, 나의 한계를 극복했을 때, 내가 매일 조금씩 발전할 때, 경쟁에서 이겼을 때 • 가족, 친구, 선생님 • 유재석: 무명시절에도 자신을 가꾸면서 언젠가 방송에 출연할 기회를 기다리고 있는 모습을 보고 나도 아직은 학생이어서 나의 꿈을 펼치지 못하지만, 지금 잘 준비해서 나도 나중에 기회를 잡아야겠다고 생각함.

일상 속 흥미 탐색 사례

일상 속 재능을 통해 바라본 '나'

"'누가 비범한가?'라는 질문은 잘못된 것이다. '어디에 비범성이 있는
가?'라고 물어야 한다."

- 하워드 가드너

'내게도 재능이 있을까?'

많은 학생들의 마음속 깊은 곳에 내재해 있는 질문이다. 진로 시간에
재능을 주제로 수업을 진행할 때, 대다수 학생들이 자신에게 재능이 하
나도 없다며 속상해한다. 고등학생 시절 나 역시 이들과 동일한 생각을
했던 적이 있다. 우리는 왜 자신의 재능을 찾지 못하는 것일까?

보이는 재능이 재능의 전부는 아니다. '사고의 재능'처럼 눈에 보이지
않아 뚜렷한 강점으로 개발되기 전까지는 자신조차 인식하지 못하는 재
능들도 수없이 많이 있다. 재능이란 타고난 기질적 특성 또는 사고의 패
턴으로, 강점으로 개발될 수 있는 가능성의 씨앗을 말한다. 강점은 직업
세계에 통용될 수 있는 역량의 의미를 담고 있는데, 우리는 재능을 강점
으로 오해해서 잘하는 게 아무것도 없다고 생각하게 되는 것이다. 직업
세계에 통용할 만큼의 강점은 재능을 발견한 후에 지속적인 노력을 통
해 개발시켜야 되는 것이다.* 재능은 가능성을 담고 있는 씨앗 형태이기
때문에 심고 가꾸는 노력을 해야 비로소 강점이라는 나무로 성장할 수
있는 것이다. 아무리 아름드리나무가 될 씨앗도 씨앗만 놓고 보면 볼품
이 없다. 심고 가꿔야 나무로 성장하게 된다.

---

* 박승오, 홍승완 《시계를 멈추고 나침반을 보라》 참고

재능을 강점으로 개발하려면 어떻게 해야 할까? 사소해 보이는 재능이라도 잘 포착하여 강점으로 개발하려는 전략이 필요하다. 재능이 없는 사람은 없다. 다만 발견을 못하는 사람만 있을 뿐이다. 다중 지능의 창시자 하워드 가드너 교수가 이야기한 대로 '누가 비범한가?'라는 질문은 잘못된 것이다. '어디에 비범성이 있는가?'를 탐색해야 되는 것이다. 자신에게 비범성의 씨앗이 조금이라도 있어 보이는 부분을 유심히 관찰하여 강점으로 승화시키려는 노력이 필요하다.

> "서툰 일을 개선하는 데 많은 시간을 소모해서는 안 된다. 그것보다는 자신의 강점에 집중해야 한다. 무능함을 보통 수준으로 끌어올리기 위해서는 일류를 초일류로 만드는 것보다도 훨씬 많은 에너지와 노력이 필요하다."
>
> - 피터 드러커

어렸을 때부터 많은 학생들이 비교의식 가운데 자신의 재능을 하찮게 여기며 친구가 가지고 있는 재능을 부러워하며 살아간다. 그러나 친구와 대화하다 보면 친구도 내가 가지고 있는 재능을 부러워하고 있다는 것에 놀랄 때가 있다. 친구의 재능을 부러워하는 것은 자신이 못하는 것을 잘하기 때문일 가능성이 크다. 또한 약점을 보완하여 친구처럼 되기 위해 따라 하는 경우도 많다. 그러나 그러한 노력은 자신을 평범하게 만들 뿐이다. 자신의 약점을 평범한 수준으로 끌어올리기 위해서는 재능을 강점으로 승화시키는 것보다 훨씬 더 많은 에너지와 노력이 필요하다. 다른 사람의 재능을 부러워하지 않고, 오직 자신의 재능에 집중할 때 강점으로 승화될 수 있다. 나아가 자신의 꿈을 이룰 수 있다. 필자가 인생 선배로서 한마디 한다.

"오직 너의 재능에 집중하라!"

자신의 재능을 구체적으로 탐색하기 위한 방법을 소개하겠다. 바로 주변 지인들에게 도움을 청하는 방법이다. 부모님, 형제, 가까운 친구, 친한 선생님들께 자신의 장점, 단점을 적어달라고 정중히 부탁을 하는 것이다. "지금 내가 나에 대해 탐색해나가는 과정인데, 나에 대해 진솔하게 적어주면 앞으로 진로를 탐색할 때 큰 도움이 될 것 같다"는 내용으로 부탁을 하고, 포스트잇 2장씩을 건네자. 그러면서 한 장에는 장점, 한 장에는 단점을 적어달라고 부탁하자. 적어도 5명에게 부탁을 한 후 작성한 것을 받아서 자기 생각과 일치하는 부분을 다음 활동지에 옮겨 적도록 한다. 물론 다른 사람이 적은 것을 받기 전에 자신이 생각하는 장점과 단점을 미리 적어놓는 것이 중요하다.

	장점	단점
내가 생각하는		
부모님이 생각하는		
선생님이 생각하는		
친구들이 생각하는		

작성이 끝난 후에는 공통점과 차이점을 찾아낸다. 그리고 공통점과 차이점을 적어 표에 정리한다.

	장점	단점
공통점		
차이점		

지인을 통한 재능 탐색

	장점	단점
내가 생각하는	나만의 스트레스 해소법이 있다. 항상 최선을 다한다. 긍정적이다. 눈썰미가 좋다. 인내심이 깊다. 논리적이다. 잘 웃는다. 기억력이 좋다. 손이 야무지다. 잘 논다.	벼락치기를 한다. 한번 집중하기까지 시간이 오래 걸린다.
부모님이 생각하는	하나님께 의지한다. 최선을 다한다(성실하다). 항상 노력한다. 생각이 반듯하다. 사랑이 넘친다. 잘 웃는다. 정직(솔직)하다. 가치관이 뚜렷하다. 스트레스 해소법을 가지고 있다. 손이 야무지다. 눈썰미가 좋다. 패션 감각이 좋다. 노래를 잘한다. 위트 있다.	해야 할 일을 미리미리 하지 않고 벼락치기 한다.
선생님이 생각하는	반듯하다. 성실하다. 최선을 다해 노력한다. 태도가 좋다. 책임감이 있다. 리더십이 있다. 착하다. 적극적이다. 좋은 취미를 가지고 있다. 선생님 말씀을 잘 듣는다. 친구들과 잘 지낸다.	하나의 일을 너무 완벽하게 하려고 한다.
친구들이 생각하는	똑똑하다. 손재주가 좋다. 일을 재미있게 한다. 목소리가 좋다. 패션 감각이 뛰어나다. 착하다. 잘 논다. 친해지고 싶게 생겼다. 성실하다. 잘 공감한다. 노래를 잘 한다.	약속을 잘 못 지킨다.

공통점	성실하다. 최선을 다해 노력한다. 반듯하다. 리더십이 있다. 재미있다. 패션 감각이 뛰어나다. 잘 논다. 손이 야무지다. 노래를 잘하고 목소리가 좋다. 정직하고 책임감이 있다.	벼락치기를 한다.
차이점	기억력이 좋다.	하나의 일을 너무 완벽하게 하려고 한다.

지인을 통한 재능 탐색 사례

일상 속 가치관을 통해 바라본 '나'

(1) 지배가치 게임

"좋은 기회와 나쁜 기회를 가리는 것이 문제가 아니라, 좋아 보이는 많은 것들 중에서 최선의 것을 택하는 것이 바로 너의 과제다."

- 고든 맥도널드 《내면세계의 질서와 영적 성장》 p152

인생에서 선택의 문제는 좋은 것과 나쁜 것을 가리는 것이 아니다. 많은 좋은 것들 중에서 더 좋은 것을 선택하는 문제이다. 필자는 수업 시간에 지배가치 게임을 통해 학생들이 자신의 지배가치를 찾고, 지배가치의 우선순위를 정할 수 있도록 돕고 있다. 많은 학생들이 지배가치를 찾는 것을 즐거워하지만, 우선순위를 정하는 것은 어려워한다. 모두가 자신에게 중요한 가치인데, 우선순위를 정하라고 하니, 어떤 것을 정해야 될지 어렵다고 한다. 학생들은 이러한 과정을 통해서 선택의 문제는 좋은 것과 나쁜 것의 선택이 아닌, 많은 좋은 것들 중에서 더 좋은 것을 선택하는 것의 문제라는 것을 깨닫게 된다.

학교에서 학생들을 대상으로 한 게임 방식을 적어보겠다. 독자들도 함께하면서 자신의 지배가치를 찾고, 우선순위를 정해보았으면 좋겠다.

게임 방식은 매우 간단하다. A4용지 한 장과 펜을 들고 아무에게도 방해받지 않는 조용한 장소로 이동한다. A4용지를 아래처럼 12등분으로 나눈다. 아래 예시에서 번호는 설명을 위하여 붙인 것이니, 독자들은 작성하지 않아도 된다.

1	2	3
4	5	6
7	8	9
10	11	12

1번 칸 '나'를 제외한 가족 중 중요한 사람 적기
　　　　예) 부모님, 엄마, 아빠, 할머니, 동생, 언니

2번 칸 소중하다고 생각하는 친구 이름 적기

3번 칸 내가 가장 존경하는 사람의 이름 적기
　　　　(앞에 적었던 사람과 중복 안 되게 적기)

4번 칸 본인이 원하는 직업 또는 대학, 전공 적기

5~12번 칸 아래 표의 가치 목록을 보고 자신
　　　　　이 중요하게 여기는 가치 적기

※ 4번 칸까지 작성하지 못한 것은 아래 가치 목록
　중에서 택하여 채워넣자.

가치 항목	의미
권력	사회를 통제하여 다스리는 힘
정의	차별과 편견, 불의가 없는 세상을 만드는 삶
예술	예술의 아름다움을 추구하며 사는 삶
건강	질병 없이 활기차게 오래 사는 삶
지식	인간과 사물에 대한 진지한 탐구와 온전한 이해를 추구하는 삶
부	물질적으로 풍부한 삶
안정	소중한 것들을 지키며 위협 없이 사는 삶
성취	노력을 통해 어려움을 극복하고 과제를 해결하는 삶

봉사	고통받는 사람들을 사랑하고 도와주는 삶
명예	남들에게 존경받고 사회적 지위를 보장받는 삶
성실	정성스럽고 참된 태도로 사는 삶
정직	거짓이나 꾸밈없이 진실하게 사는 삶
용기	힘이나 고난에 굴복하지 않는 삶
사랑	인종이나 국경을 넘어 인간을 아끼고 베푸는 삶
개척	아무도 손대지 않은 새로운 분야를 닦아나가는 삶
도전	어려운 과제에 정면으로 부딪히는 삶
자아실현	자신이 하는 일에 보람을 느끼는 삶
신념	평생 지키고 믿으며 지향하는 생각
자유	원하는 것을 마음껏 할 수 있는 자유로운 삶

※ 고봉익, 윤정은 《진로 로드맵》 p112 참조

이번에는 가치의 우선순위를 매기는 활동을 해보겠다. 앞에서 작성한 가치를 12조각으로 자르자(1조각에 가치 1개씩). 가치의 우선순위를 정할 때는 선택에서 제외되는 것을 내려놓는 방식으로 진행한다. 처음에는 12개의 가치 중에서 자신의 삶에 덜 중요한 가치를 4개 골라 바닥에 내려놓는다. 남은 8개의 가치 중에서도 자신의 삶에 덜 중요한 가치 3개를 골라 내려놓자. 학생들이 여기까지는 꽤 잘한다. 그러나 5개가 남은 이때부터 굉장히 어려워한다. 그 안에는 인생에서 중요하다고 생각하는 5개의 가치가 들어 있기 때문이다. 그러나 인생에서 선택의 문제는 좋은 것들 중에서 더 좋은 것을 선택하는 것이다. 다시 5개의 가치 중에서 덜 중요한 것 2개를 골라 내려놓자. 이제 3개가 남았다. 이 3개는 자신이 인생에서 정말 중요하게 생각하는 가치일 것이다. 그러나 그것들을 유심히 살펴보면, 미세하게나마 우선순위를 둘 수 있을 것이다. 3개를 1, 2, 3순위로 나눠보자.

이제 아래 표에 내려놓은 순서대로 작성해보자. 제일 위 4칸은 처음 내려놓은 4개를 적으면 된다. 이때 4개 중에 순서는 고려하지 않아도 된다. 그 아래 3칸은 두 번째 내려놓은 3개를 적으면 된다. 그 아래 2칸은 세 번째 내려놓은 2개를 적자. 그 아래에 3순위, 제일 밑에 2순위 가치를 적고, 옆의 최종 선택 칸에 1순위 가치를 적는다. 제목 칸에는 '○○살 나의 지배가치'라고 적으면 된다.

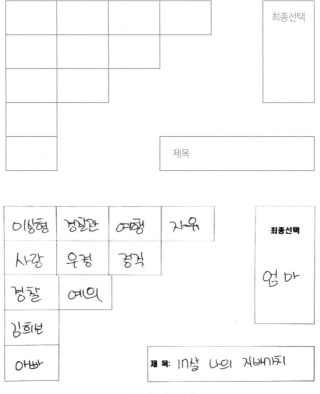

지배가치 게임 사례

1~3순위까지의 가치는 아래 양식지에 적고, 그것을 선택한 이유까지 작성한다. 1~3순위의 가치를 옮겨적을 때 부모님, 친구 등이 있을 경우는 그대로 작성하지 말고, 부모님은 '가족'으로 친구는 '우정'으로 변환해서 작성하는 게 좋다.

1순위 가치를 핵심가치라고 부른다. 핵심가치는 자기 가치관의 본질이다. 물론 현재 여러분의 핵심가치가 여러분 삶의 최종적인 핵심가치로 정해질지는 아직 모른다. 핵심가치를 정립하기까지는 오랜 과정이 걸린다. 그렇기 때문에 우선순위가 높은 3순위까지의 가치를 '핵심가치 후보군'으로 정하고 지속적으로 점검을 해야 한다. 경우에 따라서는 3순위 안에 들지 못했던 가치가 시간이 지나서 핵심가치 후보군 안에 들어오기도 하고, 심지어는 핵심가치로 자리매김하기도 한다. 일상생활의 선택의 과정을 돌아보며 자신의 핵심가치가 무엇인지 점검하는 연습을 해야 한다. 이 과정을 핵심가치가 변하지 않을 때까지 반복해야 한다.

	가치	이유
1순위		
2순위		
3순위		

	가치	이유
1순위	가족	가족이 없다면 슬프고 어떤 다른 것과 바꿀 수 없을 정도로 소중하다고 생각하기 때문에.
2순위	비전	목표가 있어야 의미 있는 삶을 살 수 있을 것 같고 원하는 것을 하는데 있어 꼭 필요한 가치이기 때문에.
3순위	우정	서로 소중한 친구라면 의지할 수 있으며 인생에서 인간 관계는 가장 중요하다고 생각하기 때문에.

나의 지배가치 사례

지배가치 게임의 의의

지배가치 게임의 의의는 학생들에게 무거운 주제인 '가치'에 대해 고민해보게 하고, 자신의 가치를 드러내는 것에 있다. 물론 학생들이 자신의 삶의 가치에 대해 고민할 시간이 많지 않기에 게임을 통해 작성한 가치가 자신이 본연적으로 지향하는 가치가 아닐 수도 있다. 그러나 이 게임의 목적은 자신의 가치에 대해 1차적으로 작성을 해보는 것에 있다.

---

(2) 가치관 점검 활동

"어떤 사람이 변했다고 말하는 것은 그 사람의 본질적인 성격이 변했다는 것이 아니라 가치관이나 희망사항이 변했음을 의미한다. 만일 인생의 변화를 꿈꾼다면 가치관을 바꿔야 하는 이유가 바로 여기에 있다고 봐야 한다."

– 마커스 버킹엄 등 《위대한 나의 발견 강점 혁명》 p63

얼마 전 스승의 날을 앞두고 졸업한 제자가 찾아왔다. 1년간 해외봉사 활동을 다녀와서 며칠 전에 귀국했는데 선생님을 뵙고 싶어 찾아왔다고 했다. 1학년 때 학급 담임을 할 때는 매사에 부정적이고, 개인주의적인 성향이 커서 많은 고민을 안겼던 학생이었다. 그러나 2, 3학년 때 학교 학습 멘토로 봉사를 하면서 조금씩 달라지더니, 대학생이 된 후에 다양한 봉사 활동에 참여하며, 완전히 달라진 모습을 보이고 있다.

그 제자가 이렇게 변할 수 있었던 것은 가치관이 변했기 때문이다. 자신의 행복에 가장 큰 가치를 두었던 삶에서 멘토 등 다양한 활동을 통해 타인에게 봉사하는 삶에 더 가치를 두게 된 것이다. 사람이 변했다고 하는 것은 본질적인 성격이 변했다는 것이 아니라 가치관이 변했다고 보아야 정확할 것이다. 가치관은 우리의 생각과 행동에 영향을 주어 변화된 삶을 살 수 있게 도와준다.

물론 이 제자처럼, 가치관의 변화가 긍정적인 방향으로만 변화하지는 않는다. 오히려 그 반대 방향으로 변화하기도 한다. 타인을 배려하며 학교생활을 멋지게 해냈던 학생들 중에서 대학교 또는 군대의 좋지 않은 환경에 영향을 받아 내면에 부정적인 가치관이 크게 자리한 학생도 있었다.

결국 가치관은 올바른 방향으로 변하기도 하고, 그릇된 방향으로 변하기도 한다. 지배가치 게임 수업의 마지막은 자신의 가치관을 점검하는 활동이다. 이를 통해 자신의 가치관이 어떤 상태인지 점검해볼 수 있다.

점검 방법은 간단하다. 빙산 그림을 보여주며, 자신의 지배가치가 다른 사람에게 보여주기 위한 빙산 위의 'Showing' 영역인지, 아니면 자신의 내부에서 발현되는 빙산 아래의 'Being' 영역인지 점검하면 된다.

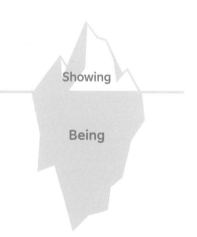

생각보다 우리의 가치관은 주변 사람들에 의해서 주입된 경우가 많다. 다음 활동의 빈곳을 채우며 자신의 가치관을 점검해보자.

가치관 점검 활동

❶ 자신의 지배가치 게임에서 쓴 것을 빙산 위의 영역과 빙산 아래 영역으로 나누어보세요.

· 빙산 위의 영역 :
· 빙산 아래의 영역 :

❷ 자신은 지금까지 어느 영역에 초점을 맞추고 살았나요?

❸ 진정으로 행복한 삶을 살기 위해서는 어떤 것에 우선순위를 두고 살아야 할지 생각해보세요.

활동지 기록이 끝났다면 18세기 미국에서 가장 커다란 업적을 남긴 벤저민 프랭클린이 추구한 지배가치를 자신이 기록한 지배가치와 비교해보자.

가치 항목	벤저민 프랭클린이 정의한 해당 가치의 의미
절제	배부르도록 먹지 말라. 취하도록 마시지 말라.
침묵	자신이나 남에게 유익하지 않은 말은 하지 말라. 쓸데없는 말은 피하라.
질서	모든 물건을 제자리에 정돈하라. 모든 일은 시간을 정해놓고 하라.
결단	해야 할 일은 하기로 결심하라. 결심한 것은 꼭 이행하라.
절약	자신과 다른 이들에게 유익한 일 외에는 돈을 쓰지 말라. 즉, 아무것도 낭비하지 말라.
근면	시간을 허비하지 말라. 언제나 유용한 일을 하라. 안 해도 될 행동은 끊어 버려라.
진실	남을 일부러 속이려 하지 말라. 순수하고 정당하게 생각하라. 말과 행동이 일치하게 하라.
정의	남에게 피해를 주거나 응당 돌아갈 이익을 주지 않거나 하지 말라.
중용	극단을 피하라. 상대방이 나쁘다고 생각되더라도 홧김에 상처를 주는 일을 삼가라.
청결	몸과 의복, 습관 상의 모든 것을 불결하게 하지 말라.
침착	사소한 일, 일상적인 일이나 불가피한 일에 흔들리지 말라.
순결	건강이나 자손 때문이 아니라면 성관계는 피하라. 감각이 둔해지거나 몸이 약해지거나, 자신과 다른 이의 평화와 평판에 해가 될 정도까지 하지 말라.
겸손	예수와 소크라테스를 본받으라.

※ 벤저민 프랭클린《프랭클린 자서전》참조

일상 속에서의 자아 탐색 과정을 통해 학생들은 충분한 자아 탐색의 시간을 가졌으리라 본다. 지금까지 주관적 방법으로 자신의 흥미를 파악했다면 이제부터는 과학적으로 개발된 표준화된 검사를 활용하여 '나'를 살펴보도록 하자. 자신의 특징을 객관적으로 파악할 수 있는 귀한 시간이 될 것이다.

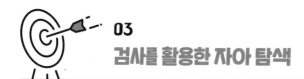

03
검사를 활용한 자아 탐색

흥미 검사를 통해 바라본 '나'

커리어넷의 직업 흥미 검사를 통해 자신의 흥미코드를 파악할 수 있게 되고 흥미코드와 관련된 관심직업을 선정할 수 있게 된다. 검사 방법과 검사 결과를 프로파일에 정리하는 방법은 P. 148을 참고하자.

적성검사를 통해 바라본 '나'

커리어넷의 직업 적성검사를 통해 자신의 강점지능을 파악할 수 있게되고, 강점지능과 관련된 관심직업을 선정할 수 있게 된다. 검사 방법과검사 결과를 프로파일에 정리하는 방법은 P. 149를 참고하자.

가치관 검사를 통해 바라본 '나'

커리어넷의 직업 가치관 검사는 직업 선택에 영향을 주는 가치관을 검사하여 직업 의사결정 시 도움을 주는 검사이다. 검사 방법과 검사 결과를 프로파일에 정리하는 방법은 P. 150을 참고하자.

MBTI 검사를 통해 바라본 '나'

MBTI검사를 통해 자신의 성향에 대해 알아보자. 성향은 자신이 편하게 여기는 것, 자신이 익숙하게 여기는 것을 말한다. 자신의 성향을 잘 안다면 다른 사람의 평가에 좌지우지 하지 않고 자신을 잘 지켜나갈 수 있게 되고 직업을 선택할 때도 많은 도움이 된다. 검사 방법과 검사 결과를 프로파일에 정리하는 방법은 P. 151을 참고하자.

직업 흥미 검사

'커리어넷' 앱에서 '직업 흥미 검사(H)' 실시

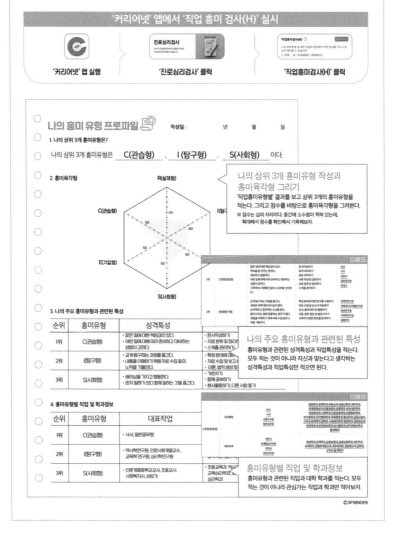

'커리어넷' 앱 실행 ▷ '진로심리검사' 클릭 ▷ '직업흥미검사(H)' 클릭

나의 흥미 유형 프로파일 작성일 : 년 월 일

1. 나의 상위 3개 흥미유형은?

나의 상위 3개 흥미유형은 C(관습형) , I(탐구형) , S(사회형) 이다.

2. 흥미육각형

> **나의 상위 3개 흥미 유형 작성과 흥미육각형 그리기**
> '직업흥미유형별' 결과를 보고 상위 3개의 흥미유형을 적는다. 그리고 점수를 바탕으로 흥미육각형을 그려본다.
> ※ 점수는 십의 자리이다. 중간에 소수점이 찍혀 있는데, 확대해서 점수를 확인해서 기록해보자.

3. 나의 주요 흥미유형과 관련된 특성

순위	흥미유형	성격특성
1위	C(관습형)	• 맡은 일에 대한 책임감이 있다. • 어떤 일에 대해 미리 준비하고 대비하는 성향이 강하다.
2위	I(탐구형)	• 깊게 탐구하는 과정을 즐긴다. • 내용을 이해하기 위해 자료 수집 등의 노력을 기울인다.
3위	S(사회형)	• 배려심을 가지고 경청한다. • 혼자 일하기 보다 함께 일하는 것을 즐긴다.

> **나의 주요 흥미유형과 관련된 특성**
> 흥미유형과 관련된 성격특성과 직업특성을 적는다. 모두 적는 것이 아니라 자신과 맞다고 생각하는 성격특성과 직업특성만 적으면 된다.

4. 흥미유형별 직업 및 학과정보

순위	흥미유형	대표직업
1위	C(관습형)	• 사서, 일반공무원
2위	I(탐구형)	• 역사학연구원, 인문사회계열교수, 교육학 연구원, 심리학연구원
3위	S(사회형)	• 인문계중등학교교사, 초등교사, 사회복지사, 상담사

> **흥미유형별 직업 및 학과정보**
> 흥미유형과 관련된 직업과 대학 학과를 적는다. 모두 적는 것이 아니라 관심가는 직업과 학과만 적어보자.

© 3P BINDER

직업 적성검사

'커리어넷' 앱에서 '직업 적성검사' 실시

'커리어넷' 앱 실행 → **'진로심리검사' 클릭** → **'직업적성검사' 클릭**

나의 직업 적성 프로파일 🔍   작성일 :   년   월   일

1. 나의 상위 3개 적성은?

나의 상위 3개 적성은 **수리·논리력**, **언어능력**, **대인관계능력**

> 나의 상위 3개 적성 영역 작성
> 상위 3개 적성 영역을 작성한다.

2. 나의 직업 적성 십일각형

> 나의 직업 적성 십일각형 그리기
> 직업적성영역별 결과를 보고 십일각형을 그린다.

3. 상위 3개 적성 특징 적어보기

순위	적성영역	적성 설명
1위	수라논리력	논리적으로 사고하여 문제를 해결하는 능력
2위	언어능력	말, 글로 자신의 생각과 감정 표현, 다른 사람의 글을 잘 이해할 수 있는 능력
3위	대인관계능력	조직 속에서 구성원들과 협조적이며 원만한 관계를 유지하는 능력

> 상위 3개 적성영역의 특징 적어보기
> 적성에 대한 설명을 적고, 적성의 특징은 '강화방법'의 내용 중에 자신이 잘하는 부분을 찾아서 적는다.

4. 하고 싶은 직업 고르기

순위	적성영역	하고싶은 직업
1위	수라논리력	자연계중등학교교사, 경영컨설턴트, 금융자산운용가(펀드매니저), 투자분석가(애널리스트)
2위	언어능력	인문계중등학교교사, 장학사, 교육학연구원, 역사학연구원, 심리학연구원, 인문사회계열교수
3위	대인관계능력	유치원교사, 헤드헌터, 사서, 일반공무원

> 적성영역별 직업 및 학과정보
> 1~3순위 적성영역에 제시된 직업 중 자신이 하고 싶은 직업을 골라서 적는다.

직업 가치관 검사

'커리어넷' 앱에서 '직업 가치관 검사' 실시

'커리어넷' 앱 실행 ▶ '진로심리검사' 클릭 ▶ '직업가치관검사' 클릭

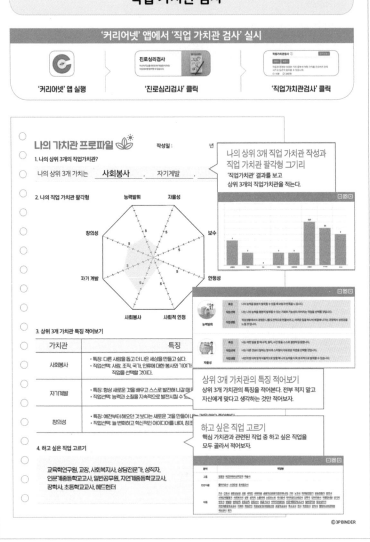

나의 가치관 프로파일 🌱   작성일 :   년

1. 나의 상위 3개의 직업가치관?

나의 상위 3개 가치는   사회봉사 ,   자기계발 ,

2. 나의 직업 가치관 팔각형

(팔각형 그래프 축: 능력발휘, 자율성, 보수, 안정성, 사회적 안정, 사회봉사, 자기 계발, 창의성)

나의 상위 3개 직업 가치관 작성과 직업 가치관 팔각형 그리기
'직업가치관' 결과를 보고 상위 3개의 직업가치관을 적는다.

3. 상위 3개 가치관 특징 적어보기

가치관	특징
사회봉사	• 특징: 다른 사람들을 돕고 더 나은 세상을 만들고 싶다. • 직업선택: 사랑, 조직, 국가, 인류에 대한 봉사와 기여가 높은 직업을 선택할 것이다.
자기계발	• 특징: 항상 새로운 것을 배우고 스스로 발전해 나갈 때 기쁘다. • 직업선택: 능력과 소질을 지속적으로 발전시킬 수 있는 직업을 선택할 것이다.
창의성	• 특징: 예전부터 해오던 것 보다는 새로운 것을 만들어 내는 것에 흥미가 있다. • 직업선택: 늘 변화하고 혁신적인 아이디어를 내어, 창조적인 직업을 선택할 것이다.

상위 3개 가치관의 특징 적어보기
상위 3개 가치관의 특징을 적어본다. 전부 적지 말고 자신에게 맞다고 생각하는 것만 적어보자.

하고 싶은 직업 고르기
핵심 가치관과 관련된 직업 중 하고 싶은 직업을 모두 골라서 적어보자.

4. 하고 싶은 직업 고르기

교육학연구원, 교장, 사회복지사, 상담전문가, 성직자,
인문계중등학교교사, 일반공무원, 자연계중등학교교사,
장학사, 초등학교교사, 헤드헌터

MBTI 프로파일 작성 TIP

무료 MBTI성격검사 사이트에서 실시

무료 성격유형검사 : 16Personalities
※ 검사 시간은 12분 내외입니다. 총 5단계의 과정이 있지
않으려면 솔직하게 답변하십시오. 가능하면 답변 시 '중
립'을 선택하지 마십시오. 0% 다른 시험용에서 쉽게 ...

검색창에 '무료 성격 유형검사'를 검색하거나
'16personalities'(www.16personalities.com/ko)
사이트 접속

검사 실시

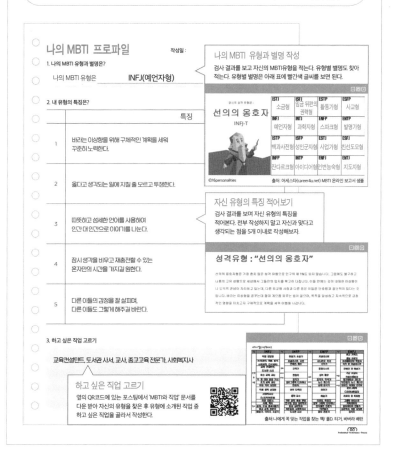

나의 MBTI 프로파일   작성일 :

나의 MBTI 유형과 별명 작성

검사 결과를 보고 자신의 MBTI유형을 적는다. 유형별 별명도 찾아
적는다. 유형별 별명은 아래 표에 빨간색 글씨를 보면 된다.

1. 나의 MBTI 유형과 별명은?

나의 MBTI 유형은   **INFJ(예언자형)**

2. 내 유형의 특징은?

	특징
1	바라는 이상향을 위해 구체적인 계획을 세워 꾸준히 노력한다.
2	옳다고 생각되는 일에 지칠 줄 모르고 투쟁한다.
3	따뜻하고 섬세한 언어를 사용하여 인간 대 인간으로 이야기를 나눈다.
4	잠시 생각을 비우고 재충전할 수 있는 혼자만의 시간을 가지길 원한다.
5	다른 이들의 감정을 잘 살피며, 다른 이들도 그렇게 해주길 바란다.

자신 유형의 특징 적어보기

검사 결과를 보며 자신 유형의 특징을
적어본다. 전부 작성하지 말고 자신과 맞다고
생각되는 점을 5개 이내로 작성해보자.

성격유형 : "선의의 옹호자"

선의의 옹호자형은 가장 흔치 않은 유형으로 인구에 겨 1%도 되지 않습니다. 그럼에도 불구하고
나름의 고유 성향으로 세상에서 그들만의 입지를 확고히 다집니다. 이들 안에는 강한 내재된 이상향으
나 도덕적 관념이 자리하고 있으며, 다른 유형과 사뭇 다른 점은 이들은 단순히 공상하지 않다는 것
입니다. 바라는 이상향을 공부하며 결과를 제안을 표명는 것이 있으며, 목표를 달성하도 지속적으로 꾸준
적인 행동을 이끌고 구체적으로 계획을 세워 이행을 나섭니다.

3. 하고 싶은 직업 고르기

교육컨설턴트, 도서관 사서, 교사, 종교교육 전문가, 사회복지사

하고 싶은 직업 고르기

옆의 QR코드에 있는 포스팅에서 'MBTI와 직업 문서를
다운 받아 자신의 유형을 찾은 후 유형에 소개된 직업 중
하고 싶은 직업을 골라서 작성한다.

출처:나에게 꼭 맞는 직업을 찾는 책/ 폴D. 티거, 바바라 배런

자아 탐색 종합 프로파일

이 과정을 잘 따라온 학생들에게는 '나의 흥미 유형 프로파일', '나의 직업 적성 프로파일', '나의 가치관 프로파일', '나의 MBTI 프로파일'이라는 4가지 종류의 프로파일이 생겼을 것이다. 이 자료를 가지고 '자아 탐색 종합 프로파일'을 작성해보자. '자아 탐색 종합 프로파일'의 1번에는 이전에 작성한 4가지 프로파일을 보고 검사 결과와 직업을 적는다. 눈치챈 학생들도 있겠지만 사실 각각의 프로파일의 마지막 문항은 모두 직업과 관련된 질문이었다. 1번에서 작성한 직업을 토대로 그중에서도 가장 하고 싶은 직업 순으로 세 개를 골라 고른 이유와 함께 2번에 작성한다. 세 개를 고르기 어려우면 중복해서 추천된 직업 중에서 가장 많이 나온 순으로 세 개를 골라보자. 많은 학교에서 진로관련 검사를 한 후에 추후 활동을 진행하지 않는 경우가 많은데, 이 책을 읽는 여러분은 검사로 끝내지 말고 자신에게 적합한 직업을 탐색해가는 과정까지 에너지를 쓰길 바란다.

1. 각 영역별 결과를 적어보고 하고 싶은 직업을 적어보세요.

검사종류	결과	하고 싶은 직업
직업 흥미 검사	C(관습형) I(탐구형) S(사회형)	공무원, 교사, 상담가, 교육학 연구원, 사서
직업 적성검사	수리논리력 언어능력 대인관계능력	교사, 경영컨설턴트, 교육학 연구원, 사서, 공무원
직업 가치관 검사	사회봉사 자기계발 창의성	교육학 연구원, 교장, 교사, 공무원
MBTI 성향검사	INFJ(예언자형)	교육컨설턴트, 사서, 교사, 사회복지사

2. 앞에서 작성한 직업 중에서 관심직업을 3개 이내로 적고 이유를 간략히
   적어보세요.

직업	이유
교사	교육에 관심이 많다. 가르치는 것을 좋아한다.
공무원	여유있는 시간이 좋다. 내 성격이랑 잘 맞는다.
사서	조용한 분위기에서 책 읽는 것을 좋아한다. 책 추천하는 것을 좋아한다.

자아 탐색 종합 프로파일 사례

'나'라는 기준점에서 시작하는 직업 탐색

할머니 한 분이 환한 불빛 아래에서 무언가를 찾고 있었다. 지나가던 행인이 할머니에게 물었다.

"할머니, 무엇을 찾고 계세요?"

"응, 반지를 잃어버려서 찾고 있어."

"이곳에서 반지를 잃어버리셨나요?"

"아니, 여기로 오다가 잃어버렸는데, 이곳이 환해서 여기에서 찾고 있어."

"할머니, 잃어버린 곳에서부터 찾으셔야죠!"

얼마나 많은 학생들이 이 할머니처럼 진로를 찾으려고 노력하는지 모른다. 많이 접해서 잘 알고 있는 직업들 중에서만 자신의 진로를 찾으려고 애를 쓴다. 그러나 직업 탐색은 잘 알고 있는 직업을 탐색하는 것이 아니라 자아를 기반으로 탐색하는 것이다. '나'라는 기준점에서부터 시작해야 자신에게 맞는 직업을 선택할 가능성이 높아진다. 가장 좋은 방법은 '자아 탐색 종합 프로파일'의 2번에 기입한 직업을 활용하는 것이다.

직업카드를 통해 직업 확장하기

청소년들이 알고 있는 직업의 수는 얼마나 될까? 수업 시간에 자신이 알고 있는 직업을 적어보라고 하면 대략 20여 개 정도를 적어 낸다. 아마 부모님들도 다르지 않을 것이다. 우리나라에 있는 직업의 수가 16,000개 정도 되는데, 학생들과 부모님들이 알고 있는 직업의 수는 너무 제한적이다. 그러다 보니, 모두 비슷한 직업을 정하게 된다.

직업에 대한 지식을 넓히는 데 가장 편한 방법은 직업카드를 활용하는 것이다. 시중에는 미래 사회의 변화까지 반영한 양질의 직업카드가 많이 나와 있다. 직업카드를 통해 직업에 대한 지식을 확대해서 다시 탐색해보면 의외로 많은 학생들이 처음 선정했던 3개의 직업 중 1~2개 정도는 바뀌게 된다.

대부분의 학교에서는 진로진학상담부에 직업카드를 구비해놓고 있다. 직업카드로 직업을 탐색해보고 싶다고 요청한 후에 점심시간 등을 활용해서 직업카드 활동을 진행해보면 좋다. 직업카드는 적게는 150개에서 많게는 200개의 직업으로 구성되어 있다. 한 장씩 넘겨가며 직업에 대한 정보를 파악하고, 그중 자신이 하고 싶은 직업을 20개 이내로 골라본다. 20개 이내로 고른 직업을 아래의 양식지에 적어본다.

관심 직업

처음 선정한 직업 3개		

    20개의 직업 중에서 좀 더 관심이 가는 직업 5개를 동그라미로 표시한다. 그전에 선정했던 3개의 직업까지 포함하면 8개 정도의 관심 직업이 생겼을 것이다(앞서 선정한 직업과 중복되는 것이 있다면 8개 이하가 될 수도 있다).

    이제 8개의 직업을 모두 비교한 뒤 가장 하고 싶은 직업 3개를 다시 골라본다. 그리고 이번에는 하고 싶은 이유를 직업 카드에 적혀 있는 정보 등을 바탕으로 좀 더 자세히 작성해본다.

관심 직업	이유(좀 더 자세히)

관심 직업
사서, 일반공무원, 교사, 교육학연구원, 사회복지사, 상담가, 장학사, 경영컨설턴트, 교장, 역사학연구원, 헤드헌터, 유치원교사, 심리학연구원, 신약개발연구원, 환경 공학 기술자, 폐기물 에너지 연구원

처음 선정한 직업 3개		
교사	공무원	사서

관심직업	이유(좀 더 자세히)
교사	학생들을 가르치는 교육에 관심이 많고 다른 사람을 도와서 성장하는 모습을 볼 때 성취감을 느끼고 행복하기 때문이다.
교육학연구원	교육학 관련 책을 많이 읽을 정도로 교육에 관심이 많다. 공교육이 정상화되기 위해 고민하며 연구하는 것을 경험해보고 싶다.
사서	조용한 분위기에서 책 읽는 것을 좋아하고 책 추천하는 것을 좋아한다. 책을 통해 사람들이 변화하고 성장하는 것을 보면 행복하다.

직업카드를 통해 직업 확장하기 사례

이제는 선정한 3개의 직업을 좀 더 깊이 있게 들여다볼 차례이다. 먼저 직업 정보를 작성해보며, 자신이 가지고 있는 특질과 맞는지 확인해보자. 대부분의 직업카드에는 직업에 필요한 특질들이 제시되어 있다.

관심직업 :		
	직업카드	본인
흥미 검사유형		
적성검사 영역		
직업 성격		

다음 직업카드를 예로 들어 설명한다.

직업흥미코드는 카드 왼쪽 위에 표기된 바대로 S(사회형) I(탐구형)이다. 직업적성은 아랫부분에 있는 언어능력, 자기성찰능력이다. 직업에 필요한 성격은 사명감과 책임감이 강한 성격으로 제시 되어 있다. 이 내용을 표에 작성해보면 다음과 같다.

교육과학사 직업카드200

관심직업 : 교사		
	직업카드	본인
흥미 검사유형	S(사회형) I(탐구형)	
적성검사 영역	언어능력, 자기성찰능력	
직업 성격	사명감과 책임감이 강한 성격	

본인 영역에는 이전에 검사했던 내용을 참고해서 작성하면 된다. 성격은 MBTI검사 결과를 참고하여 작성한다.

직업정보 탐색 - 직업정보탐색 프로파일 작성

다음으로는 직업정보를 작성해보자. 직업정보를 탐색하는 방법은 두 가지가 있다. 하나는 커리어넷 직업정보를 바탕으로 파악하는 방법, 다른 하나는 워크넷에서 직업동영상을 보고 관련 내용을 정리하는 방법이다.

직업정보 탐색

'커리어넷' 앱에서 '직업정보 탐색' 실시

'커리어넷' 앱 실행

'직업·학과' 클릭

'직업정보' 클릭

○ 직업정보탐색 프로파일

작성일:　년　월

관심직업	인문계중등학교
직업기초정보	인터넷 정보 탐색 내용
하는 일	· 인문계중등학교교사는 국공·사립 중등학교에서 교육과정에 따라 학생들에게 인문계 교과목을 가르치고 지도하는 업무를 수행한다. · 단순한 지식을 전달하는 사람이 아니라 인생에서 가장 중요한 시기인 청소년기를 보내는 학생에게 가치관을 형성하는 데 도움을 주는 인도자의 역할을 한다. · 학교의 교육 계획과 수업 이수 등을 고려하여 학생이 전담하는 과목의 학습 안을 설계하고, 교과세 등 각종 자료를 다양한 교재를 활용하여 수업을 진행한다. · 학생들의 다양한 고민을 상담하고 필요한 경우 학부모와도 상담을 하며, 진로지도를 비롯한 생활지도를 한다.
적성 및 흥미	· 인문계중등학교교사는 학문에 대한 통찰력, 리더십, 판단력, 분석력 그리고 능력이 필요하며 원만한 수업진행을 위한 정확한 언어 구사 능력이 필요하다. · 학생들을 '바르게' 지도하는 것이 '가장 중요한 업무'이므로 교육자로서 투철한 사명 의식과 책임감이 필요하며, 교육과 학생에 대한 열정과 애정이 요구된다.
입직(직업입문) 및 취업방법	· 국공립 중학교와 고등학교 교사가 되기 위해서는 중등학교 2급 정교사 자격 취득 후 각 시도교육청에서 시행하는 중등교사 임용시험에 합격해야 한다. 중등교사 임용시험은 총 2차로 구성되어 있으며, 1차 시험에서는 교육학 전반과 전공지식을 논술형, 기입형, 서술형으로 평가한다. 2차 시험에는 심층면접, 지도안 작성, 수업능력 평가 등이 포함되어 있다. · 사립 중학교와 고등학교 교사는 결원이 추가 모집되는 경우에 대학의 추천, 채용사이트, 신문 공고 등을 통해 지원할 수 있으며, 학교재단 사학재단의 이사회의 결정을 통해 채용될 수 있다.
고용현황	· 중고등학교교사의 종사자 수는 220,000명이며, 교원 1인당 학생 수를 감소시키기 위한 정부의 정책으로 고용의 상태를 유지할 것으로 보이나 장기적으로는 저출산으로 학령인구가 급격히 감소하면서 향후 10년간 고용은 연평균 -0.8% 감소할 것으로 전망된다.
임금수준	· 중고등학교교사의 평균연봉은 3725만원이다.
준비방법 (정규교육과정)	· 인문계중등학교교사가 되기 위해서는 중등학교 2급 정교사 자격을 취득 해야하며, 이를 위해 일정수준의 규교육을 받아야 한다. · 인문계열의 사범대학에 입학하여 4년 동안 교육과 실습을 받거나, 교직과정이 개설된 학과에서 교직이수를 하면 중등학교 2급 정교사 자격을 취득할 수 있다. · 교직과정이 개설되지 않은 4년제 대학을 졸업한 경우에는 교육대학원 또는 교육부장관이 지정한 대학원에서 석사학위를 받음으로써 해당 전공과 관련되는 교과의 중등학교 2급 정교사 자격을 취득할 수 있다.
관련 자격증	· 인문계중등학교교사와 관련된 국가기술자격으로는 교육부가 주관하는 중등학교 정교사 1급, 2급 자격이 있다. · 인문계열의 사범대학에 입학하여 4년 동안 교육과 실습을 받거나, 교직과정이 개설된 학과에서 교직이수를 하면 중등학교 2급 정교사 자격을 무시험 검정으로 취득할 수 있다.

관심직업을 검색하여 필요한 정보를 찾아서 양식지에 옮기기
(ex. 인문계중등학교교사 예시)

양식지를 동일한 순서로 기록할 수 있도록 만들었다. 작성할 때는 내용을 전부 기록하지 말고 핵심적인 내용만 추려서 기록하면 된다. 직업개요에서 정보를 다 작성했던면 옆에 취업현황/문의기관, 직업전망을 클릭하여 직업정보를 작성해보자.

🔍 인문계중등학교교사

나의 관심직업	직업정보 검색설정

총 1 개　　　　　○ 초기화

인문계중등학교교사
· 인문계중등학교교사는 국공·사립 중등학교에서 교육과정에 따라 학생들에게 인문계교과목을 가르치고 생활을 하는 업무를 수행한다.

중등학교교사, 중학교교사, 고등학교교사

전공: 3년만 이상	방전가능: 보통이만
고용등등: 매우좋음	

직업개요	취업현황/문의기관	직업전망	능력/지식/환경

최종수정일 : 2020-03-07

핵심능력
언어능력, 자기성찰능력

유사직업명
중등학교교사, 중학교교사, 고등학교교사

관련학과/관련자격
관련학과 ▶ 윤리교육과, 국어교육과, 미술교육과, 영어교육과, 체육교육과
관련자격 ▶ 중등학교 1급 정교사, 중등학교 2급 정교사

하는 일
· 인문계중등학교교사는 국공·사립 중등학교에서 교육과정에 따라 학생들에게 전문계교과를 가르치고 생활을 지도하는 업무를 수행한다. 단순한 지식을 전달하는 사람이 아니라 인생에서 가장 중요한 시기인 청소년기를 보내는 학생에게 가치관을 형성하게 주는 인도자의 역할을 한다. 학교의 교육 계획과

직업동영상을 활용한 직업정보 탐색

'워크넷' 앱에서 직업동영상을 통한 '직업정보 탐색' 실시

'워크넷' 앱 실행

'직업진로' 클릭

'직업동영상' 클릭

직업확장정보	직업동영상 내용
직업정보관련	• 학교에서는 교사들이 담당하고 있는 일은 크게 두 가지 역할이 있다. 학습지도와 생활지도이다. 물론 학교의 행정적인 업무도 담당하지만 가장 우선시되는 게 학생들의 학업 역량을 키워주기 위한 학습지도와 생활적인 태도 면에서 올바르게 성장할 수 있도록 도와줄 수 있는 생활지도이다. • 교사들은 학생들을 잘 이해하고 따뜻한 마음이 필요하다. 질책하기 보다는 그들을 사랑으로 품어줄 수 있는 그런 자질이 필요하다. 성격이 밝더라도 교과 수업을 운영할 수 있는 역량과 함께 더불어서 학생들을 성장시킬 수 있는 역량이 필요하다. • 하루 종일 학생들과 가장 가까이에 생활하며 때로는 부모를 대신하는 역할을 수행해야 함으로 학생에 대한 열정과 애정이 필요하다.
직업준비관련 정보 (되는방법)	• 중등학교 선생님이 되기 위해 교직 자격증을 취득하기 위해 세가지 과정으로 나눠볼 수가 있다. 사범대 진학 하는 경우와 일반대 진학 후, 교직이수를 하는 경우, 그리고 교육대학원에 진학해 자격증을 취득하는 경우이다. • 일반대학에서 교직이수를 할 경우에는 정원 중 상위 10%에게만 기회가 주어지고, 교육대학원으로 진학할 경우에는 학부 전공과 대학원 전공이 동일해야 되므로 유의가 필요하다. • 중, 고등학교 교사로 취업을 할 경우, 사립 중등학교의 경우 별도의 시험을 거치기도 하며 국공립 중등학교의 경우는 중등 임용고시를 응시, 합격 후에 근무가 가능하다.

> '직업군'을 클릭하여 직업을 찾아 영상을 보며 필요한 내용을 양식지에 적기
> (ex. 중고등학교 교사 예시)
>
> 직업정보관련 내용과 직업준비관련 정보(되는 방법)를 나눠서 양식지에 기록하면 된다.

직업정보 동영상

중고등학교 교사
등록일 : 2017.04.14

[2017내일을 Job아리] 중,고등학...

관련동영상

목록

© 3P BINDER

160 어? 진로를 잡으니 학종이 보이네!

프로토타입 진로 정하기 - 직업의사결정 프로파일 작성

직업정보를 탐색했다면, 이제부터는 의사결정 양식지를 활용하여 프로토타입 직업을 선정해볼 차례이다. 의사결정이란 어떤 문제를 해결하기 위해 여러 대안 중 가장 적합한 대안을 선택하는 과정이다. 의사결정 유형에는 합리적 의사결정 유형, 직관적 의사결정 유형, 의존적 의사결정 유형 세 가지가 있다. 합리적 유형은 정보를 바탕으로 신중한 선택을 하는 유형이다. 직관적 유형은 감정에 근거하여 즉흥적으로 결정하는 유형이다. 의존적 유형은 다른 사람의 의견을 듣고 그대로 결정하는 유형이다. 각각의 유형은 장단점이 있기 때문에 일상생활에서 모두 필요한 의사결정 방법이다.

이번 장에서는 합리적 의사결정 방법의 틀에 직관적 의사결정 방법을 혼용하여 프로토타입으로 직업을 정하는 방법을 제시하겠다. 먼저 아래 표의 진하게 음영처리된 부분을 채워보자. '관심 직업명' 아래 세 개의 칸에는 앞에서 선정한 직업 3가지를 적는다. 그리고 '직업 가치관' 아래 세 개의 칸에는 '직업 가치관검사'에서 나온 상위 3개의 가치관을 적는다.

직업의사결정 프로파일

[5점 기준]

관심 직업명	자기탐색 요인			직업 요인				직업 가치관			합산
	흥미	적성	성격	하는일	자격증	취업전망	되는방법				
1											
2											
3											
최종선정 직업											

※ TMD 행진 1급 의사결정로드맵 참조

그다음으로는 '의사결정 점수 기준표'를 보며 점수를 부여한다. 이과정이 어려운 학생들을 위해 유튜브로 안내하고 있으니 QR코드를 찍어보자.

항목	기준				
	5점	4점	3점	2점	1점
흥미	직업흥미코드와 자신의 흥미코드가 일치 (SI-SI)	같은 코드가 있으나 뒤바뀌어 있거나(SI-IS) 앞부분 하나가 동일(SI-SC)	뒷부분 하나가 동일(SI-CI)	동일한 내용이 없음.(SI-RC)	X
적성	본인의 적성유형에 직업에서 필요한 적성이 모두 있을 경우	본인의 적성유형에 직업에서 필요한 적성이 50% 이상 있을 경우	본인의 적성유형에 직업에서 필요한 적성이 50% 이하 있을 경우	본인의 적성유형에 직업에서 필요한 적성이 없을 경우	X
성격	본인의 성격이 직업에서 필요하다고 제시한 성격과 매우 잘 맞음	본인의 성격이 직업에서 필요하다고 제시한 성격과 절반 이상 일치	본인의 성격이 직업에서 필요하다고 제시한 성격과 절반 정도 일치	본인의 성격이 직업에서 필요하다고 제시한 성격과 절반 이하로 일치	본인의 성격이 직업에서 필요하다고 제시한 성격과 잘 안 맞음
하는 일	직업에서 하는 일을 매우 잘 할 수 있을 것 같음	매우 잘하지는 못하지만, 보통 이상은 할 수 있을 것 같음	보통 정도 할 수 있을 것 같음	전혀 못하지는 않을 것 같으나 보통 이하로 할 것 같음	직업에서 하는 일을 전혀 못할 것 같음
자격증	무난하게 자격증을 취득할 것 같음 ※ 해당 직업에 자격증이 없는 경우	무난하지는 않지만 취득할 수 있을 것 같음	보통 정도 취득 가능성이 있음	취득을 못하지는 않겠지만, 어려울 것 같음	자격증 취득이 매우 어려울 것 같음

항목	기준				
	5점	4점	3점	2점	1점
취업전망	취업전망이 매우 밝음	취업전망 밝음	취업전망 보통	취업전망 밝지 않음	취업전망이 매우 밝지 않음
되는 방법	되는 방법 매우 잘 알고 있음	되는 방법 잘 알고 있음	되는 방법을 보통 정도 알고 있음	되는 방법 잘 모름	되는 방법 전혀 모름
직업가치	해당 직업가치를 매우 잘 실현할 수 있을 것 같음	해당 직업가치를 잘 실현할 수 있을 것 같음	보통 정도 실현 가능성이 있음	해당 직업가치를 실현할 수 없을 것 같음	해당 직업가치를 전혀 실현할 수 없을 것 같음

의사 결정 점수 기준표

[5점 기준]

	관심 직업명	자기탐색 요인			직업 요인				직업 가치관			합산
		흥미	적성	성격	하는일	자격증	취업 전망	되는 방법	사회 봉사	자기 계발	창의성	
1	교사	5	5	5	5	5	2	5	5	5	5	47
2	교육학 연구원	4	4	4	3	5	2	3	4	5	5	39
3	사서	3	3	3	4	4	2	4	4	4	4	35
최종선정 직업		교 사										

직업의사결정 프로파일 사례

사실 이렇게 한다고 자신에게 맞는 직업을 결정할 수 있냐는 의문을 제기할 수 있다. 옳은 지적이다. 이 방법을 통해 자신에게 맞는 직업을 결정할 수 있다는 보장은 없다. 그러나 이 과정을 통해 세 가지 유익을 얻을 수 있다.

첫째는 학생들이 처음으로 자신의 특성과 직업에서 원하는 특성을 구체적으로 비교하며 고민할 수 있다는 것이다. 대부분의 학생들은 막연히 자신의 특성이 직업에서 요구하는 특성과 일치해야 된다는 이야기만 들었지, 실제로 비교해 본 적이 거의 없다. 그러나 이 과정을 통해 실제적으로 고민을 할 수 있게 된다.

둘째는 학생들에게 직업 정보를 정확히 파악해야 자신에게 맞는 직업을 정확히 결정할 수 있다는 생각을 심어준다는 것이다. 어느 영역에서는 합리적이라기보다는 직관적인 방법으로 점수를 부여한 것도 있다. 직업정보와 자기에 대한 이해가 명확하지 않기 때문에 벌어지는 현상이다. 진행하면서도 조금은 불편했을 것이다. 그러한 불편함이 직업정보 탐색을 좀 더 정확히 하고자 하는 의욕을 불러일으킨다.

셋째는 직업 탐색에 대한 과제가 무의식에 플랜팅Planting 된다는 것이다. 우리 뇌는 인지 부조화 현상을 불편해한다. 인지 부조화는 자신이 지향하는 자아와 실제 자신의 모습 사이의 부조화를 의미한다. 학생들은 진로를 정확히 설정하고자 하는 자아와 실제로 그렇지 못한 자아 사이에 인지적인 부조화를 이루게 된다. 뇌에서는 무의식까지 동원하여 이러한 부조화를 해결하기 위해 노력한다. 이런 과정에서 이전에는 무의미하게 그냥 흘려듣던 정보 중에서 자신의 직업선택에 필요한 정보를 캐치하고 받아들일 수 있게 된다. 그런 정보들이 축적되면 어느 순간 자신에게 적합한 직업을 찾을 수 있게 된다.

학생 주도의 직업탐방

진로 탐색 과정을 크게 두 부분으로 나눈다면 직업탐방 이전과 이후 활동으로 나눌 수 있다. 직업탐방은 그동안 수행했던 자아 탐색을 가치 있게 만들어준다. 또한 이후 진행될 로드맵을 구체적으로 작성할 수 있는 능력을 부여해 학생들이 학교생활의 방향을 설계할 수 있도록 도와준다. 한마디로 진로를 위해 매우 중요한 활동이다. 중학교 때부터 직업탐방을 많이 했지만, 크게 변화되는 경험을 갖지 못했던 학생들은 동의하지 않을 것이다. 그러나 부정적으로 판단하기에 앞서 본인이 직업탐방을 어떻게 준비했고, 탐방 과정이 어떠했는지 돌아보았으면 좋겠다.

대부분 학교에서 직업탐방은 학생 개개인에게 맡기고 있다. 방학 때 다녀오라며 숙제를 내주는 식이다. 하지만 실상은 거의 다녀오지 않아 효과가 없다. 적극적인 학교는 학교에서 직업탐방을 주관한다. 직업인을 초청해서 부스식으로 진행하거나, 직업탐방 장소 및 직업인을 여럿

정해서 그룹별로 다녀오도록 안내한다. 이런 방식은 모든 학생들이 참여할 수 있다는 장점이 있다. 그러나 직업인 섭외에 한계가 있을 수밖에 없기 때문에 섭외를 못한 직업군을 희망하는 학생들의 불만이 생긴다. 또한 에너지 소모가 너무 많다. 많은 직업인을 섭외해야 되기 때문에 섭외 과정도 어렵고, 섭외가 되어도 많은 부스가 필요해 교사들의 피로도가 매우 크다. 가장 큰 문제는 직업탐방의 효과 역시 들인 에너지에 비해서 높지 않다는 것이다. 대부분 학생들은 선생님들이 준비해준 직업인을 만나기 때문에 수동적으로 참여하게 된다. 또한 교실에서 강의식으로 진행되기 때문에 자신이 원하는 정보를 정확하게 얻기가 어렵다.

필자가 근무하는 경안고에서는 몇 년 전부터 학생들이 자신에게 맞는 직업인을 찾아갈 수 있도록 안내하는 방법으로 직업탐방을 진행했다. 학생에게만 맡기지 않고 사전 준비를 제대로 했다. 우선 자아 탐색 교육을 체계적으로 진행하여 자신에게 적합한 직업을 찾고 싶다는 동기를 부여해주었다. 그 후의 직업탐방 과정에서도 탐방 직업인을 선정하는 방법부터 메일 보내는 법, 인터뷰 질문을 만드는 방법까지 체계적으로 안내했다. 이러한 과정을 통해 학생들은 직업탐방을 해보고 싶은 마음을 가질 수 있었다.

직업탐방 직업인을 섭외할 때는 10명 이상의 직업인들에게 메일을 보낸다. 답변을 기다리는 과정에서 간절함이 생기게 된다. 읽고 회신이 없거나 거절의 메일을 받게 될 때는 괜히 보냈나 하는 후회도 생기지만, 가능하다는 답 메일을 받았을 때는 '내가 해냈다'는 성취감을 가지게 된다. 이런 과정을 거친 학생은 선생님 손에 의해 따라가는 학생과는 비교할 수 없는 기대감을 갖고 직업탐방을 준비하게 된다. 직업인 인터뷰에 사용할 질문지도 성의껏 만들게 된다. 그 질문지로 인터뷰를 진행하다가 삶을 변화시키는 결정적인 만남을 갖게 되는 경우도 발생한다.

학생 주도로 섭외하며 진행하는 직업탐방의 유익은 정말 많이 있지만, 5가지로 정리할 수 있다. 첫째, 자신에게 맞는 정보를 얻을 수 있어 진로를 선정할 때 큰 도움을 받을 수 있다. 직업 탐방을 통해 진로에 대한 확신을 얻는 학생도 생기지만, 자신의 생각과 다른 실상을 발견하고 그 직업에 대한 미련을 버리고 다른 직업을 찾아보는 학생도 생긴다. 두 가지 경우 모두 장점이다.

둘째, 직업준비 과정에 대한 정보를 명확히 파악하여 로드맵을 구체적으로 그릴 수 있게 해준다. 인터뷰 질문을 만드는 과정에서 로드맵에 넣을 내용도 포함되기 때문에 차후 수업 때 진행하는 로드맵 작성 과정을 잘 수행할 수 있게 된다.

셋째, 가슴 뜀을 경험하여 실행력이 높아질 수 있다. 학생은 아무런 관계도 없는 자신을 만나준다는 생각에 직업탐방 전부터 직업인에 대한 호감을 가지게 된다. 직업인들도 자신에 대한 정보를 파악하고, 구체적인 질문을 준비해 직업탐방을 하는 학생들을 기특하게 바라보며 인터뷰에 응하게 된다. 직업탐방을 다녀온 학생들은 탐방발표를 할 때, 가슴 뜀을 경험했다는 내용의 말을 자주 한다. 이런 감정의 변화는 실행력의 강화를 가져오게 되어 삶을 변화시키는 데 도움이 된다.

넷째, 학교생활의 방향을 잡을 수 있게 된다. 인터뷰 질문 중에는 직업인이 되기 위해 학창시절에 해야 되는 내용이 포함되어 있다. 이런 문답을 통해 고등학교생활을 어떻게 해야 되는지 방향을 정할 수 있게 된다. 추후에 활동로드맵을 작성하여 실제로 학교생활의 방향을 잡고 실천해나갈 수 있게 된다.

마지막으로 진학에도 큰 도움이 된다. 학종 평가에서 전공 적합성은 매우 중요하다. 학년이 올라갈수록 전공에 대한 심화 활동을 진행해나가야만 학종에서 좋은 평가를 받을 수 있다. 직업탐방을 하면 현재 직업세계에서 중요하게 여기는 이슈를 파악할 수 있게 되고, 관련 책들도 소개받게 된다. 이러한 정보를 통해 학교생활에서 전공 관련 심화 활동들을 해나갈 수 있다.

직업탐방 대상자 찾기

탐방 대상자를 찾는 방법에 대해 설명하겠다. 먼저 해주고 싶은 말이 있다. 탐방 대상자를 섭외할 때 '운이 따른다'는 것이다. 아무리 노력해도 직업인 섭외에 실패할 수도 있다. 섭외를 해서 만나기로 약속하고도 직업인의 갑작스러운 사정으로 인해 약속이 깨지는 학생들도 꽤 있다. 운이 따른다는 것을 받아들이면서 운의 가능성을 높이는 방법을 고민하는 자세가 필요하다. 앞으로 설명할 탐방 방법은 그런 운을 높일 수 있는 방법이다.

학생들이 직업인을 섭외하는 방법은 총 5가지로 분류할 수 있다. 첫째는 가장 많이 하는 방법으로 지인을 통한 섭외이다. 부모님이나 친척을 통해 섭외하는 방법, 선생님의 제자들을 섭외하는 방법 등이 있다. 친구 부모님의 직업이 자신이 탐색하고 싶은 직업일 경우에 친구를 통한 섭외도 가능하다.

둘째는 학교 프로그램을 통한 섭외이다. 학교에서 진행하는 프로그램에는 외부강사들이 참여하는 경우가 있다. 외부강사가 자신이 탐방을 원하는 전공일 경우 정중히 부탁드려보자.

셋째는 봉사 활동에 참여하는 곳에서 섭외하는 것이다. 학종 전형에서 지속적인 봉사 활동이 중요시 되다 보니, 많은 학생들이 봉사 활동에 참여하고 있다. 자신이 참여하고 있는 봉사 활동이 탐방을 원하는 전공과 유사할 경우 역시 정중히 부탁드려보자.

넷째는 학교 밖의 프로그램에 참여하여 인터뷰를 부탁드리는 것이다. 방학 때 전공 관련 체험활동이 매우 많이 개설되어 있다. 프로그램에 적극적으로 참여해서, 담당자와 관계성을 쌓고 인터뷰를 의뢰해보자. 잠시 동안의 인터뷰라면 응할 가능성이 높다. 프로그램을 통한 전공의 이해를 넘어서 자신이 필요한 정보를 질문을 통해 얻을 수 있는 좋은 방법이다.

마지막으로 인터넷 검색을 통한 섭외이다. 대학교 홈페이지에 들어가서 해당 전공 교수의 이메일 주소를 확인한 후에 메일을 보내는 방법, 페이스북에서 친구찾기를 통해 메시지를 보내 섭외하는 방법 등이 있다. 대학교 전공학과 카페에 가입해서 글을 남겨 도움을 청할 수도 있다. 다른 방법에 비해 자신이 원하는 직업인을 찾게 될 가능성이 가장 높다. 섭외 가능성은 낮지만 섭외하게 될 경우 직업탐방의 효과를 제대로 맛볼 가능성이 높다. 이 방법에서 성공의 확률을 높이려면 메일을 매우 정성껏 보내야 한다. 대략 진행해 본 결과, 10명 이상에게 메일을 보내야 섭외될 가능성이 있었다.

직업인을 사로잡는 메일 쓰기

앞서 직업인을 섭외하는 5가지 방법을 소개했다. 특히 마지막 방법에는 메일의 내용이 섭외를 결정짓는 데 중요한 역할을 하기에 메일 작성법에 대해 설명하겠다. 직업인이 메일을 읽어 보고 만나고 싶은 마음이 들도록 작성하는 게 핵심이다. 그러기 위해서는 만나고자 하는 직업인이 썼던 책이나 진행했던 강의 등을 살펴보는 게 좋다. 그러한 직업인의 활동이 자신의 직업 선택에 어떤 영향을 줄지 생각해봐야 한다. 이러한 내용을 진솔하게 담아서 메일을 보낸다면 만남이 성사될 가능성이 높아진다.

메일 작성은 총 세 부분으로 나눠서 작성하면 된다. 처음 부분에서는 자기소개 및 메일을 보내는 이유를 작성한다. 본론에서는 전공 관련 열정을 보일 수 있도록 작성한다. 섭외하고자 하는 직업인의 책과 강의의 내용을 참고해서 메일을 보낸 이유를 쓰면, 만나고자 하는 직업인이 탐방에 대해 긍정적인 생각을 갖도록 유도할 수 있다. 마무리 부분에서는 만남을 구체적으로 제안한다. 탐방 기간을 분명하게 밝히고, 직업인이 가능한 날에 직접 찾아가겠다고 하면 된다. 첨부파일로 인터뷰 질문도 첨부해서 만남이 헛되지 않을 것임을 느끼도록 해야 한다.

아래 예시를 참고하여 직업인에게 메일을 작성해보자. 처음 부분과 마지막 부분은 자신의 상황에 맞춰 간단히 고쳐서 쓰면 된다. 그러나 본론 부분은 해당 직업인이 쓴 책과 진행했던 강의를 찾아보고 작성해야 된다.

탐방 직업인에게 메일 쓰기 예시	탐방 직업인에게 메일 쓰기
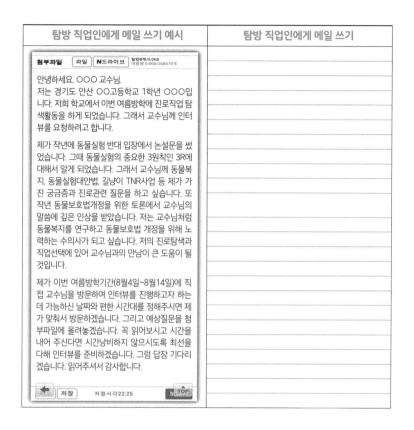	

꼭 만나고 싶은 마음에 너무 많은 내용을 적는 것은 좋지 않다. 직장에서 사명감을 가지고 일하는 직업인일수록 매우 바쁘게 직장생활을 하기 때문에 글이 길고 복잡해서는 안 된다. 위의 예시 자료를 참고해서 꼭 필요한 내용만 넣도록 한다.

메일에서 가장 중요한 것은 직업인이 도움을 주고 싶은 마음이 들도록 작성하는 것이다. 직업인의 활동이 자신의 진로와 어떤 연관이 있는지가 핵심이므로 그 부분을 빼먹지 않되 간단명료하게 작성해야 한다.

학교에서 메일 보내는 교육을 할 때, 명단을 선정한 후에 1순위부터 10순위까지 정한 다음 관련 책과 영상을 본 후 한 분씩 작성해서 순차적으로 보내도록 교육하고 있다. 답이 없거나 거절의 답이 돌아오더라도 실망하지 말자. 10명에게 보내면 승낙은 1명 정도밖에 안 된다. 운이 없다면 10명 모두 답이 없거나 거절을 하는 경우도 있다. 충분히 그럴 수 있으므로 다시 10명을 선정해서 동일한 방법으로 메일을 보내보자.

내가 지도한 학생 중에서는 50명에게 메일을 보낸 학생도 있다. 그 학생은 40번째 메일 이후에 두 분 교수님의 승낙을 받아 직업탐방을 다녀왔다. 그렇다고 해당 학생이 메일을 잘 못 쓴 것도 아니다. 탐방을 승낙한 한 분의 교수님은 "수많은 메일을 읽어봤지만, 학생처럼 체계적으로 진로탐방을 준비한 학생은 처음이어서 최초로 승낙을 했다"며 칭찬을 했다. 그만큼 메일을 잘 쓴 학생이었지만, 단지 운이 따르지 않아 40번째까지 실패를 했던 것이다.

만남의 질을 결정하는 질문지 작성하기

"좋은 질문이 좋은 답을 이끌어낸다"라는 말이 있다. 직업인과의 만남의 질을 결정하는 것은 좋은 질문이다.

질문은 크게 직업 관련 질문과 직업인이 되는 방법에 대한 질문이 있다. 다음은 직업 관련 질문이다.

• 직업을 가지게 된 동기가 무엇인가요?

- 구체적으로 어떤 일을 하시나요? 또는 주로 매일 하는 일은?
- 근무여건은? (근무시간, 휴일)
- 이 직업 수행에 필요하거나 유리한 능력 또는 성격은?
- 일을 할 때 가장 중요하게 여기는 것은 무엇인가요?
- 앞으로의 전망은 어떠한가요?

직업 관련 질문을 통해 직업정보를 구체적으로 파악하여 직업을 선정할 때 도움을 받을 수 있다. 아래의 직업인이 되는 방법에 대한 질문은 로드맵을 그릴 때 필요한 질문들이다. 직업인이 되는 방법은 해당 직업인에게 하는 것과 해당 전공 대학생에게 하는 것으로 나눌 수 있다.

직업인에게
- 근무하는 사람들의 학력이나 대학에서의 전공은 어떻게 되나요?
- 이 직업인이 되기 위한 과정은?(길과 방법은?)
- 이 직업인이 되기까지 어려움은?
- 이 일을 하기 위한 학업준비는?
- 고등학교 때 어떤 경험을 하면 직업 수행에 좋을까요?
- 직업과 관련된 추천도서 및 영화는?
- 직업인이 되는 데 도움이 되는 자격증은?

전공 대학생에게
- 이 학과에 들어오기 위한 입시전형 및 학업준비는?
- 이 학과에 들어오기 위해 수능 점수는 어느 정도 나와야 되는지?

- 이 학과에 들어오는 데, 도움이 되는 비교과 활동은 어떤 건지?
- 이 학과에 합격하게 된 자신만의 노하우는 무엇인가요?
- 이 학과에 합격하게 된 공부비법은 무엇인가요?
- 이 학과만의 특징은 무엇인가요?
- 이 학과에서 구체적으로 무엇을 배우는지?
- 꿈을 이루기 위해 어떤 노력을 하고 계신가요?

위의 기본 질문에서 자신이 알고 있다고 생각되는 것은 제외하고, 직업정보를 파악하다가 궁금한 점이 생기면 추가적으로 만들어서 진행하면 된다. 특히 탐방하고자 하는 직업에 해당되는 특수한 질문도 따로 만들어서 인터뷰를 준비하면 좋다.

06
사명, 삶의 목적

진정한 행복을 위해*

"행복을 추구할 때 행복은 항상 내 위에 있는 신기루가 되고 만다. 행
복보다 높은 가치를 추구할 때 비로소 행복을 온전히 향유할 수 있는
것이다."

- 정승인 《생명에서 소명으로》 p37

많은 사람들이 행복을 인생의 가장 궁극적인 목적으로 삼고 살아간
다. 그러나 진정으로 행복감을 느끼며 살아가는 사람은 얼마나 될까? 행
복은 주관적인 만족감을 느끼는 것으로 "행복＝충족/기대하는 바" 공식
이 적용된다고 한다. 행복을 느끼려면 충족을 높이던가, 기대하는 바를
낮추라고 조언한다. 충족되는 상황이 만들어지기 어려우면, 기대하는 바
를 낮추면 된다고 한다. 그런데 그렇게 하는 게 진정으로 행복한 삶일까?

─────────

＊ 정승인 《생명에서 소명으로》 참고하여 작성

행복에 집착하면 오히려 행복을 느끼지 못하는 경우가 많다고 한다. 정승인 전 명지대 교수는 저서 《생명에서 소명으로》에서 행복보다 더 높은 가치에 집중할 때 진정한 행복을 누릴 수 있다고 한다. 우리 인생에서 행복보다 높은 가치는 무엇일까? 정승인 교수는 "자신이 이 땅에 존재하는 목적을 채우는 것"이라고 말한다. 필자는 그것이 내가 살아가는 이유, 즉 삶의 목적인 **사명**이라고 생각한다.

높은 차원은 낮은 차원을 포함하면서 그 이상의 성질을 띠고 있다. 2차원 면은 1차원의 선을 포함하면서 선 이상의 성질을 지니고 있다. 3차원 입체는 1차원의 선과 2차원의 면을 포함하면서 선과 면 이상의 성질을 지니고 있다. 이와 같이 높은 차원은 낮은 차원을 포함하면서 그 이상의 성질을 지니고 있는 것이다. 행복과 삶의 목적도 그러한 관계라고 생각한다. 자신이 세상에서 살아가는 목적을 이루며 살아갈 때 진정한 행복을 누릴 수 있다고 생각한다. 설령 지금 어려움과 고난이 있을지라도 삶의 목적을 이루는 과정에서 누리는 근원적인 행복이 있다.

필자 역시 그런 경험이 있다. 필자가 교직 생활을 통해 발견한 사명은 '공교육의 무너진 구조 가운데 자신의 가능성의 씨앗을 발현시키지 못하며 살아가는 학생들이 가능성의 씨앗을 발현시킬 수 있도록 돕는 것'이다. 그 사명을 실천하는 일은 당장은 눈에 띄지 않는 일이다. 알아주는 이가 거의 없었다. 그렇지만 교육을 변화시키고 싶은 마음에 매일의 삶 속에서 최선을 다했다. 아이들을 교육하는 일과 전문성을 개발하는 일을 동시에 진행해야 되었기에 매일 저녁 늦게까지 학교에 남아서 일을 하고, 휴일과 방학 때는 전문성 개발에 집중했다. 몸을 너무 돌보지 않고 일을 하다가 병원에 입원을 했던 적도 있었다. 물론 그 후에는 건강을 돌보며 일을 하고 있다.

많은 사람들이 여전히 필자의 삶을 이해하지 못하고, 한편으로는 못마땅해 하는 경우도 있다. 그러나 변화되는 아이들과 서서히 변해가고 있는 학교의 문화를 보며 힘든 삶 가운데서도 삶의 존재 목적을 이루어 나간다는 생각에 근원적인 감사와 기쁨을 만끽한다.

알을 깨고 나온 새는 알 속에 있을 때와는 전혀 다르게 세상을 인식한다. 알에 있을 때는 그 속이 세상의 전부인 줄 알지만, 이제는 더 넓은 세상이 있다는 것을 인식하고 날아오르기 시작한다. 알에 있을 때는 생존을 위해 살았다면, 이제는 이전과는 비교가 안 되는 더 넓은 세계를 경험하며 살아가게 된다.

사명을 발견하는 것은 알을 깨고 나오는 것과 같다. 사명을 발견하기 전까지는 알 속의 새처럼 단지 자신만을 바라보며 자신의 생존만을 위한 삶을 살았다면, 사명을 발견한 후에는 시야가 넓어져 더 넓은 세계를 무대로 살아가게 된다. 필자 역시 시야가 넓어졌기에 힘든 환경 가운데서도 기쁨을 발견할 수 있게 된 것이다.

학교에서도 사명을 발견한 후에 시야가 넓어지는 학생들이 생겨나곤 한다. 이전까지는 자신의 성적 향상만을 위해 살았다면 이제는 친구와 공동체까지 바라볼 줄 아는 학생으로 변한 것이다. 프롤로그에서 소개했던 학생들이 그러하다. 자신만을 위해 살아가다가 사명을 발견한 후에 학급 친구들의 힘겨운 삶이 눈에 들어왔고, 그때부터는 자신만을 위한 삶이 아닌 친구들과 공동체를 위한 삶을 살아가게 된 것이다. 친구들과 함께 성장하게 된 것이다. 함께 성장하며 자신의 사명을 더욱 선명하게 발견하고, 진정한 행복을 누리며 살아가게 된 것이다.

진정으로 행복한 삶을 추구하고 싶은가? 그렇다면 행복에서 한 발 떨어져 자신이 살아가는 이유와 목적이 무엇인지 잠시 고민해보자. 내가 이 땅에 태어난 이유가 무엇인지, 내 삶의 목적은 무엇인지, 그 목적을 어떻게 추구해나갈 건지 진지하게 생각해보자. 제대로 된 삶의 목적을 발견한 사람은 그 목적을 이루어나가면서 진정한 행복의 길을 발견하게 된다. 설령 그 길을 걸어가는 가운데 고난과 역경이 있을지라도 그 안에서 근원적인 기쁨과 감사를 경험하게 된다.

지금 삶의 방향을 바꾸자

사명은 삶의 목적, 세상에 태어난 목적이다. 분명 자기 한 몸 잘 먹고 잘살라고 세상에 태어난 것은 아닐 것이다. 자기의 이름을 높이고 자신만 잘살려는 마음은 야망이지 사명이 아니다. 야망을 이루며 살아가는 것에 근본적인 행복은 없다. 〈SKY 캐슬〉 속의 강준상이 그런 인물이다. 병원장을 꿈꾸며 나아갔지만 그 안에 진정한 행복은 없었다. 껍데기뿐인 자신을 발견하게 될 뿐이다.

이 땅에 살면서 세상을 조금은 더 좋아지게 만드는 것, 자신이 속한 공동체가 더 아름다워지는 것을 추구하는 것이 사명이다. 사명을 품고 있으면 세상의 무너져가고 있는 영역이 자신으로 인해 조금은 회복될 수 있다. 또한 자신이 속한 영역이 조금은 발전할 수 있다.

그러면 어떻게 사명을 발견할 수 있을까? 사명 역시 프로토타입 방식으로 찾아야 된다. 사명은 삶의 목적이며 인생을 살아가는 이유이다. 청소년 시절 자신의 삶의 목적을 완전히 발견하는 것은 매우 어렵다. 자신에 대해서도 잘 알지 못하고, 세계에 대한 시야도 넓지 않으며, 경험 또한 많지 않기 때문이다. 그렇다 하더라도 삶의 방향성은 바꿀 수 있다. 개인의 야망이 아니라 사명을 추구하는 삶을 살겠다는 방향은 정할 수 있다. 그리고 현재 자신의 시야에서 찾아낼 수 있는 사명을 발견하고, 그 사명을 추구하며 살아가면 된다. 현재 자신의 시야에서 발견하는 사명을 나는 **프로토타입 사명**이라 부른다.

프로토타입 사명의 유익은 인생의 방향성이 바뀐다는 것에 있다. 물론 당장은 큰 변화가 없을 것이다. 그러나 시간이 오래 지나면서 엄청 큰 격차를 가져오게 된다. 아래 그림에는 각각 A, B 두 개의 직선이 있다. 하나는 수평으로 이루어진 직선(A)이며 하나는 수평에서 약간 위로 향해 있는 직선(B)이다.

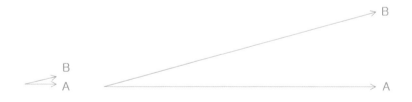

처음에는 큰 격차가 느껴지지 않을 것이다. 그러나 시간이 지나면 이야기가 달라진다. A는 여전히 땅에 머물러 있지만 B는 크게 비상하며 날아오른다. 설령 격차가 1도밖에 되지 않더라도 인생의 긴 레이스를 볼 때 삶의 후반부에서 큰 격차가 벌어지게 된다. 평범했던 사람이 시간이 지나 크게 성장한 경우를 살펴보면 대부분 그 이전에 삶의 방향성에 작은 변화를 주고 꾸준히 노력한 흔적을 볼 수 있다. 조금씩 격차를 벌이면

서 지속적으로 사명을 추구하며 살아갈 때, 훗날 큰 성공을 만날 수 있다.

　프로토타입 사명의 또 다른 유익은 사명과 관련된 정보를 지속적으로 추구하게 되는 것에 있다. 프로토타입 형식의 사명이라도 적어서 붙여놓고 가끔씩 들여다보면 우리 뇌의 무의식에 사명이 심기게 된다. 우리 뇌에서는 사명과 관련된 정보를 만날 때 그냥 흘려보내지 않고, 차곡차곡 쌓아두게 된다. 정보가 지속적으로 쌓이게 되면 어느 순간 시야가 확 넓어진다. 시간이 지나면서 시야는 점점 넓어지고 자연스럽게 자신의 진짜 사명을 발견할 수 있게 된다. 물론 사명을 발견한 이후에도 정보가 계속 들어오게 되어 사명을 이룰 수 있는 구체적인 방법까지도 발견할 수 있게 된다.

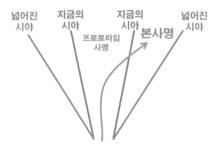

　반대로 프로토타입 형식의 사명도 정하기가 귀찮아 그냥 지나친다면, 사명과 관련된 무수히 많은 정보를 흘려보내게 된다. 사명을 위한 정보가 대부분 흘러가게 되어 시간이 많이 지나도 삶의 목적을 발견하기 어렵다. 이 사실을 몸으로 느끼고 싶다면 주변 어른들에게 사명이 있는지 질문을 해보자. 삶의 목적과 살아가는 이유에 대해 물어보면 대부분의 어른들은 선뜻 대답을 못 할 것이다. 사명이 없기 때문이다. 설령 사명

이 있다고 해도 매우 추상적이고, 관념적인 이야기만 할 가능성이 높다.

우선 이 책에 제시되어 있는 방법을 활용해 프로토타입 방식이라도 사명을 정해보자. 그리고 사명서를 작성해서 책상에 붙여 놓은 후에 그 사명을 향해 나아가보자. 아직은 미흡해 보이는 사명일지라도 그 방향으로 나아가다 보면 어느 순간 자신의 마음속 깊이 울림을 주는 사명을 발견할 수 있을 것이다. 사명을 이룰 수 있는 구체적인 방법까지도 발견할 수 있을 것이다.

프로토타입 방식의 사명서 작성

모든 상처는 꽃을 / 꽃의 빛깔을 닮았다. (중략) 잘 익은 상처에선 / 꽃향기가 난다.

- 복효근 〈상처에 대하여〉 중에서

사명을 통해 삶을 열정적으로 살아가는 사람들을 유심히 살펴보면, 자신의 아팠던 과거의 경험이 사명으로 승화된 경우가 많다. 자신의 가슴 아팠던 경험이 동일한 어려움을 겪고 있는 사람을 보며 외면할 수 없게 만드는 것이다. 복효근 시인의 〈상처에 대하여〉라는 시처럼, 자신의 상처를 잘 다루어 다른 사람에게 꽃향기를 뿜어내는 사람이 되는 것이다.

나 역시 고등학교 시절 게임중독으로 꿈이 없고 무기력한 삶을 살았다. 그렇기에 청소년들의 삶에 자연스레 관심이 갔다. 그들을 성장시키고자 하는 사명을 가질 수 있게 되었다. 물론 모든 사람이 자신의 상처를 바탕으로 사명을 발견하는 것은 아니다. 그러나 사명을 탐색할 때 자신의 마음이 쓰이는 영역을 가장 먼저 탐색해보는 것이 사명을 발견하는 시작점이 될 수 있다.

아래 제시된 표를 보고 자신의 마음에 쓰이는 영역 및 대상을 정해보자. 사명을 정하는 영역은 크게 두 부분으로 나눈다. 하나는 무너진 영역을 회복시키는 '회복 영역'이고, 다른 하나는 인류 사회의 번영을 위해서 발전시켜야 될 '발전 영역'이다.

목적	영역	내용
회복	육신구제	장애인, 암환자, 난치환자, 독거노인, 소외계층, 난민
	정신치유	정신병, 우울증, 상처, 분노, 열등감, 자폐, ADHD, 학습장애
	가난구제	차상위층, 결식아동, 독거인, 노숙자, 새터민, 다문화계층, 난민
	관계회복	노사분쟁, 이념갈등, 계층갈등, 남북관계, 국제분쟁
	가정회복	부모 · 자녀, 부부, 노부모, 학대아동, 미혼모, 소년소녀 가장
	실업구제	청년층, 은퇴자, 여성, 장애인
	환경회복	물, 공기, 자원, 동물, 식물, 산림, 바다, 강, 지구온난화
	인권회복	노약자, 장애인, 소외계층, 탈북자, 난민, 다문화 여성, 인종차별
발전	경제	자원개발, 생산, 분배, 소비, 투자, 부동산, 무역, 금융, 고용, 공정거래, 국제
	과학	기초과학, IT, 로봇과학, 우주과학, 생명과학, 두뇌(정신)과학, AI
	기술	기계, 자동차, 전기, 전자, 건설, 건축, 환경, Bio, 특허
	환경	물, 공기, 에너지, 지구온난화
	정치	국내정치, 국제정치, 국회, 정당
	법	입법, 사법, 검찰, 변호
	외교	선진국, 개발도상국, 후진국, 북한(통일), 국제기구
	국방	육군, 공군, 해군, 병무, 방위산업
	행정	국가, 지방자치, 세무, 통계, 조달, 특허, 고용노동, 국토
	교통	육상, 지하철, 항공, 해상
	안전	경찰, 과학수사, 경호, 경비, 소방, 교정, 식품의약안전

교육	아동, 초등, 중등, 고등, 대학, 평생교육, 특수, 인성, 진로
경영	R&D, 생산, 마케팅, 홍보, 영업, 유통, 인사, 자금, 기획, 중소기업, 벤처
정보 · 통신	인터넷, 스마트폰, 눈, IOT(사물인터넷)
소통 · 교류	방송, 신문, 저널, 언어, MICE
문화 · 관광	문학, 음악, 미술, 무용, 연극, 영화, 애니메이션, 예능, 광고, 디자인, 관광
복지	가족, 아동, 청소년, 여성, 노인, 실업자, 차상위층, 다문화, 새터민
보건 · 의료	양의학, 한의학, 대체의학, 물리치료, 예방
레포츠	레저, 종목별 스포츠

대상
사회적 약자, 경제적 약자, 결손가정, 차상위계층, 정보소외계층, 장애인, 다문화계층, 난민, 새터민, 노숙자, 미혼모, 소년소녀 가장, 유아, 아동, 청소년, 청년, 중년, 노인, 여성, 임산부, 환자, 아르바이트생, 외국인, 직장인, 은퇴자, 실업자, 부모, 자녀, 지역주민, 국민 등

※ 정승인 《생명에서 소명으로》 p307 참조

먼저 자신의 가슴이 쓰이는 영역이나 특별히 관심 가는 영역을 정하자. 그리고 회복시키거나 발전시킬 대상도 생각해보고, 그 이유를 아래의 예시를 보고 작성해보자.

	내용	이유
영역		
대상		

	내용	이유
영역	발전영역의 법	집안이 어려워 변호를 제대로 받지 못해 피해를 당해본 경험이 있었다. 사회에서 경제적 여건으로 인해 피해를 보는 사람이 발생하지 않도록 사회적 약자들을 변호하고 싶다.
대상	변호를 받지 못해 피해 보는 사회적 약자들	

학생 작성 사례

이 학생은 사명의 영역을 법으로 정했고, 대상은 변호를 받지 못해 피해 보는 약자들로 정했다. 발전영역의 법으로 영역을 정했으나 '이유'에는 회복 내용이 들어가 있다. 사실 분류상으로 '회복영역', '발전영역'으로 나눴지만, 발전시킬 영역 중에서도 무너진 영역이 있다. 즉 회복시킬 부분도 있다. 반대로 회복영역에서도 발전시킬 부분이 있을 수 있다. 표에 제시된 영역으로 자신의 사고를 가두지 말자. 자신의 마음에 쓰이는 부분, 가슴 아픈 영역 및 대상을 자유롭게 정해보자.

마음에 쓰이는 영역 및 대상을 정했다면, 이제 본격적으로 사명을 스케치해보자. 사명 스케치는 'WWH 방식'으로 진행한다. 첫 번째 W는 Who로, 자신이 회복시키거나 발전시킬 대상을 적는 것이다. 두 번째 W는 Why로, 회복시키거나 발전시키고 싶은 목적을 작성하는 것이다. 즉 어떠한 세상으로 만들고 싶은지를 작성하는 것이다. 세 번째 H인 How에는 어떤 방식으로 회복시키고 싶은지를 작성하면 된다. 어떤 직업을 통해 어떤 방법으로 목적을 달성하고 싶은지를 작성하는 것이다. 예시를 보며 아래 빈칸에 자신의 사명을 스케치 해보자.

대상(Who)	목적(Why)	방식(How)	
		직업	방법
누군가의	어떠한 세상을 만들고 싶은가?	어떤 직업을 통해서	어떤 방법으로
경제적으로 어려운 사람과 사회적 약자들	더 이상 경제적 부담으로 인해 더 이상 억울해지지 않는 세상	국선변호사로 활동	경제적 부담을 생각하지 않고 변호를 받을 수 있도록 함

마지막으로 사명서 양식에 옮겨 적는다.

아래 사명스케치를 사명서로 옮기는 예시를 보고 작성하면 된다.

나의 사명은

_____ 이

_____ 일에

헌신하는 것이다.

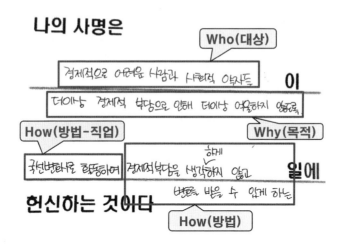

사명서 사례

'목적'을 끝낼 때는 '~도록'으로 끝내는 것이 좋다. '하도록', '않도록', '쓰도록'으로 끝내면 다음으로 자연스럽게 이어갈 수 있다. '직업'은 '~로 활동하여', '~가 되어'로 끝내면 '방법'으로 자연스럽게 이어갈 수 있다. '방법'은 '~하는'으로 끝내면 마지막 문장과 자연스레 연결된다.

우선 옮겨 적은 후에 조금씩 문장을 다듬어보자. '방법'이 명확히 나오지 않은 학생들은 아직 구체적인 직업이 선정되어 있지 않거나 '필요'를 어떻게 채울지 몰라서 작성을 못할 가능성이 크다. 우선 '목적'까지만 써보고 나머지는 빈 여백으로 남겨두자.

프로토타입 사명은 처음에는 미흡해 보일 것이다. 그럼에도 꼭 출력해서 책상 위에 붙여놓자. 책상에 붙이는 행위는 인생의 방향을 바꾸는 의식이다. 책상에 붙여놓게 되면 가끔이라도 사명을 들여다보게 된다. 이는 사명을 무의식에 심어 놓는 효과를 가져와, 구체적인 사명 탐색으로 이어지게 된다.

지금 바로 책상 위에 붙여라!!! 프린터가 없으면 A4 용지에 손으로 작성해서라도 꼭 붙이자.

07
로드맵, 사명으로 안내하는 지도

로드맵 작성의 유익

프로토타입 진로 탐색의 다음 단계는 로드맵 작성이다. 프로토타입 진로 탐색의 핵심은 수정에 있다. 한 번에 진로 탐색을 끝내는 것이 아니라 수정을 통해 진로를 구체화시켜나가는 것을 목적으로 한다. 수정을 통해 진로를 구체화시키는 데 도움을 주는 도구가 바로 로드맵이다.

로드맵은 분명한 목적지가 있는 길 지도를 의미한다. 목적지로 가는 과정이 명시되어 있기 때문에 목적지에 잘 도착할 수 있도록 도움을 준다. 목적지에 가다가 길을 잃었을 경우에도 로드맵을 통해 다시 경로를 재설정해 목적지를 향해 나아갈 수 있다. 로드맵이 명확하게 그려져 있으면 목적지에 도달하는 데 큰 도움을 받는다.

이민규 교수는 저서 《실행이 답이다》에서 꿈을 이룬 사람들은 공통적으로 꿈에 이르는 그들만의 경로탐색을 잘한 사람이라고 이야기한다. 그들은 꿈을 이루는 과정에서 해야 할 일과 겪게 될 장애물 및 그에 대한 대비책 등을 생생하게 상상하는 "과정지향시각화" 능력이 탁월한 사람들이라는 것이다.

로드맵 작성은 과정에 대한 고민을 지속적으로 하도록 만들어주어, 경로탐색을 잘할 수 있도록 도움을 준다. 결국 자신이 목표로 했던 사명을 이룰 수 있도록 안내해준다. 그러나 처음부터 사명으로 가는 경로를 구체적으로 그릴 수 있을 것이라는 기대는 하지 않는 게 좋다. 로드맵 작성을 제대로 하기 위해서는 자신과 직업에 대한 정보를 매우 구체적으로 파악해야 한다. 물론 이전에 행했던 직업 탐색을 깊이 있게 했다면 꽤 만족스러운 로드맵이 나올 수 있다. 그렇다 해도 수정사항은 반드시 발생한다. 로드맵을 작성할 때도 수정을 전제로 한 프로토타입 방식의 로드맵을 작성할 것을 권한다.

우선 지금까지 탐색했던 정보를 바탕으로 최선을 다해 로드맵을 그린다. 그리고 작성한 로드맵을 출력한 후에 책상 앞에 붙여놓는다. 이후 아이디어가 떠오를 때마다 수정 보완하면서 구체화시키면 된다.

사명 로드맵 작성하기

사명 로드맵은 앞에서 작성한 사명을 기반으로 작성한다. 다음 사례를 참고하여 작성해보자.

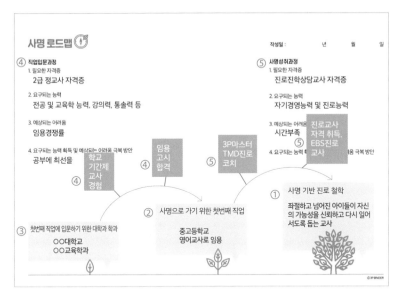

사명 로드맵 사례

① 사명 기반 진로 철학(사명 한 줄 요약)

사명 로드맵을 작성할 때, 사명을 먼저 작성한 후 역산해서 내용을 채우는 게 좋다. 우선 가장 뒷부분에 있는 내용부터 채워보도록 하자.

이곳에 채울 것은 사명이다. 앞에서 작성한 내용을 바탕으로 사명을

나의 사명은

좌절하고 넘어져 일어날 수 없다는 생각을 가진 아이들 _____ 이

자신의 가능성을 신뢰하고, 다시 일어설 용기를 갖도록 돕는 교사가 되어
깊이있는 만남을 통해 다시 걷는 법을 알려주는 _____ 일에

헌신하는 것이다.

한 줄로 요약해 자신이 꿈꾸는 직업을 적어보자.

그대로 쓰기에는 내용이 많으니, 대상, 목적, 직업을 잘 조합해서 한눈에 들어올 수 있도록 자신의 사명을 작성하면 된다. 이것이 바로 사명 기반 진로 철학이다.

<u>좌절하고 넘어진 아이들이</u> 자신의 가능성을 신뢰하고 다시 일어서도록 <u>돕는</u> 교사
　　　　　대상　　　　　　　　　　　　　목적　　　　　　　　　직업

만약 직업을 확실히 정하지 않았다면 사명 끝에 '전문가'라고 붙이면 된다. 예를 들어 '약자들이 경제적 어려움으로 피해를 당하지 않도록 돕는 전문가'라고 작성하면 된다.

② 사명을 이루기 위해 필요한 직업(사명으로 가기 위한 첫 번째 직업)

두 번째는 사명을 이루기 위해 필요한 직업 또는 사명으로 가기 위한 첫 번째 직업을 작성하는 것이다.

이 학생의 사명은 '좌절하고 넘어진 아이들이 자신의 가능성을 신뢰하고 다시 일어서도록 돕는 교사'이다. 이를 이루기 위하여 교직 세계에 입문하는 것이 필요하다. 학생들의 가능성을 신뢰하고 일어서도록 돕는데 좋은 교과목은 진로 교과이다. 그러나 진로 교사는 교직 세계에 들어온 후 3년 이상의 경력이 있는 교사에 한해 자격이 부여되니, 진로 교사로 직업세계에 입문할 수는 없다. 자신이 좋아하는 과목의 교사로 입문하는 전략이 필요하다.

만약 직업을 확실히 정하지 않았다면 사명 끝에 '직업 세계로의 진입'

이라고 작성하면 된다. 예를 들어 '좌절하고 넘어진 아이들이 자신의 가능성을 신뢰하고 다시 일어서도록 돕는 직업 세계로의 진입', '약자들이 경제적 어려움으로 피해를 당하지 않도록 도울 수 있는 직업 세계로의 진입'이라 작성하면 된다.

③ 해당 직업 세계에 들어갈 때 도움이 되는 대학교 및 학과

세 번째는 해당 직업 세계에 들어갈 때 도움이 되는 대학교 및 학과를 작성하는 것이다.

영어 교사가 꿈인 학생은 영어 교사가 될 수 있는 학과를 선정하여 작성해보는 것이다. 관련 학과가 개설되어 있는 대학을 찾아보고 작성하면 된다.

④ 직업 입문 과정

네 번째 단계는 직업 입문 과정을 작성하는 것이다.

이는 직업 입문 과정에서 요구되는 역량을 함양하는 단계로, 필요한 자격과 능력, 예상되는 어려움 등을 고민해보는 단계이다.

필요한 자격증, 요구되는 능력, 예상되는 어려움, 극복 방안을 고려하여 자세히 작성하면 된다. 앞에서 시행했던 인터넷 직업정보 탐색이나 직업인 인터뷰를 참고해서 작성하면 구체화된 내용을 작성할 수 있다. 자신이 필수적인 요소라고 생각하는 자격과 경험은 화살표에 잇대어 작성해 표시해보자.

⑤ 사명성취과정

마지막은 사명성취과정을 작성하는 것이다. 해당 직업 세계에 들어온 후 사명을 이루기까지의 과정을 의미한다. 사명을 이루기 위한 역량을 함양하는 것과 사명을 이룰 수 있는 영향력을 확대하는 내용이 포함된다.

사명을 이루기 위해 필요한 자격증, 요구되는 능력, 예상되는 어려움, 극복방안을 고려하여 자세히 작성하면 된다. 작성한 후 자신이 필수적인 요소라고 생각하는 자격과 경험은 화살표에 잇대어 표시해보자.

이 활동을 통해 많은 학생들이 직업 세계로의 진입을 넘어서 사명을 이룰 역량을 함양하는 것을 고민할 수 있게 된다. 물론 학생 수준에서 작성한 사명이기 때문에 추상적일 수 있다. 그러나 직업 입문이 끝이 아니라 사명을 이루기 위해 성장 단계가 있다는 것을 깨닫게 하는 것이 이 활동이 가진 큰 의미이다.

현재 청소년들이 살아갈 미래 사회는 패러다임 쉬프트가 일어날 사회이다. 사명을 지닌 학생들이 평생성장 계획을 수립하며 청소년기부터 준비한다면 중고등학교와 대학교를 거치는 동안 미래 사회에 필요한 역량을 준비할 수 있을 것이라 확신한다. 무엇보다 자신만을 위한 삶이 아닌, 타인과 세상을 위한 삶이라는 사명감을 가진 학생들이 사회 곳곳에 포진한다면 우리의 미래도 밝아질 것이라 기대된다.

사명 로드맵을 완성한 후에 책상 위에 붙여놓자. 사명 로드맵을 붙여놓게 되면 진로를 구체화시킬 때 도움을 받을 수 있게 된다. 기록은 불연속적인 생각을 연속적으로 이어주는 매개체이다. 학생들의 학교생활은 매우 바쁘기 때문에 진로에 대한 생각을 지속적으로 하기 어렵다. 그러나 사명 로드맵을 잘 보이는 곳에 붙여놓으면 바쁜 일상생활 가운데서도 진로에 대한 생각을 이어갈 수 있게 된다.

물론 바쁜 일상 가운데 붙여놓은 로드맵을 주의 깊게 보지 않고 며칠 또는 몇 달씩 그냥 지나치게 될 때도 있을 것이다. 그러나 이 과정도 생각이 숙성되는 필수적인 과정이다. 배추가 김치가 되기 위해서는 김장이 전부가 아니다. 어느 정도 숙성의 기간이 지나야 진정한 김치로 탄생하게 된다. 진로도 마찬가지이다. 숙성의 과정을 거쳐야 구체적인 진로로 발전할 수 있게 된다. 지금 바로 붙여보자!!!

⊂ 진로 디자인 활동 가이드

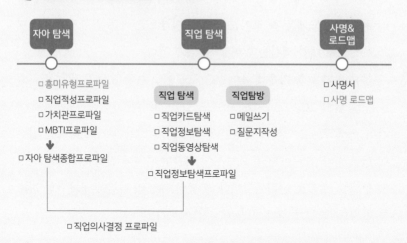

□ 흥미유형프로파일
□ 직업적성프로파일
□ 가치관프로파일
■ MBTI프로파일
↓
□ 자아 탐색종합프로파일

직업 탐색
□ 직업카드탐색
□ 직업정보탐색
□ 직업동영상탐색

직업탐방
□ 메일쓰기
□ 질문지작성

↓
□ 직업정보탐색프로파일

□ 사명서
□ 사명 로드맵

□ 직업의사결정 프로파일

※ 빨간색으로 표시된 양식지는 부록자료에 첨부되어 있으니 활용해보세요.

Q. 진로가 바뀔 수도 있는데 굳이 진로를 정해 로드맵까지 짜야 할까요?

A. 맞습니다. 진로는 계속해서 변할 수 있습니다. 어떤 경우는 이전과 완전히 달라질 수도 있습니다. 이런 이유로 많은 학생들이 진로를 정하기를 망설여 왔습니다. 그러나 진로가 확실히 정해질 때까지 진로설정을 보류하면 바쁜 고등학교 시절동안 진로를 정하지 못할 가능성이 높아집니다. 이 책에서 제시하는 진로탐색은 잠정적으로 진로를 설정하고 진로를 탐색하는 프로토타입 방식의 진로탐색입니다. 이 과정에서 진로를 탐색하는 방법을 익힐 수 있게 되어 추후에 진로가 변할 경우 스스로 진로를 탐색해 나갈 수 있게 됩니다. 이른 시기에 진로를 설정하고 탐색했기에 진로가 바뀌어도 재탐색하여 구체화시킬 여건이 마련됩니다. 프로토타입 방식으로 진로를 설정한 학생들이 그렇지 않은 학생들보다 고등학교 기간 안에 진로를 구체화시켜나가는 경우를 많이 목격했습니다.

Q. 사명을 기반으로 진로를 설정하라고 하셨는데 그렇게 해야 하는 이유가 뭘까요?

A. 자신의 학생부를 다른 학생과 차별성을 갖게 하기 위해서는 자신의 진로를 '그냥 직업인'이 아닌 '어떤 일을 하기 위한 직업인'으로 정해야 됩니다. 그래야 학교 활동을 다양하게 진행할 수 있게 되어 학생부를 풍성하게 기록할 수 있게 됩니다. '어떤 일을 하기 위한 직업인'을 설정하려면 자신의 사명을 명확히 파악해야 합니다. 사명을 설정하는 것은 이상적인 일이 아니라 학종 전형에 합격하기 위해 매우 현실적인 일입니다.

LSP 1기 이선경(현 경안고 교사)

꿈이 '선생님이 되는 것'인 사람은 다시 생각해보세요

선경이는 중학생 때부터 직업관련 검사를 하면 '교사'가 빠진 적이 없었다. 학교 다니는 것도 재미있고, 교사가 되고 싶다고 하면 주변 어른들이 항상 칭찬을 해주셨기에 선경이는 자연스럽게 '선생님'을 꿈으로 품으며 고등학교에 진학했다.

'진로진학탐방 안내 / 교육 분야 지망 학생 모집 / 서울 좋은교사운동본부 방문 / 교사 곽충훈 인솔'

고 1 여름방학 직전, 모든 학급에 공지가 붙었다. 나름 교육계열 지망학생인 선경이는 '옳다구나!' 하고 선생님을 찾아가 신청을 했다. 사실교사에 대해 더 알고 싶다기보다는, 진로탐방도 할 겸 서울 나들이를 하자는 마음이 더 컸다.

"학생 여러분, 반가워요! 교육 관련 진로를 희망하고 있다면서요? 여러분의 꿈은 무엇인가요?"

좋은교사운동본부 임종화 선생님의 질문에 학생들은 "역사교사요!", "초등교사요!" 하며 신나게 대답했다.

"그렇군요. 다들 훌륭합니다. 하지만 '선생님이 되는 것'은 꿈이 되면 안 된답니다."

예상치 못한 답변에 학생들의 머리 위에는 물음표가 떠올랐다.

"하하, 놀랐나요? 교사가 되는 것이 꿈이라면 교사가 된 순간 꿈을 이루게 되는 거잖아요. 사실 그다음이 더 중요한데 말이에요. '어떤 교사'가 되고 싶은지를 생각해야 합니다."

모두들 머리를 한 대 얻어맞은 표정을 짓고 있었다. 선경이도 마찬가지였다. 칠판 앞에 서서 웃고 있는 모습만 상상해 왔지, '어떤 교사'가 되고 싶은지는 한 번도 생각해본 적이 없었기 때문이다.

답을 찾지 못한 채로 시간이 흐르면서 선경이는 답답해졌다. 고민이 꼬리를 물고 계속해서 이어졌기 때문이다. 오랜 시간 가져왔던 꿈에 대해 의구심까지 들던 순간, 진로탐방을 지도해주셨던 곽충훈 선생님께 한 통의 전화를 받았다.

"선경아~ 1학기 때 학급에서 영어 멘토 활동을 정말 열심히 했다면서? 선생님이 이번에 교내 멘토링 프로그램(후 LSP)을 만드려고 하는데, 선경이가 멘토로 참여하면 좋을 것 같아서 연락했어."

2학기에는 학업에 좀 더 신경을 써야겠다는 생각으로 거절할 타이밍을 노리던 선경이는 다음 말을 듣자마자 "할게요!"라고 외쳤다.

"그리고 멘토 교육 과정에서 '사명'을 찾는 훈련도 한단다! 선경이가 교사가 되고 싶다고 했었지? 교사로서 무엇을, 어떻게 할지 체계적으로 고민해볼 수 있을 거야. 같이 해보자 선경아."

작지만 큰 한 걸음, 프로토타입의 사명 설정

큰맘 먹고 멘토 교육에 참여한 선경이는 약간 당황스러웠다. 곽충훈 선생님이 열정적인 분이라는 건 알고 있었지만, 생각보다 더욱 대단했기 때문이었다.

"애들아, 성남에서 일요일마다 굉장한 멘토링이 진행되고 있더구나! 선생님이 태워줄 테니까 같이 가서 배우자!"라고 하시며 학생들을 각자의 집에서 태워 매주 성남을 왕복하시기도 하고(이후 학생들은 세대 교체가 되며 약 3년간 계속됐다), 주말에 공부하러 나온 학생들을 모아서 짜장면을 먹으러 갈 때도 종종 있었다. 필요하면 주말, 밤낮을 가리지 않고 전화로라도 상담을 진행하셔서 당시 한동안 선경이의 통화 기록의 1순위가 곽충훈 선생님일 정도였다.

어색하고 부담스러웠지만, 이상하게도 선경이는 기분이 나쁘지 않았다. 친구들도 마찬가지였다.

"저렇게 신경 써주시는데…… 열심히 살아야 하지 않겠냐?"

당시 인기있던 4인조 아이돌에 모든 신경을 쏟던 예비 멘토 친구는 저렇게 말하며 화보집 대신 책을 펼치기 시작했다. 선경이도 마찬가지였다. 내가 잘되기를 바라며, 사랑을 쏟아부어주는 누군가가 있다는 사실은 삶을 더욱 열심히 사는 원동력이 되었다. 그리고 이러한 삶의 변화는 '나도 저런 교사가 되어야지!'라는 결심으로 자연스럽게 연결되었다.

고1을 마무리하는 겨울방학, 멘토 교육을 마무리하며 선경이가 고대하던 '사명교육'이 진행되었다.

"사명은, 삶의 목적이며 인생을 살아가는 이유란다. 내가 잘되는 것도 좋지만, 세상을 이롭게 만들기 위해 내가 어떻게 헌신할지를 포함하지. 너희는 세상에서 어떻게 선한 영향력을 미치고 싶니?"

사랑과 헌신으로 학생을 성장시키는 교사

선경이는 일주일을 꼬박 고민한 끝에 첫 사명을 작성할 수 있었다. 진로탐방에서 시작된 고민이 끝을 맺은 것만 같았다. 하지만, 사실은 지금부터가 시작이었다.

이전과 다른 삶, 구체화되는 사명

고2가 된 선경이는 영자신문동아리의 부장이 되었다. 영어 성적이 가장 잘 나오는 편이라 도움이 될까 싶어 가입했는데 부장을 하게 되어 뿌듯한 마음이 들었다. 하지만 현실은 녹록치 않았다.

"네? 저희 동아리가 없어질 수도 있다고요?"

학교 상황에 맞물려 동아리가 폐부될 상황에 처한 것이었다. 다행히 지도 동아리 담당 선생님께서 힘을 써주셔서 당장은 위기를 면할 수 있었지만, 올해 활동을 보고 내년에 결정하기로 미뤄졌을 뿐이었다. 동아리 친구들은 미래가 없다며 수동적인 태도만을 보였다.

멘토로 참여하게 된 멘토링도 쉽지는 않았다. 부모님과 불화가 지속되고있다며 무기력한 모습을 보이는 멘티, 거짓말을 반복하는 멘티······ 4명의 멘티 한 명 한 명이 선경이 마음대로 되지 않았다.

이때 가장 힘이 되는 것 중 하나가 사명선언서였다. 플래너 가장 앞에 끼워놓은 사명선언서를 보며, 선경이는 마음을 다잡을 수 있었다. 지각이 잦은 멘티를 위해 매일 아침 모닝콜을 해주고, 시험기간엔 간식상자를 배달하거나 석식 시간에 몰래 학교 밖에서 컵라면을 먹으며 개인적인 이야기를 나누기도 했다. 놀랍게도 멘티들은 조금씩 성장하는 모습을 보여주었다. 멘토링 후 부모님과의 관계가 회복되어 대화를 시작했다는 멘티 B의 편지를 읽은 후엔 교실에서 펑펑 울어서 친구들이 의아하게 여길 정도였다.

동아리도 점차 변해가기 시작했다. 핵심 멤버들을 따로 만나 격려를 해주며 한 페이지를 총괄하는 조장을 부탁했다. 교내 축제에 부스 운영을 신청해 동아리원들과 돈독해지는 시간을 만들기도 했고, 동아리 모임 후 따로 만나 어떻게 신문을 발전시킬 수 있을지 이야기하다보면 친구들의 얼굴에 다시금 열정이 살아나는 것을 볼 수 있었다. 새벽 2~3시에 잠들어야 할 때가 많은 힘든 일정이었지만, 선경이는 고등학교생활 중 가장 행복했던 시기였다고 말했다.

"큰 이벤트가 없어도 학교생활이 재미있었어요. 매일매일이 기대되는 날들이었죠. 멘티들이 변하는 것도 좋았지만…… 내가 나의 사명에 매일 한 발짝씩 더 다가가고 있다! 는 확신이 들었기 때문인 것 같아요. 공부도 재미있어지더라고요!"

2학년 동안의 다양한 경험을 통해 선경이는 본인이 마음아파하는 학생들이 어떤 이들인지에 대해 더 깊이 생각할 수 있었고, 사명선언서를 수정할 필요를 느꼈다.

<u>좌절하고 넘어져 일어날 수 없다는 생각을 가진 아이들을 다시 일으키는 교사</u>

한층 더 구체화된 사명을 갖고 선경이는 고3으로 진급했다.

나는 어떤 교사가 될 것인지? 진로 철학으로 구체화하기

당시(2012년도)엔 고3 때엔 교내활동을 모두 내려놓고 수능공부에만 전념하는 것이 일반적인 관행이었다. 선경이도 '1, 2학년 때 열심히 살았으니, 고3 때엔 입시에 집중하리라!'고 생각했지만, 곧 재미있는 소식을 듣게 되었다. 곽충훈 선생님께서 교육 계열 학생들을 위해 '교육철학연구'소모임(현 자율동아리)를 만드셨다는 것이었다. 선경이는 플래너를 펼쳐보았다. 일주일에 1~2시간씩, 쉽지는 않았지만 좀 더 열심히 산다면 참여할 수 있을 것 같았다. 선경이는 마음을 함께하는 친구들과 함께 교육철학연구를 시작했다.

선생님의 지도와 친구들의 발표를 통해 철학자의 생애와 교육관을 배우며, 선경이는 철학엔 사명이 담겨야 한다는 것을 깨달을 수 있었다. 학교에서 학생들을 만나기 위해 '영어' 교사가 되고자 했지만, 교육에 대한 깊은 성찰에 비해 영어교과에 대한 철학이 부족하다는 것을 알게 된 것이다. 마르틴 부버의 '관계'를 생각하는 교육철학에 깊은 감명을 받은 선경이는 '세상의 다른 문화와 소통할 수 있는 언어적 역량을 세워주는 영어교사'라는 진로 철학을 세울 수 있었다.

그리고 2학기가 되어, 진로 철학을 포함한 고등학교생활 동안의 모든 활동을 모아 선경이는 입학사정관(현 학생부종합전형)에 지원했다. 당시는 아직 규제가 구체적이지 않던 시기라 '내신 1등급이 아니면 소용없다', '누구는 학생부가 100장이 넘더라' 등의 소문만 무성하던 시기였다. 서울에 위치한 대학의 영어교육과에 지원해도 괜찮을지 고민하는 선경이에게 곽충훈 선생님은 조언했다.

"고등학교생활 동안 지원한 학과와 관련된 잠재력을 끊임없이 성장시킨 스토리를 가진 학생이 유리하단다. 사범대를 희망하는 선경이는 충분히 가능성이 있어!"

모두 우려하는 입시였지만, 선생님의 조언을 통해 선경이는 자신감을 갖고 본인의 길로 나아갔다. 그리고 정말로 잠재력을 인정받아 선경이가 지망하던 중앙대학교 영어교육과에 입학할 수 있게 되었다.

"면접 첫 번째 질문이 뭐였는지 아세요? 고3 때 했던 교육철학에 대한 질문이었어요. 학교에서 이런 걸 했냐고 신기해하시면서, 뭘 배웠냐 어떻게 했냐 자세히 물으시더라고요. 그때, 제가 교육철학 수업에서 발표한 그대로 대답했어요. '제 수업을 통해 학생들이 영어를 매개체 삼아서 타문화와 관계성을 쌓아갈 수 있게 되면 좋겠다'고! 저 진짜로 그런 선생님이 되고싶어요!"

인생의 등대, 사명을 좇는 삶

대학 생활 동안 선경이는 LSP대학생멘토로 매주 토요일마다 학교에 와서 학생들을 만나며 본인의 사명을 더욱 구체화시켜갔다. 교육에 대한 확신이 흔들릴 때엔 교육컨설팅 기업에서 인턴 생활을 하며 교사로서의 본인의 사명을 점검하기도 했다. 회사를 다니며 휴학을 한 까닭에 선경이는 2017년 여름학기로 졸업을 하게 되었다. 남은 한 학기는 학교에 남아 임용고시 준비를 하려고 만반의 준비를 해놓은 참이었다. 그런데 그때, 곽충훈 선생님에게 한 통의 전화가 걸려왔다. 경안고에서 한 학기동안 근무할 기간제 영어교사를 뽑는데, 선경이 생각이 났다고 하셨다고 했다. 존경하는 선생님과 함께 LSP를 만들어나갈 수도 있다는 생각에 기쁘기도 했지만, 이번만큼은 쉽게 대답이 나오지 않았다. 1학기 동안의 근무 경력은 나중에 활용하기 쉽지 않을뿐더러, 당시는 임용고시를 준비할 수 있는 최적의 상황이었기 때문이다. 주변에서도 대부분 만류를 했다. 그 순간 선경이는 사명을 좇았던 경험을 떠올렸다. 사명을 이루기 위해서는 LSP를 운영할 수 있는 역량이 필요하다는 것을 깨달은 선경이는 결국 경안고등학교에 지원서를 넣었다. 감사하게도 합격을 하게 되었고, 이후 재계약이 진행되어 3년간 경안고등학교에서 LSP 운영에 작지만 힘을 보태고 있다.

나의 사명은
좌절하고 넘어져 일어날 수 없다는 생각을 가진 청소년들이
진로 탐색을 통해 자신의 방향성을 탐색하고,
플래닝을 통해 실행력을 키우며,
독서를 통해 생각의 깊이를 키우는 데 도움을 주는 교사가 되는 것입니다.

그 동안 선경이는 학교 현장에서 직접 발로 뛰며 사명을 더욱 구체화시켜나갔다. 영어에만 국한되는 것이 아니라, 진로교육 역량을 쌓아 학생들의 삶의 방향성을 설정하는 데 도움을 주고싶다고 확장을 하기도 했다. '사명을 좇는 삶을 살다보면 자연스레 더 큰 세상을 볼 수 있게 되는 것 같아요!' 라며 웃던 선경이가 정말로 그런 멋진 교사가 되기를 바란다.

chapter 3

성과 있는
삶을 위한
실행 디자인

01
실행을 디자인하다

왜 실행인가?

이민규의 저서《실행이 답이다》에는 '성과=역량×실행'이라는 공식
이 나온다. 저자는 "모든 위대한 성취는 반드시 실행함으로 이루어지며,
실행하지 않으면 아무것도 이룰 수 없다"고 한다.

평범한 사람들이 어느 날 갑자기 예상 외로 큰일을 하는 경우가 있다.
그 속사정을 자세히 들여다보면 단순한 진리를 얻을 수 있다. 그들 대부
분이 '생각하는 것을 행동으로 옮겼다'는 것이다. 성과를 내기 위해서는
행동(실행)해야 한다. 또한 지속적인 성과를 내기 위해서는 계속해서 실
행할 수 있는 '체계'를 형성해야 한다.

의미있는 플래닝

진급을 하거나 새학기를 맞이해서 플래너를 사본 경험이 있을 것이다. "이번에는 잘해보리라!" 하며 단단한 각오로 플래너를 펼치지만, 안타깝게도 작심삼일로 끝나는 학생들이 대부분이다. "나는 플래닝과 맞지 않아. 그 시간에 문제 하나를 더 푸는 게 낫지!" 하면서 영영 손을 놔버리는 학생들도 종종 볼 수 있다.

과연 플래닝은 꼭 필요할까? 결론부터 말하자면, 의미있는 활동을 지속하기 위해서는 플래닝이 필요하다. 학교생활을 잘 하고 싶지만, 어떻게 살아야 할지 몰라 좌절하던 학생들이 플래닝을 통해 변화되는 사례도 많았다. 다양한 플래닝 방식이 있지만, 10여 년간 학교현장에서 가르치며 현장성을 담은 나름의 노하우가 생겼다. 그중 가장 효과적인 플래닝들을 엄선하여 소개하고자 한다.

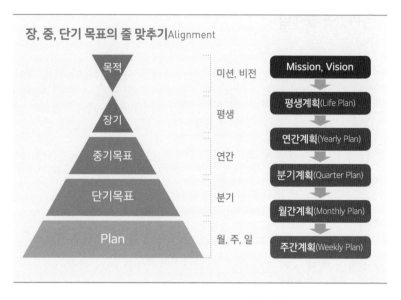

장, 중, 단기 목표의 줄 맞추기Alignment

목적	미션, 비전	Mission, Vision
장기	평생	평생계획(Life Plan)
중기목표	연간	연간계획(Yearly Plan)
단기목표	분기	분기계획(Quarter Plan)
Plan	월, 주, 일	월간계획(Monthly Plan)
		주간계획(Weekly Plan)

※ 강규형《성과를 지배하는 바인더의 힘》p108 참조

　많은 전문가들이 지속적인 실행을 하기 위해서는 그림과 같이 장기→중기→단기플랜 순서로 수립을 해야 한다고 이야기한다.

　하지만 학교현장에서 가르치다 보면 청소년들이 장기나 중기 플랜을 수립하는 것을 어려워하고 포기하는 모습을 종종 볼 수 있다. 한 치 앞도 몰라 방황하는 청소년들에게 처음부터 10년 단위의 장기 플랜을 세우는 일은 당연히 어렵다. 따라서 플래닝에 아직 익숙하지 않은 청소년이라면 순서를 바꿔 가장 쉬운 주간 플랜부터 익히는 것이 좋다. 플래닝을 지속할 수 있는 효과적인 방법이다. 실제로 경안고 LSP에서도 주간플랜에 익숙해진 학생이 월간, 분기 단위의 중장기 플랜을 수립하고 실천하는 모습을 많이 볼 수 있다.

　지금부터 어떻게 플랜을 세워야 할지 배워보도록 하자.

02
실행의 기본을 다지는 주간 플래닝 시스템

주간 플래닝의 원리(PDF)

실행을 원한다면 지속적 실행을 위한 3단계를 머릿속에 심어두자.

줄여서 'PDF'이다. 계획Plan을 세워야 지속적으로 실행Do 할 수 있는
힘이 생기고, 피드백Feedback을 통해 계획을 보완하다 보면 성과를 낼 수

있다. 다음의 예시를 잘 살펴보자.

영희는 급식에 맛있는 반찬이 나오는 날 가장 마지막에 배식을 받기로 계획Plan을 세운다. 평소 급식 반찬이 많이 남는 것에 착안해 세운 계획이다. 즉 영희는 맛있는 반찬이 남으면 다 먹어버릴 속셈이다. 그런데 급식날 가장 마지막에 배식을 받았지만Do 앞에 선 학생들이 맛있는 반찬을 다 받아버려서 얼마 먹을 수가 없었다. 이에 영희는 모든 과정을 되돌아본다. 그리고 이런 생각을 하기에 이른다.

'마지막에 받는 방법은 위험하구나! 맨 처음이나 중간이 적절하겠어Feedback.'

영희는 다음부터는 맨 처음에 급식을 받겠다는 계획으로 수정Plan했다. 마침내 다음 급식날, 누구보다 빨리 달려 1등으로 도착Do한 영희는 넉넉하게 음식을 받을 수 있었다.

영희의 이야기를 재미있게 읽었다면 PDF가 전혀 어렵지 않을 것이다. 사실 체계적으로 정리해보지 않았을 뿐, 삶에서 PDF를 체득해본 학생들이 대부분일 것이다. PDF는 경안고 LSP의 모든 플래닝에 적용되는 원리이다. 이를 바탕으로, 플래닝의 가장 기본 단계인 주간 플랜으로 넘어가보자.

PDF를 적용한 주간 플래닝 단계

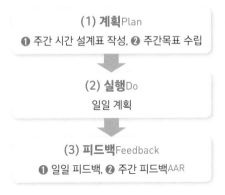

(1) 계획 Plan
❶ 주간 시간 설계표 작성, ❷ 주간목표 수립

(2) 실행 Do
일일 계획

(3) 피드백 Feedback
❶ 일일 피드백, ❷ 주간 피드백AAR

주간 플랜은 위와 같은 단계로 구성되어 있다. 다음으로 넘어가기 전 천천히 한 번 더 읽어보길 바란다. 갖고 있는 노트에 위의 'PDF를 적용한 주간 플래닝 단계'를 적어보는 것도 추천한다. 처음 하는 일이라도 무엇을 해야 할지 머릿속에 그릴 수 있다면 자신감이 생기기 마련이다.

주간 플래닝 단계

(1) 계획

① 주간시간 설계표 작성

주간 플랜이 플랜의 가장 쉬운 부분이지만, 그중에서도 플래닝 초입 자들이 시도해볼 만한 가장 기본이 되는 단계가 있다. 바로 '주간시간 설계표'이다. 이것은 '주간 시간(일주일)'과 '설계(계획)'의 합성어로, 일주일 동안의 자기주도학습을 계획할 때 사용된다.

주간시간 설계표의 가장 큰 장점은 자신의 일주일 동안의 '시간'을 눈으로 확인할 수 있다는 점이다. 눈으로 보면, 막연하게 시간이 없다는 조급함이나 너무 여유로워서 무엇을 해야 할지 모르는 상태에서 벗어날 수 있다. 즉 시간 관리가 가능해진다.

중학교 또는 고등학교 진급 직후, 방학 직후 달라진 환경 때문에 생활패턴이 무너지는 학생들을 종종 보았다. 그런데 그 학생들이 2~3주만 주간시간 설계표를 작성하면서 생활이 안정되고 자신감을 회복하는 모습도 역시 자주 보았다.

주간시간 설계표는 크게 '고정시간 작성 → 가용시간 기록'의 2단계로 구성되어 있다. 각 단계를 지금부터 간단하게 설명해보고자 하니, 부록의 주간시간 설계표를 보며 함께 일주일의 시간을 그려보자.

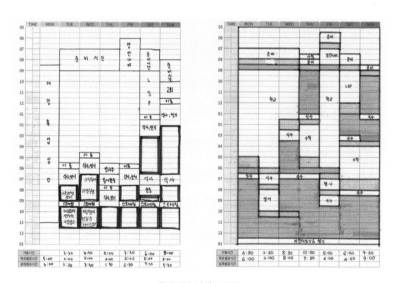

주간시간 설계표 사례

고정시간 작성

주간시간 설계표

주간시간 설계표 정리

1. 고정시간 작성
① 취침/기상시간 정하기
② 큰 단위(학교)의 고정시간 표시
③ 작은 단위(학원 등) 고정시간 표시
④ 고정시간 앞/뒤에 준비, 이동시간 배치
⑤ 그 외 고정시간 고려(식사 시간 등)

2. 가용시간 기록

첫 번째로, 고정시간은 '내가 마음대로 할 수 없는 시간'을 의미한다. 앞으로의 일주일 중 시간이 고정되어 있다는 의미이다. 학교나 학원 시간처럼 학생 개인이 마음대로 바꿀 수 없는 시간, 그리고 취침, 식사, 이동 시간처럼 인간이라면 누구나 일상에서 필수적으로 써야 하는 시간이 포함된다. 고정시간을 작성할 때는 퍼즐을 생각해보면 쉽다. 퍼즐도 가장자리부터 맞춰야 중간 부분의 디테일을 놓치지 않듯이, 고정시간도 가장자리의 취침과 기상시간을 먼저 정하는 것이 좋다. 취침과 기상시간을 정해야 하는 이유는 안정적인 수면을 하기 위해서다. 오랜 시간 학생들을 지도하면서 수면이 안정되지 않은 학생들은 낮 동안 수면을 보충하거나 밤에 의도치 않은 불면증을 겪는 모습을 종종 보았다.

이쯤 되면 실제 현장에서는 질문이 튀어나온다.

"저는 자는 시간이 매번 다른데요? 언제 잘지 모르는데, 일주일치를 어떻게 쓰나요?"

아주 훌륭한 질문이다. 우리가 작성하는 주간시간 설계표는 '계획'이다. 즉, 일주일 동안 '내'가 몇 시에 자고 일어나겠다는 계획을 세워보는 것이다. 처음엔 지키기 어려울 것이다. 하지만 플래닝 역량이 쌓이다 보면 의미 있는 행동을 지속할 힘을 얻게 된다. 포기하지 말자.

취침과 기상시간을 검정색 펜으로 표시한 후 큰 단위와 작은 단위의 고정시간을 작성한다. 큰 단위는 학교 정규 수업에 참여하는 시간이다. 학교 상황에 따라 다르겠지만 대부분 월~금요일, 9시~17시까지 네모로 크게 그려놓으면 된다. 그다음으로 작은 단위인 학원, 봉사 활동, 종교 활동 등에 고정적으로 참여하는 시간도 그려놓는다. 이후에는 식사, 준비, 이동 등의 필수시간을 배치한다. 학교에 가려면 밥을 먹고 씻고 이동을 하는 게 당연한 만큼 큰 단위의 고정시간 앞뒤에 식사, 준비, 이동 시간 등을 배치한 후, 작은 단위의 고정시간 앞뒤로 또한 식사, 준비, 이동 시간 등을 배치하면 금방 작성할 수 있다. 마지막으로 그 외의 고정시간을 고려하여 작성한다. 물론 처음 할 때는 식사, 준비, 이동 시간처럼 자잘한 것은 크게 신경 쓰지 않아도 된다. 중요한 것은, 여러분이 지금 작성하고 있는 주간시간 설계표가 처음이자 마지막이면 안 된다는 것이다.

고정시간 작성이 끝나면 가용시간을 표시한다. 가용시간은 '가'능한 사'용' 시간의 줄임말이다. 즉, '내'가 마음대로 사용할 수 있는 시간이라는 의미이다. 고정시간을 작성했다면 가용시간을 작성하는 것은 어렵지 않다. 빈 영역에 형광펜 등을 사용하여 눈에 띄게 표시하면 된다. 주간시간 설계표는 본인이 자기주도학습을 할 수 있는 시간을 찾는 것이므로, 가용시간이 가장 눈에 띄어야 한다. 눈에 띄려면 형광펜이나 색깔 있는 펜이 좋다. 가용시간의 포인트는 해당 시간에 '내가 하고자 하는 것을 할 수 있느냐'이다. 참고로, 야간 자기주도학습에 참여하는 것도 가용시간으로 표시한다. 자기주도학습 시간에 하고 싶은 공부를 마음대로 선택할 수 있기 때문이다.

가용시간 작성

주간시간 설계표

TIME	MON	TUE	WED	MON	FRI	SAT	SUN
05							
06		취침시간				취침시간	
07			아침독서				
08		준비, 식사, 이동					
09							준비, 식사
10							
11							이동
12		학교생활				식사	
1							
2							예배 및 봉사 활동
3							
4						이동	
5			이동, 식사			토요 프로 그램 참여	
6	지역 아동 센터 봉사	학원	수업 복습	학원	수업 복습		
7							
8			영어, 수학 자습		영어, 수학 자습	이동 씻기	이동 씻기
9	이동 및 씻기		이동 씻기				
10	수업 복습		TV시청			주말드라마보기	
11							
12		취침시간					
01							
가용시간	1:30	1:30	5:30	1:30	5:30	8	2
자주학시간	1:30	1:30	4:30	0:30	4:30		

❶ ❷ ❸ ❹

주간시간 설계표 정리

1. 고정시간 작성 (이해를 위해 고정시간은 음영으로 표시함.)

2. 가용시간 기록
① 색깔펜을 사용하여 명확히 표시
② 가용시간 기록 ※ 가용시간 = 전체시간 - 고정시간
③ 가용시간에 할 일 작성
④ 자기주도학습(자주학) 시간 표시

가용시간을 표시한 뒤에는 요일별로 가용시간을 합산해서 아래 표에 해당 요일의 가용시간을 기록한다. 여기까지 오면 반응이 크게 2가지이다. "와, 나 진짜 시간 없네." 또는 "와, 나 진짜 시간 많다." 자신의 실제적인 시간을 눈으로 확인해야 진짜 '내'가 어떻게 살고 있는지를 알 수 있다.

가용시간을 눈으로 확인한 후, 가용시간에 할 일을 작성한다. 사람은 로봇이 아님을 기억하고 인간적으로 적어보자. 공부뿐 아니라 동아리 활동, 독서 활동 등 비교과 활동과 드라마 보는 시간, 게임하는 시간까지 '하고 싶은 일을 주도적으로 작성하는 것'이 중요하다. 모든 칸에 글씨를 채워 넣을 필요는 없다. 대략적으로 이 시간대엔 이런 것을 해보겠다는 기록이면 된다. 혹시 어떤 일을 할지 도저히 모르겠다면 일부는 기록하지 않아도 괜찮다. 단, 시간이 지난 후 비워놓은 칸에 실제로 했던 일을 기록해두면 다음 주간시간 설계표를 작성할 때 도움을 받을 수 있다. 할 일을 기록한 후 '내'가 목표한 요일별 자주학시간이 얼마인지 아래 표에 기록하면 된다.

경안고 LSP에서는 주간시간 설계표 기록을 초반에만 진행하고 있다. 계획 수립이 어느 정도 익숙해지면 가용시간만 체크하고, 공부 계획은 바로 옆에 있는 주간 목표 수립 칸에 하는 것이 더 편리하기 때문이다.

② 주간 목표 수립

앞서 주간시간 설계표를 통해 일주일 동안 '나'의 가용시간을 파악할 수 있었다. 주간 목표 수립에서는 해당 시간 동안 본인이 '무엇'을 '얼마나' '언제' 할 수 있을지, 일주일을 구체적으로 그려볼 수 있다. 부록의 주간 목표수립을 펼쳐보자.

먼저 작성할 영역은 '교과 학업 계획'이다. 일주일이 지나고 나서 '내'가 무엇을 성취할 수 있는지를 한눈에 볼 수 있는 곳이다. 앞서 작성한 주간시간 설계표를 보면서 언제 할 것인지 시간을 배치해보는 것도 목표 수립에 도움이 된다.

과목	교재/내용	목표 분량		학습 요일						
		전체목표	하루 분량	월	화	수	목	금	토	일
수학	수업 후 복습	수업진도	수업진도	O	O	O	O	O		
	EBS문제집 지수파트	총5장	1장	O	O	O	O	O		
동아시아사	수업 후 복습	수업진도	수업진도	O		O				
	심화주제 발표 (과거 동아시아 국가의 마케팅 전략)	발표 PPT완료	월~금 아침1H	O	O	O	O	★ 발표		
영어	영단어 암기	6Day	1Day	O	O	O	O	O	O	O
	EBS문제집 독해파트	총4장	1장	O	O	O	O			

가장 먼저 이번 주에 해야 할 공부의 과목명을 적고, 각 과목마다 학습할 교재와 내용을 간단하게 적는다. 그리고 각 내용마다 일주일간 얼마나 할지를 구상하여 전체 목표를 작성한다. 작성하면서 가용시간을 고려하여 어느 요일에 해당 학습내용을 실천할 것인지 구상한 후 학습 요일을 체크한다. 플래닝을 처음 접하는 학생들은 이 부분을 가장 어려워한다. 그날그날 필요한 것만 하다 보니 전체를 바라보는 능력이 아직은 부족한 것이다.

그런 학생들에게 교사인 필자는 평소 하던 것을 잘 떠올려보라고 조언한다. 대표적으로는 위의 예시처럼 '영단어 암기'를 제안해보기도 한다. 타 과목이나 내용에 비해 목표를 세우는 것이 비교적 쉽기 때문이다. 평소 일주일 동안 영어 단어를 몇 개 암기하는지 생각해보고, 매일

의 가용시간을 고려하여 어느 요일에 암기를 할 것인지 고려해보도록
한다. 보통 하루에 10개를 암기하는 데 30분 정도 걸린다면 매일 그만
큼의 가용시간을 확보할 수 있어야 한다. 가령, 매일 영어 단어를 외우
는 편이지만, 이번 주 화요일에 친구들과 약속이 있어 가용시간이 매우
적다면 화요일은 학습 요일에서 제외할 수도 있다. 이 보기를 참고해서
교과 학업 계획 영역을 채워보자. 생각만큼 어렵지 않을 것이다. 지속할
수록 할 만하다고 느껴질 것이다. 플래닝은 훈련이다. 꾸준히 반복할수
록 분명히 쉬워진다.

아래의 비교과 활동 칸에는 창체(자율, 동아리, 봉사, 진로) 및 독서 영역의
활동들을 주로 작성한다. 교과 활동과 마찬가지로 활동명과 활동 내용
을 간단하게 작성한다. 그리고 어느 요일에 실행을 할 예정인지 해당 요
일에 간단하게 표시를 해주면 더욱 한눈에 알아보기 쉽다.

활동	내용	활동 요일						
		월	화	수	목	금	토	일
동아리	신청서 작성, 제출 및 면접		O 완료	★ 제출		★ 면접		
멘토 봉사	멘티격려문자, 주간 시간 설계표 교육					O 문자	★ 봉사	
경안나비 독서모임	필독서 읽고 본깨적 작성, 참여	O 독서	O 독서	O 독서	O 독서	★ 참여		

제일 아래에 있는 영역들, 특히 자투리 시간 계획은 현 시대를 살아
가는 청소년들에게 매우 중요한 영역이다. 과거 성적이 대입에 절대적
인 영향을 미쳤던 시대에도 자투리 시간을 잘 보내는 것이 학습 절대시
간 확보에 중요한 요소였고, 성적 향상의 바탕이었다. 현재 학종 체제

에서는 자투리 시간의 중요성이 이전 시대보다 더욱 커졌다. 필자가 고등학생 때만 해도 수능과 내신 정도만 준비하면 되었는데, 지금 학생들은 교과뿐 아니라 다양한 비교과 활동도 해야 되는 환경이다. 이러한 이유 때문에 자투리 시간을 활용하지 않고서는 학습의 절대시간을 확보하기 어렵다. 주간시간 설계표를 보며 자투리 시간이 나올 수 있는 시간을 예상하고 계획을 수립하자. 그렇게 학업을 위한 절대시간을 확보하자.

자투리 시간 계획 ⏱

언제	할 일
쉬는시간 점심시간 이동시간	수학문제 풀기 낮잠 영어단어 외우기

여유 시간 계획 ⏰

언제	하고싶은 일
토요일 저녁 18시~22시	미흡한 일 마무리, 마무리 후 만화책 보기

여유 시간 계획은 지속적인 공부를 위해 정말 중요한 요소이다. 세상살이에는 어른이든 아이든 중간중간에 끼어드는 일이 정말 많은 법이다. 친구가 힘들어할 때 같이 카페나 노래방에도 가야 하고, 몸이 아플 때는 잠시 쉬기도 해야 한다. 즉, 어쩔 수 없이 계획을 미뤄야 되는 경우가 꼭 발생한다. 이렇게 미뤄진 일들은 여유 시간 계획을 통해 해결할 수 있다. 주말에 4시간 정도 여유 시간을 마련해두어 밀린 일들을 해결하는 것이다. 물론 여유 시간계획에는 하고 싶은 일을 적어도 된다. 자기가 하고 싶은 일을 마음껏 하는 보상 시간의 개념으로 활용해도 좋기 때문이다. 여유 시간에 하고 싶은 일을 마음껏 하려는 마음은 한 주간의 삶을 더욱 밀도 있게 살아내는 원동력이 되기도 한다.

(2) 실행 - 일일계획

"일일 '계획'인데, 왜 '실행'인가요?"

이런 질문이 나올지도 모르겠다. 일일계획은 매일 '내'가 무엇을 '실행'해야 하는지를 작성하고, 실제로 실행한 것들을 점검하기 위한 체크리스트의 역할을 한다. 즉, '나'의 삶과 가장 밀접하게 관련되어 있는 영역이라고 할 수 있다. 부록에 있는 양식지를 펼쳐 함께해보자.

이 영역은 삶에서 일어나는 수많은 일들 중에서 꼭 해야 할 일을 잡아내고, 그 일에 집중할 수 있도록 도움을 준다. 앞에서도 이야기했듯이 학종 체제가 되면서 지금의 학생들은 어른 세대와 다르게 학업뿐 아니라 비교과 활동 영역까지 해야 해서 늘 바쁘고 복잡하다. 모든 일을 전부 기억하고 실행하기란 정말 어려운 상황이다. 이때 'to do 체크리스트'가 있다면 중요한 일들을 놓치지 않고 할 수 있듯이, 플래너의 일일계획 파트를 잘 활용하면 꼭 필요한 일들을 놓치지 않고 진행시킬 수 있다. 선택이 어려운 이유는 "나쁜 것과 좋은 것 중에서 선택하는 것이 아니라, 여러 좋은 것 중에서 더 좋은 것을 선택"해야 되기 때문이다. 플래너를 통해 매일의 삶 속에서 더 좋은 것을 선택하고 피드백을 통해 점검을 하는 훈련을 한다면, 중요한 순간에 자신에게 필요한 것을 선택할 수 있는 안목을 기를 수 있게 된다.

얼핏 보기에 일일계획 영역은 아주 복잡해 보인다. 일주일이 모두 포함되어 있어 복잡해보일 뿐, 실제로는 아주 직관적인 영역이다. 일일계획은 오늘 내가 무엇을 해야 할지, 무엇이 중요한지, 시간은 얼마나 있는지 한눈에 알 수 있는 좋은 도구이다. 겁먹지 말자. 우리 모두 할 수 있다.

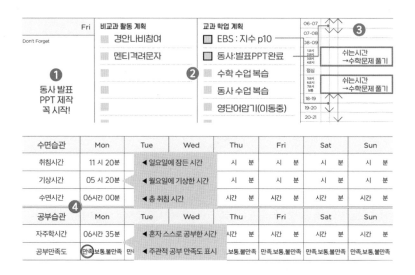

① Don't forget

간단한 것부터 먼저 작성하자. 가장 왼쪽에 있는 'Don't forget'이다. 이 영역에는 친구 생일, 치과 진료, 수행평가 등 꼭 잊지 말아야 할 일을 간단히 작성한다. 작성하다 보면 각 요일의 가용시간이 생각나면서 '이 날은 좀 바쁘겠군!'이라는 시간관리 역량이 자연스레 생긴다. 이제 일 일계획 영역만 펼치면 친구의 생일을 잊어버려서 원성을 듣는 일은 사라질 것이다.

② 비교과 & 교과학업 계획

다음으로는 'Don't forget' 옆에 있는 비교과 & 교과학업 계획 영역이다. 이 또한 어렵지 않다. 바로 앞장의 교과 및 비교과 활동 계획에 이미 내용, 분량, 학습요일까지 구성해놓았기 때문이다.

그럼 질문이 생길 수 있다.

"앞에 이미 썼으면 뭐 하러 또 써요?"

아주 좋은 질문이다. 앞의 계획은 주간 단위의 목표 수립이었기 때문에 당장 오늘 '내'가 무엇을 해야 하는지 한눈에 보이지 않는다. 일일계획 영역은 잠깐 보아도 자신이 뭘 해야 하는지 알 수 있어야 한다. 또한 일일계획으로 옮겨오면서 더욱 구체적으로 to do를 작성할 수 있다.

그런데 to do의 개수가 늘어날수록 '내'가 무엇을 먼저 해야 할지 고민이 된다. 눈치챈 사람도 있겠지만, 요일별 각 to do의 앞에 있는 네모에는 테두리가 없다. 펜으로 테두리를 그려보면 다른 to do에 비해 금방 눈에 들어온다. 우선순위가 높은 중요한 to do는 체크박스를 그려놓자. 그리고 실천 후, 아래의 간단 체크를 통해 오늘 하루 무엇을 얼마나 했는지 간단하게 돌아보자.

③ Plan&Do

이제 Plan&Do 영역을 살펴볼 차례이다. 보면 알겠지만 주간시간 설계표와 비슷해 보일 것이다. '시간 사용을 눈으로 보기 위한 것'이라는 점에서는 비슷할 수 있지만, 생산성 측면에서는 더욱 강력한 도구이다. 자세히 보면 Plan과 Do라는 글씨가 선 아래 쓰여져 있다. Plan 점선은 나의 to do를 실천할 계획인 시간대를 체크하는 것이고, Do 점선은 실제로 실천한 시간대를 기록하는 것이다.

좀 더 구체적으로 설명해보겠다.

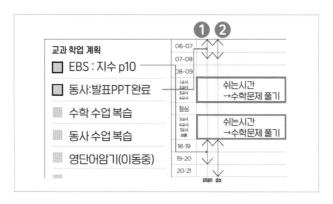

① 앞에 작성한 to do 중 당일에 꼭 해야 할 일들을 선택해서 화살표를 그린다. 해당 to do와 화살표를 선으로 연결해놓으면 언제 할 건지 직관적으로 파악이 가능하다.

② 해당 시간대 이후 실천하고자 했던 것이 실제로 했는지, 했다면 시간이 얼마나 걸렸는지 'do 점선'에 화살표로 표시한다.

왼쪽에 비교과 활동계획이 오른쪽에 교과학업계획이 배치해 있는 것을 보고 순서가 바뀌어 있는 것이 아닌지 궁금해 하는 학생들이 있었다. 이렇게 배치한 이유는 교과학업계획이 시간배치(Plan&Do)를 해야 할 경우가 많아서이다.

Plan&Do의 유익은 크게 두가지로 정리할 수 있다.

1) 하루의 시간을 한눈으로 볼 수 있어 시간을 체계적으로 관리할 수 있다.

2) 목표한 것을 실제로 '언제' 할 수 있을지 표시하여 실천율을 높일 수 있다.

처음 플래닝을 하는 경우, 잘하고 싶은 마음에 목표를 과하게 세우는 경우가 많다. Plan&Do를 통해 실제 시간에 to do를 배치해보면 '내'가 할 수 있는지 없는지를 가늠할 수 있다. 물리적으로 시간이 부족해 어쩔 수 없이 못 한다는 사실을 깨닫게 되는 것이다.

물론 모든 to do를 Plan&Do에 배치하는 것이 쉽지는 않다. 그래서 처음엔 가장 중요한 것만 배치를 해놓고 실천해보는 것도 괜찮은 방법이다. 하루를 보내고 난 뒤 나머지 to do들을 언제 실천했는지, 얼마나 걸렸는지 체크해놓으면 다음 시간 배치는 한결 쉬워질 것이다. 특히 학생들의 to do는 반복되는 경우가 많다. 자신의 학업 역량을 정확히 파악해놓는다면 효율적으로 to do를 배치하게 되어 성적 및 생활 영역에서 발전할 가능성이 더욱 높아질 것이다.

④ 수면 습관 & 공부 습관

보람찬 학교생활을 하기 위해서는 가장 기본적으로 수면 습관과 공부 습관을 확립해야 한다. 건강한 수면 습관은 활기찬 학교생활과 직접적으로 연관이 있고, 스스로 자기주도학습을 할 수 있는 공부 습관은 지속적으로 학업에 집중할 수 있는 근본적 요인이기 때문이다.

수면습관	Mon	Tue	Wed
취침시간	11 시 20분	◀일요일에 잠든 시간	
기상시간	05 시 20분	◀월요일에 기상한 시간	
수면시간	06시간 00분	◀총 취침 시간	

공부습관	Mon	Tue	Wed
자주학시간	06시간 35분	◀혼자 스스로 공부한 시간	
공부만족도	만족.보통.불만족	◀주관적 공부 만족도 표시	

(3) 피드백

① 일일 피드백

플래닝에서 '피드백'은 '지난 활동을 돌아보는 것', '자기반성', 또는 '나를 성찰하는 것'을 의미한다. 자신을 돌아보는 것은 생각보다 중요하다. 세계적인 리더십 전문가 존 맥스웰은 "최고의 스승은 단순한 경험이 아니라 평가를 거친 경험(피드백)이다"라고 이야기했다. 공부를 정말 열심히 한 경험, 동아리 활동에 최선을 다한 경험 등 소중한 경험들을 '나'의 삶에 잘 녹여내고 싶다면 피드백을 거쳐야 한다는 것이다.

그러나 많은 학생들이 피드백을 매우 어렵게 여기는 경향이 있다. '반성'이라고 하니 괜히 혼나는 기분이 들고, 잘한 점보다 부족한 점이 눈에 더 잘 들어오기 때문이다. 그러나 피드백은 잘한 점이나 부족한 점에 치우치지 않고, 자신을 있는 그대로 볼 수 있도록 하는 도구이다. 피드백을 통해 '나'의 강점은 발전시키고 부족한 점은 원인을 분석하여 대안점을 모색해 천천히 극복할 수 있다.

Daily Feedback

	잘된 점	미흡한 점	대책
Fri	**동사 발표 기획 완료** → 어제 빨리 잠들어서 아침에 가뿐히 일어나 목표 분량 완료함.	**수학 1시간 초과** → 14p할 때 예상시간도달 수업시간에 졸아서 이해 시간이 많이 걸린 것 같다.	**앞으로 밤에 빨리 자자.** ★수업 때 졸면 이해하는데 시간이 많이 걸림을 알게 됨. → 수학 수업 전에 잠시 잠을 자서 수업시간은 절대 졸지 말자.
Sat	실천과정에서 잘된 점, 목표 성취한 것 → 잘한 이유 분석	실천이 미흡한 것 시간 초과 등 달성하지 못한 것 → 원인 분석	잘한 부분은 → 발전 시키고 못한 부분은 → 원인을 분석한 것을 바탕으로 대안을 마련 교문점 → ★표해서 마음에 새기기

일일 피드백을 할 때 일일 플랜 파트를 구체적으로 작성해놓으면 피드백도 구체적으로 할 수 있다. 앞에 작성했던 사례를 가지고 설명하면 EBS 지수 파트 공부를 2시간 동안 하기로 했는데 3시간이 걸린 것을 일일플랜을 통해 확인한다. 1시간이 더 걸린 것을 보고 원인을 분석하면 구체적인 피드백이 가능하다.

대안을 작성할 때 '~하지 않기' 또는 '~하기'라고 추상적으로 적지 않도록 조심하는 것이 좋다. 예를 들어, 유튜브를 너무 많이 본다고 스스로 피드백한 학생이, 대안에 '유튜브 보지 않기'라고 쓴다면 실제로 다음부터는 유튜브를 덜 보게 될까? 그렇지 않을 가능성이 높다. 여러분이 더 잘 알 것이다. 대안은 구체적으로, 실천 가능하게 적어야 한다. '6~8시까지는 부모님께 핸드폰을 드리기', '핸드폰 잠금 앱을 사용하기'처럼 분명한 행동 방침을 스스로에게 제시해야 한다. 마음에 되새겨야 하는 교훈을 얻었다면 ★표로 강조하는 것도 좋다.

교육을 진행하다 보면 일부 학생들이 잘된 점은 한 개만 쓰거나 빈 칸으로 내버려두고, 미흡한 점만 꽉 채워 쓰는 것을 종종 본다. 자신을 칭찬할 것이 없다고 생각하는 모습에 교사로서 마음이 몹시 아프다. 플래닝은 의미 있는 행동을 지속적으로 실천할 수 있도록 돕는 도구이지, '나'를 혼내기 위한 회초리가 아니다. 그래서 필자는 수업할 때 미흡한 점의 개수만큼 꼭 잘된 점을 쓰라고 이야기한다. 그러면 또 이런 반응이 튀어나온다.

"선생님, 저는 그만큼의 잘된 점이 없는데요? 오늘 잘한 게 별로 없어요."

피드백을 학업에 대한 것만 할 필요는 없다. 비교과도 가능하며, 학업을 잘하기 위해 기반이 되는 '나'의 생활 자체에 대한 것도 가능하다. '아침에 지각을 하지 않았음', '친구에게 격려하는 말을 함'처럼 일상에서 발견할 수 있는 잘한 점을 찾아보는 것도 중요하다. 심지어는 '오늘 앞머리 고데기를 잘함'과 같이 사소한 일도 적어보는 것이 좋다. 플래닝을 지속해야 실천을 지속할 수 있다. 지금 당장 잘한다면 좋겠지만, 지속할 수 있는 환경과 마음을 만드는 것이 더 중요하다.

② 주간 피드백 AAR

주간 피드백은 AAR피드백 방법으로 진행하면 좋다. AAR은 'After Action Review'의 약어로 '행동한 후 되돌아본다'는 뜻을 가지고 있다. 5단계로 이루어져 있어 더욱 정교한 피드백이 가능하다. 따라서 주간, 분기와 같이 조금 더 큰 범위를 피드백할 때 적절하다.

❶ 얻고자 한 것은?	주간 목표에서 작성했던 계획의 총량
❷ 얻은 것은?	얻고자 했던 것 중 실천한 것
❸ 차이와 그 원인은?	계획을 초과 달성했거나, 미흡했던 이유
❹ 앞으로 해야 할 일과 하지 말아야 할 일은?	잘한 것을 유지하고 미흡한 부분을 보완하기 위해 해야 할 일과 하지 말아야 할 일

'얻은 것'을 작성할 때, 학업 영역에서는 좀 더 구체적으로 실천율을 작성하기를 추천한다. 추후에 얼마나 성장했는지 객관적으로 확인할 때 수치화된 것이 눈에 더 잘 인식되기 때문이다. '차이가 발생한 이유'를 분석할 때 앞부분에서 작성했던 일일 피드백이 도움이 된다. 또한 '해야 할 일', '하지 말아야 할 일' 중에서는 단기간에 변화가 가능한 것도 있

지만 장기간의 노력이 필요한 것도 있다. 특히 습관과 연결된 것은 많은 노력이 필요할 수도 있다. 오랫동안 형성된 습관이 하루아침에 변화되기란 여간 어려운 일이 아니기 때문이다.

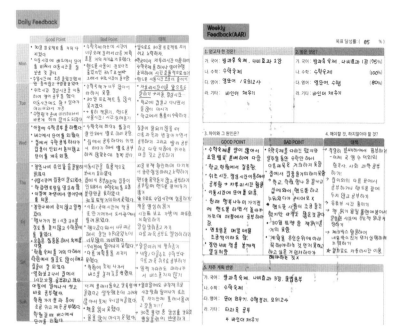

일일/주간 피드백 사례

03
실행의 고수로 도약하는 분기 플래닝 시스템

분기 플래닝의 구조

여러분은 고래를 먹는 방법을 아는가? 삶아먹을 수도 있고, 구워먹을 수도 있다. 그렇지만 일단은 '내가 먹을 수 있는 크기로 잘라야' 한다. 이 커다란 고래를 우리의 인생에 비유해보자. 플래닝의 관점으로 우리의 인생을 정리하면 앞서 보았던 얼라인먼트 삼각형으로 정리할 수 있다.

장, 중, 단기 목표의 줄 맞추기 Alignment

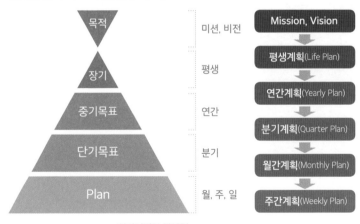

얼라인먼트 삼각형

일일 계획이 모여 주간 계획이 되고, 주간 계획이 모여 월간, 분기, 연간으로, 즉 중장기 플랜으로 확장되는 것이다.

중장기 플랜을 보고 마음의 문을 닫지 않았기를 바란다. 이 책에서 안내하는 바를 잘 따라오고 있다면 지금쯤 여러분은 처음 책을 펼쳤을 때와 다른 존재가 되어있을 테니까! 여러분은 지금 '실행의 근육'을 키우는 중이다. 운동을 할 때도 처음엔 근육통 때문에 너무 힘들지만 근육이 늘어날수록 더욱 오래 지속할 수 있다. 더욱 강도 있는 효율적인 운동도 가능해진다. 플래닝의 원리와 운동의 원리는 이런 부분에서 참 비슷하다. 주간 플랜을 실천하다 보면 단기적 실행력이 높아진다. 실행의 근육이 커진 것이다. 하지만 단기적 실행 근육은 입시, 더 멀리는 사명까지는 부족하다. 목적을 달성하기 전에 근육이 지쳐버리고 만다. 이것이 여러분이 장기적 실행 근육을 만들어야 하는 이유이다. 참 다행히도, 주간 플랜을 습득한 여러분은 중장기 플랜으로 넘어갈 역량이 아주 충분하다.

중장기 플랜 중 가장 작은 단위로는 월간 플랜이 있지만, 해당 차시의 '분기 플랜'을 먼저 소개하고자 한다. 학교생활이 분기위주로 구성되어 있어 가장 유용하게 쓰이기 때문이다. 분기 플랜으로 학교생활의 주도권을 잡는 재미를 맛보도록 하자.

분기 플래닝의 원리

일반적으로는 1년을 4분기(12개월을 4등분 한 3개월씩의 기간)로 나눈다. 그런데 이 책에서는 1년을 6분기로 나눈다. 학생들에게는 방학이 있기 때문이다. 6개의 분기란, 1학기 1분기, 1학기 2분기, 여름방학분기, 2학기 1분기, 2학기 2분기, 겨울방학분기로 불린다.

1학기		여름방학 분기	2학기		겨울방학 분기
1분기	2분기		1분기	2분기	
1학기 시작일 ~ 중간고사	중간고사 이후 ~ 여름방학 전		2학기 시작일 ~ 중간고사	중간고사 이후 ~ 겨울방학 전	

　　세대가 변하면서 학교의 모습도 크게 바뀌었다. 부모 세대의 학교와 자녀 세대의 학교가 다르다는 것이다. 입시와 학업이 학교생활의 대다수를 차지했던 부모 세대와는 달리, 현재는 동아리 활동, 수행평가, 봉사 활동을 비롯한 다양한 교내 활동들이 큰 비중을 차지하고 있다. 단기적으로 진행되는 것보다도 짧게는 분기, 길게는 1년을 바라보아야 하는 프로그램들도 많다. 주간 플랜을 익힌 여러분은 한 주를 내다보며 삶을 살아갈 역량을 갖춘 사람들이지만, 학교생활을 하며 좀 더 긴 단위의 계획 수립의 필요성을 느끼게 될 것이다. 이때 필요한 것이 분기 플랜이다. 분기 플랜은 2~3달 정도 분량의 계획이다. 분기 플랜을 수립할 줄 아는 학생들은 지필 평가, 동아리 발표 등의 큰 행사가 생긴다 할지라도 당황하지 않는다. 분기별로 일정을 파악하여 마지막에 몰아서 하지 않도록 미리 당겨서 행사준비를 할 수 있다. 주어진 많은 일들을 정성껏 준비할

수 있게 되고, 성과도 나올 수 있게 된다. 결국 실행력을 탁월하게 향상시키는 결과를 가져올 것이다.

PDF를 적용한 분기 플래닝 단계

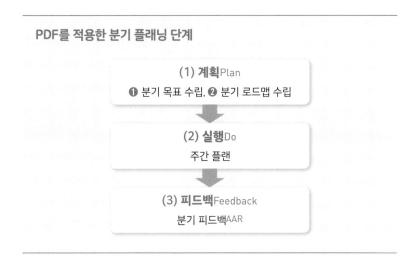

분기 플랜은 위와 같은 단계로 진행된다. 주간 플랜과 원리가 매우 비슷하다. 먼저 계획을 통해 목표 설정을 하고, 실천을 위해 더 작은 단위로 쪼개는 '고래 테크닉'을 기반으로 한 것이다. 단계가 머릿속에 정리되어 있다면 실천할 때 더욱 쉽게 시작할 수 있다.

분기 플래닝 단계

(1) 계획

① 분기 목표 수립

단계가 정리되었다면 지금이 몇 분기인지 파악해보자. 이번 분기를 지나고 나면 '나'는 무엇을 해내었을까 상상해보자.

과목	목표	실천사항
수학	• 2학기 중간고사 목표성적:100점 (1등급)	• 수학2 전체유형 개념문제 다시 복습 • 자이스토리 문제집 통해서 지수·로그 끝내고 역함수 끝내기(~p53) • 확률과 통계 예습 • 보충 3, 4교시에 수학 문제집 방학 안에 다 풀기 • 개념+유형의 확률과 통계 다 풀기
영어	• 2학기 중간고사 목표성적:100점 (1등급)	• 매주 단어 8강씩 외우기 • 수능완성교재는 과외로 하기 • 모의고사 13 / 14 / 15년도 9월 구조분석하기 • 작년 보충선생님 수업 자료로 복습하기
언어	• 2학기 중간고사 목표성적:95점 (1등급)	• 보충 1, 2교시 / 나비효과 수, 금, 일 1강씩 끝내기 • 문법 문제집 풀기 • 고전소설 문제집 다 풀고 작품정리하기 • 비문학 다시 공부시작
진로 탐방	• 직업인:호텔리어 1명 만나기 • 대학/학과:경희대/호텔관광경영대학(원)생 1명 만나기	• 만날 방법 : 페이스북, 구글에 검색해서 메일 보내기
기타/ 독서	• 독서 4권 • 사탐 하루1시간	• 진로 관련 책 사기(3권 정도 읽고 독후감쓰기) • 생기부 질문 찾고(경희대, 경기대, 세종대) 적어보기 • 법과 정치 : 지난 시험범위 문제 풀고 중요한 부분 체크해 두기 • 수능특강 중간고사 범위 풀기, 2학기 진도 읽으며 예습하기

분기 목표 수립 사례

목표 설정 방법은 크게 2가지로 나뉜다.

목표	'숫자로 표현 가능한' 목표 예) 2학기 중간고사에서 수학 100점 달성. 언어 95점 받기 등등
실천사항	목표를 달성하기 위해 '해당 분기 동안 달성해야 하는 실천 사항' 예) 수학 II 개념 정리. 고전소설 문제 다 풀고 작품 정리하기

목표는 가능하면 수치화 하자. 기억하기 쉽고, 피드백할 때도 명확히 할 수 있다는 장점이 있다. 그만큼 동기부여에 도움이 된다. 공부하기 싫을 때는 '수학 100점 받아야 해!'라고 속으로 되뇌어보는 방법을 추천한다.

하지만 주간 플랜을 마스터한 여러분이라면 의문이 들 것이다.

'좀 막막한데? 그래서 100점은 어떻게 맞을 건데? 호텔리어는 어떻게 만나려고?'

'실천사항' 영역이 여러분의 의문을 해소해줄 것이다. 실천사항은 목표를 달성하기 위해 여러분이 '무엇을/어떻게' 실천해야 하는지 구체화한 것이다. 예를 들어, 2학기 중간고사에서 영어 100점이라는 목표를 달성하기 위해 무엇을 실천해야 할까? 과외를 한다면 과외에서 무엇을 배울지, 나 혼자서는 무슨 공부를 할지 고민해야 할 것이다. 이후 무슨 어휘장을 공부할 것인지, 몇 년도 모의고사를 공부할 것인지 차근차근 정리하여 작성하면 된다. 작성하기 어렵다면 비슷한 상황의 친구들과 함께 이야기하여 작성하길 추천한다. 해당 분기의 정보를 얻을 수 도 있고, 더 효과적으로 분기 플랜을 작성할 수 있을 것이다.

모든 실천사항 영역에 '무엇을/어떻게'가 들어갈 필요는 없다. 예측 가능한 것부터 작성하고 실천하면서, 추가하거나 수정하면 되는 것이다. 《성과를 지배하는 바인더의 힘》의 저자 강규형은 "목표관리의 핵심은 종이 위에 쓰는 것이고, 종이 위에 적는다는 것은 늘 휴대하고 다니며 수시로 눈을 통해 뇌로 전달해서 우리의 손과 발을 목표지향적으로 움직이게 한다는 의미가 있다"라며 종이 위에 적을 때 실행력이 높아진다고 이야기했다. 실제로 많은 사람들이 삶을 변화시킬 때, 원하는 목표를 종이 위에 적어놓고 수시로 보면서 삶을 변화시키고 있다.

② 분기 로드맵 수립

목표를 설정했다면 실천력 향상을 위해 '내'가 먹을 수 있는 작은 조각으로 쪼개야 한다. 즉, 2~3달 단위의 분기 목표를 자신이 실천할 수 있는 작은 단위로 쪼개야 한다는 것이다. 이 과정에 도움을 주는 도구가 바로 분기 로드맵이다.

로드맵 작성 개요

1. 주간 가용시간 파악 및 주요 일정 작성
2. 주간 단위 계획 작성

분기 로드맵을 작성할 때 가장 먼저 하는 것은 분기 단위로 고정시간을 작성하여 가용시간을 고려해보는 것이다. 주간 단위의 가용시간처럼 구체적으로 할 필요는 없지만, 주간 단위로 가용한 시간을 확인하여 플랜을 배치해야 실천할 수 있는 로드맵을 수립할 수 있다. 다음 표에 '오전, 오후, 저녁, 4'라고 적혀 있는 부분이 있다. 오전 4시간, 오후 4시

간, 저녁 4시간이라는 표시이다.

	16 (월)	17 (화)	18 (수)	19 (목)	20 (금)	21 (토)	22 (일)	23 (월)	24 (화)	25 (수)
오전	4	4	4	4	4	4	4	4	4	4
오후	4	4	4	4	4	4	4	4	4	4
저녁		4		4	4	4	4		4	
주요 일정	□ 16일 수학 수행평가 □ 18일 동아리 면접									

▶ 오전 8시~12시

▶ 오전 13시~17시

▶ 오전 18시~22시

　가장 먼저, '오전, 오후, 저녁'을 4시간으로 나눈 영역을 통해 가용시간을 파악할 수 있다. 주간시간 설계표와 동일하게 먼저 고정시간을 파악하여 검정펜으로 테두리에 칠한다. 남은 부분이 가용시간이다. 가용시간을 한눈에 파악하기 위해 형광펜으로 색칠해보자. 아래 '주요 일정' 칸에 중요한 일정을 작성하여 놓치지 않도록 하자.

　다음으로 분기 목표를 주간 가용시간을 고려하여 분배해 작성한다. 주간 목표를 일일 계획에 나누는 것이 어려웠던 것처럼 처음엔 이 부분이 가장 어려울 것이다. 처음부터 분기 로드맵을 완벽하게 수립할 필요는 없다. 처음에는 '분기'라는 큰 흐름을 아는 것을 목적을 두고 실행하면서 차차 계획을 조정해나가면 된다. 분기 로드맵을 수립하고 실천하다 보면 계획량과 실행량이 큰 차이를 보여 초기 계획을 대폭 수정해야 하는 상황도 발생할 수 있다. 그러나 부디 절망하고 멈추지 않길 바란다. 그 과정을 통해 자신의 실행력을 파악할 수 있게 되고, 시간이 지나면 자신에게 맞는 계획을 작성할 수 있게 되기 때문이다.

분기 로드맵 수립 사례

(2) 실행 - 주간 플랜

여기부터는 여러분이 이미 습득한 '주간 플랜'이 등장한다. 분기 로드맵을 활용하여 분기 목표를 주간 단위로 쪼갰다면, 여러분은 주간 플랜영역을 펼쳐 다음 주 계획에 분기 로드맵에 작성한 것들을 옮겨 적으면된다. 이 과정을 반복해 이미 익숙해진 학생들은 주간 목표 대신 분기플랜을 일일 계획 앞에 끼워놓고, 바로바로 일일 계획으로 옮기기도 한다. 분기 플랜을 바탕으로 주간 플랜을 실천하다 보면 당장 오늘 내일만보는 것에서 벗어나 오늘 하는 to do들이 이번 분기에서 무슨 역할을 하는지, 지금 '내'가 하는 활동들이 어떤 의미가 있는지 등을 보게 된다. 즉,

더 넓은 시야를 갖게 된다.

(3) 피드백 - 분기 피드백AAR

앞서 이야기했듯 AAR은 일일 계획보다는 더 큰 범위를 피드백하기에 적절한 피드백 방식이다.

각 분기를 마친 후, 분기 AAR을 하다 보면 마음이 뿌듯해진다. '내'가 얼마나 열심히 살았는지가 한눈에 보이기 때문이다. 사실 이 책을 읽고 있다는 것 자체가 여러분이 얼마나 열심히 살고 있는지 보여주는, 어떻게 하면 삶을 더 보람차게 살 수 있을지 고민하고 있다는 증거라고 생각한다. 어디서든 여러분을 항상 응원한다.

월간 플랜

월간 플랜은 분기 내 구체적인 일정을 정확히 파악하기 위해 작성한다. 분기 로드맵은 해당 분기의 큰 흐름을 파악하는 역할을 하지만, 분기 내 구체적인 일정은 월간 플랜에 정확히 반영하여 진행하는 것이 더 효과적이다.

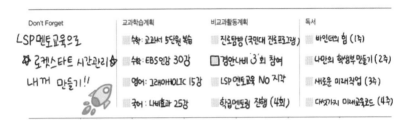

제일 위는 월간 목표를 적는 영역이다. 교과와 비교과, 독서 영역으로 나눠서 작성할 수 있다. 교과는 한 달간의 학업 목표를 적는 칸이다. 4칸밖에 없으므로 주요 과목 위주로 작성하면 좋다. 비교과 영역은 한 달간 해야 할 비교과 활동을 작성하는 영역이다. 그중 독서는 따로 떼어서 구체적으로 작성한다. 독서를 따로 떼어놓지 않으면, 다른 급한 일에 밀려서 제대로 진행하지 못하는 경우가 많기 때문에 따로 떼서 관리하기를 추천한다.

　　목표 영역 아래는 날짜별 계획을 수립할 수 있는 영역이다. 날짜별 계획은 크게 세 부분으로 나뉜다. 제일 윗부분은 교과 계획을 적는 칸이다. 제일 아랫부분은 비교과 계획 또는 개인 일정, 중간은 학교나 자신이 속한 공동체(동아리 등)의 일정을 적는 칸이다. 교과 계획은 익숙해지기 전까지 많은 변동이 있으니, 간략하게 작성하면 좋다. 공부 계획보다는 놓치면 안 되는 특별 일정인 수행평가 등 평가와 관련된 부분을 정확히 작성하는 게 더 좋다. 공부 계획을 월별로 정리하고 싶다면, 일요일 파트에 한 주간 해야 할 총량을 간단히 적어두는 것도 좋다. 중간 부분에 학교나 자신이 속한 공동체 일정을, 제일 아래에 비교과 활동 또는 개인 일정을 적어놓으면, 중요한 일을 예상하고 전체적인 계획을 조절하는 데 도움이 된다.

실행 근육을 키워주는 습관 형성 프로젝트

플래닝을 하다보면 좋은 습관으로 실행의 근육을 키워놓는 게 얼마나 중요한지 뼈저리게 느끼게 된다. 이번 장에서는 여러분의 실행 근육을 키워주기 위해 두 개의 양식지를 소개하고자 한다.

습관형성 30일 프로젝트 양식지는 말 그대로 습관 형성을 돕는 양식지이다. 학교 활동 몰입 프로젝트 양식지는 교과 및 비교과 활동의 몰입을 돕는 양식지이다. 학종 디자인을 돕는 교과 심화 탐구 아이디어도 기록할 수 있으니 꼭 습관을 형성해놓자. 한가지 Tip을 주자면 이러한 습관은 분기 플래닝 훈련하기 전에 익히면 실행의 근육이 커져 분기 플래닝을 익히는 데 한결 수월해질 것이다.

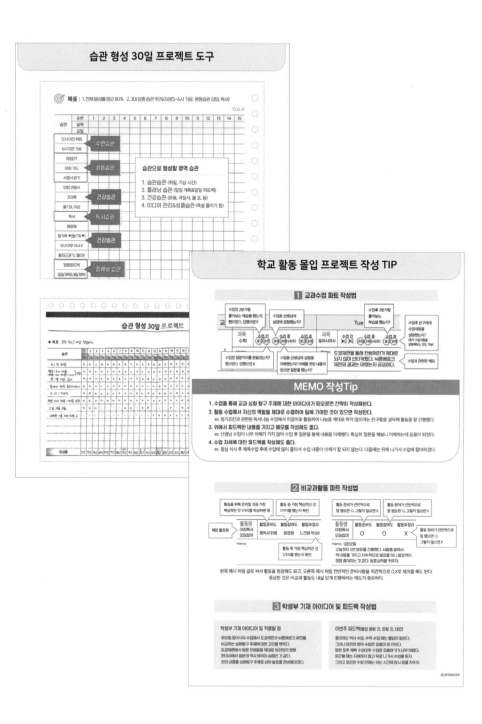

A 실행 디자인 활동 가이드

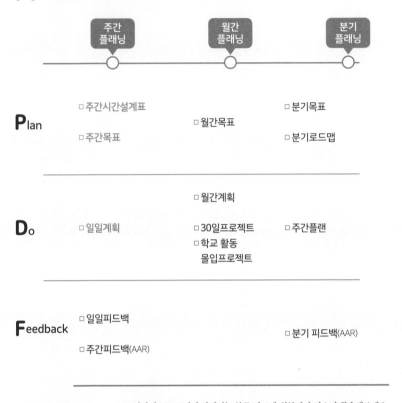

주간 플래닝 · 월간 플래닝 · 분기 플래닝

Plan
- □ 주간시간설계표
- □ 주간목표
- □ 월간목표
- □ 분기목표
- □ 분기로드맵

Do
- □ 일일계획
- □ 월간계획
- □ 30일프로젝트
- □ 학교 활동 몰입프로젝트
- □ 주간플랜

Feedback
- □ 일일피드백
- □ 주간피드백(AAR)
- □ 분기 피드백(AAR)

※ 빨간색으로 표시된 양식지는 부록 자료에 첨부되어 있으니 활용해보세요.

Q. 저는 플래닝이 잘 안 맞는 것 같은데, 꼭 해야 하나요?

A. 학생부종합전형을 준비하다 보면, 바쁜 학교생활을 보내게 되지요.
다양한 활동을 놓치지않고 진행하기 위해서는 시간관리가 정말 중요합니다.
시간관리의 다양한 방법이 있지만, 학교 현장에서 교육을 하다보면
플래닝이 정말 강력한 도구임을 거듭 깨닫게 됩니다.
위에 소개된 모든 플래닝을 당장 시작할 필요는 없습니다.
본인에게 맞는 플래닝부터 차근차근 시작해보기를 추천합니다.

LSP 6기 김지승

처음 만났을 때의 지승이는 '열정맨'의 현실 버전 같았다. 고등학교에 막 입학한 지승이는 '고등학교생활을 정말 열심히 해야지!'라는 의욕에 불타고 있었다. 공부를 열심히 할 뿐 아니라 대학 진학에 도움이 될 만한 활동들에 최대한 많이 참여했다. 학교 오케스트라, 동아리, 다수의 교내 대회 참여까지. 지승이는 누구보다 고등학교생활을 열심히 했다. 하지만 시간이 가면서 활동들이 너무 많아지자 지승이는 매우 힘겨워했다.

'아, 시험 2주일 남았는데, 소논문 작성대회 준비가 거의 안 됐네. 시간을 맞추려면 오케스트라 연습을 빼야 하는데, 연습에 나 혼자 참여를 못 하면 민폐인 것 같고……. 공부는 어쩌지? 어휴, 밤을 새워야 하나? 수행평가 준비는? 아, 정말 너무 바쁘다!'

나름대로 머릿속에 계획이 있었는데, 막상 상황이 닥치니 계획은 흐트러지기 시작했다. 가장 기대하고 있던 소논문 작성대회를 허겁지겁 마무리한 후 교무실을 나오는 지승이는 허탈감에 젖어 있었다. 본인의 기대에 훨씬 못 미치는 논문이 내내 마음에 걸렸지만, 자신을 돌아볼 틈도 없이 지승이는 기말고사 준비에 돌입해야 했다. 지승이는 엉망진창의 수렁에 빠진 것만 같았다.

기말고사를 마치고 LSP 토요학교에 참석한 지승이의 안색은 좋지 못했다. 고등학교 첫 학기를 열심히 산다고 했지만 무엇 하나 제대로 마무리되는 것이 없는 것 같아 속상함이 밀려왔기 때문이었다. 여름방학만큼은 모든 것을 내려놓고 푹 쉬고만 싶었다. 그때, 지승이의 귓가에 대학생 멘토의 목소리가 꽂혔다.

"기말고사 끝났다고 '인생 끝났다' 하면서 축 처져 있는 사람은 없겠죠?"

지승이는 자신을 이야기 하나 싶어 주위를 둘러보았다. 친구들의 시선은 대학생 멘토에게만 집중되어 있었다. 머쓱한 표정으로 지승이는 대학생 멘토를 바라보았다.

"여름방학 분기 플랜을 꺼내봅시다. 실행의 고수를 만드는 분기 플랜이에요! 분기 플랜은 이전에 했던 양식과 비슷하지만, 두 달 반이라는 시간을 계획한다는 점에서 조금 어렵지요!"

멘토들의 조언을 받으며 여름방학 동안의 교과와 비교과 목표를 작성하던 지승이는 한숨을 푹푹 내쉬었다. 할 게 너무 많은 까닭이었다. 그 많은 것을 어떻게 해야 할지 시도할 엄두도 나지 않았다.

"돌아다니며 보았는데, 다들 훌륭하게 작성했군요! 그러면 분기 로드맵을 펼쳐볼까요?"

마지못해 분기 로드맵을 펼친 지승이는 질색을 했다. 숫자도 너무 많고, 양식지 자체가 굉장히 어려워 보였기 때문이다. 주변을 돌아보니 친구들의 반응도 대체로 비슷했다. 대학생 멘토는 이럴 줄 알았다는 듯이 미소를 지으며 설명했다.

"아주 어려워 보이지요? 처음엔 어려울 수 있으니 걱정하지 말아요. 여름방학 목표를 세워보았는데, 어때요? 할 만한가요? 당장 내일부터 이걸 해야겠다는 의지가 막 샘솟아요? 그렇지 않은 학생들이 많은 것 같네요. 목표를 세우긴 세웠는데, 막막하고 이걸 어떻게 해야 하나 싶을 것 같아요. 그렇죠?"

대학생 멘토의 말에 학생들은 고개를 끄덕였다. 지승이도 마찬가지였다.

"고래를 먹는 방법을 혹시 아나요? 사실, 구워먹든 삶아먹든 상관없이 고래를 먹는 방법은 딱 하나예요. 바로, 내가 먹을 수 있는 크기로 잘라야 한다는 겁니다."

대학생 멘토는 고래와 인간의 사진을 TV에 띄우며 말했다. 고래에 비해 사람은 너무도 작아보였다.

"이 고래를, 여름방학 목표로 바꿔봅시다. 여러분이 목표만 세워놓고 여름방학을 잘 보내겠다고 하는 건, 이렇게 커다란 고래를 맨입으로 먹겠다는 거나 마찬가지예요. 여름방학을 잘 보내려면, 가장 먼저 여름방학 목표를 내가 소화할 수 있는 수준으로 잘게 쪼개야 해요. 그 도구가 여러분 앞에 있는 분기 로드맵이랍니다."

대학생 멘토의 설명을 들으며 로드맵을 살펴보니, 매주의 시간을 고려해 일주일 단위로 목표를 쪼갤 수 있었다. 일주일의 목표를 일일계획으로 다시 쪼개면 당장 본인이 무엇을 해야 할지 알 수 있었다. 지승이는 매일의 목표를 달성하며 열심히 살았을 때 세웠던 목표를 성취할 수 있다는 것을 아주 마음에 들어 했다. 1학기 때처럼 열심히 살았지만 남는 것은 없는 비극이 다시 일어나지 않을 것 같아 안심했다. 지승이는 멘토의 도움을 받아 분기 플랜을 열심히 작성했고, 뜨거운 여름방학을 보냈다.

그리고 2학기를 맞이하기 전, 지승이는 2학기 분기 플랜 양식지를 펼쳤다. 일은 벌려놓았으나 지금 당장 무엇을 해야 할지 몰라 닥치는 대로 했던 1학기는 반복하고 싶지 않았다. 2학기에도 참여해야 하는 동아리나 오케스트라, 공부, 교내 대회까지 거대한 고래가 머릿속에 맴돌았지만 지승이는 차분히 정리하며 목표설정을 적어내려갔다. 그리고 분기 로드맵을 펼쳐 2학기의 큰 행사, 주요 일정을 정리하며 목표를 세분화시켜나갔다.

"2주 후엔 창의논술대회가 있네? 다음 주에 국어 수행평가를 마무리해야 대회 준비하는 데 시간을 많이 쏟을 수 있겠다. 그러려면 이번 주 가용시간에는 수행평가를 우선적으로 배치하고 실행해야겠어. 대회 끝나고 2주 후에 중간고사……. 오케스트라 연습을 빼면 가용시간은 이 정도니까 이번 주부터 주요과목 정리해놔야지."

여전히 할 일은 많았지만 무엇을 언제 어떻게 해야 할지 알게 되니 지승이는 학교생활이 더욱 즐거워졌다. 다양한 활동을 진행함에도 불구하고 본인의 생활을 균형있게 지켜나가는 지승이는 다양한 곳에서 리더를 할 기회를 얻게 되었다. 성적도 점차 오르기 시작했다.

"지승아, 너 정도 학생부에, 이 성적이면 학생부 종합전형이 적절할 것 같구나. 학과는 정했니?"

고3 담임선생님의 말씀에 지승이는 곤란한 표정을 지었다. 그렇지 않아도 학과 문제로 부모님과 마찰을 겪고 있었기 때문이다. 부모님은 공학도를 희망하고 계셨지만 지승이는 경영학을 전공하고 싶은 생각이 있었다.

지승이는 LSP를 통해 미래 사회에는 스스로를 경영해야 한다는 것을 배울 수 있었고 빠르게 변화하는 사회 속에서 정체되지 않기 위해서는 계속해서 성장해야 한다는 생각도 들었다. 또한 개선이 필요한 문제점을 찾아내어 해결하며 혁신을 일으키는 것에 강하게 이끌리기도 했다. 실제로 고등학교생활동안 플래닝을 통해 본인의 약점을 보완하고 강점을 계발하면서 자신의 삶 속에서 작은 기적들을 맛보았던 경험도 있었기에 '경영학'을 전공해 더 넓은 세상에서 더 많은 대상에게 도움을 주고 싶었다. 지승이는 부모님을 설득했고, 자연계열이었음에도 불구하고 소신껏 고등학교생활과 경영에 대한 철학을 자기소개서에 담아 경영학과에 지원서를 넣었다. 그리고 감사하게도 다수의 서울권 대학에 최초합격의 영예를 얻었다. 결국 지승이는 중앙대학교 경영학과에 입학하게 되었다.

대학생이 되자마자 지승이는 대학생 멘토와 멘토에게 받은 사랑을 후배들에게 나눠주겠다는 마음으로 LSP 대학생 멘토에 지원했다. 대학생으로서 자유롭게 살고자 플래닝을 놓으려던 마음은 24명의 첫 제자들을 만나자마자 쏙 들어갔다. 본인은 플래닝을 하지 않으면서 후배들에게 플래닝을 가르치는 것은 옳지 않다고 생각했으며, 단순히 이론을 제시하는 것이 아니라 삶으로 보여주는 대학생 멘토가 되고 싶었기 때문이다. 또한 플래닝을 하지 않으면 대학생으로서의 삶이 무너질 수 있겠다는 생각도 들었다. 학점도, 대학생활도 갑자기 자율성이 높아져서 오히려 플래닝의 중요성을 깨달았기 때문이다. 대학에서는 과제를 하지 않아도, 시험공부를 하지 않아도, 동아리나 학과생활을 하지 않아도 아무도 뭐라고 하지 않으니 스스로를 다잡아줄 플래닝이 필요했던 것이다.

대학생 지승이는 분기 플랜을 다시금 꺼내들었다. 그리고 1학기에서 전 과목 A⁺를 받았다. 봉사 활동도 하고, 학과 생활도 하고, 아르바이트도 하고, 동아리 활동도 하면서 말이다. 지승이는 여기에서 멈추지 않았다. 4차 산업혁명이 진행되고 있는 사회에서 실제적인 혁신을 일으키는 경영을 위해서는 컴퓨터 공학이 필요하다고 생각해 복수전공을 하기 시작했다. 1학년이 끝나기도 전에 2개의 전공을 병행하는 지승이는 조금 피곤해 보였지만, 무척 활기차보였다.

얼마 전, 지승이와 나눈 대화가 매우 인상적이었다.

"고등학교 때부터 지금까지 진짜 열심히 살았던 것 같아요. 열심히 살다 보니까 생각도 변하더라고요. 꾸준히 많은 경험을 하고 많은 사람을 만나니까 그런 것 같아요. 그런데 이렇게 꾸준히 열심히 살 수 있던 원동력은 플래닝이에요. 당장 뭘 해야 하는지 알 수 있고, 하고 있는 이 일을 왜 하는지도 자연스럽게 알게 되니까요. 경영학도로서 자신을 경영하고 있다는 생각에 자부심도 느껴요. 이젠 제가 뭘 하고 싶은지 조금 알게 되는 것 같아요."

우리가 만났을 때 지승이는 겨울방학을 보내던 중이었다. 방학인데도 지승이는 컴퓨터공학 공부를 하고 있었다. 왜 이렇게 열심히 하냐는 질문에 지승이는 웃으며 이야기했다.

"저는 컴퓨터공학이 공학계열의 경영과 비슷하다고 생각해요. 내가 생각하는 것을 현실화시킬 수 있잖아요. 세상을 바꾸려면 단순히 회사를 운영하는 것만으로는 부족해요. 제가 직접 할 수 있어야 한다고 생각해요. 그게 진짜 경영인 것 같아요. 내 사명의 방향성을 조금씩 찾아나가는 것 같아요!"

인생의 목적인 사명, 어쩌면 가장 거대한 고래를 만나는 과정에서도 지승이는 즐거워 보였다. 자신의 삶에 확신을 가진 지승이는 누구보다 빛나고 있었다.

chapter 4

삶의 수준을
높이는
생각 디자인

01
경안나비 독서모임과 생각하는 문화

새로운 성장 공간을 고민하다

"선생님~ 저 인생을 헛산 것 같아요."

2016년 창특 수업시간 때의 일이었다. 갑자기 한 학생이 벌떡 일어나 "선생님~ 저 인생을 헛산 거 같아요"라며 소리치는 것이 아닌가. 더욱이 이 학생은 수업시간마다 시끄럽게 떠들어 선생님들의 마음을 힘들게 하던 학생이었다. 대화를 해보니 같은 조에 있는 LSP 친구들은 학교 활동을 하며 많이 성장하고 있는 거 같은데 자신은 후퇴하고 있는 느낌이 들었다고 했다. 성장을 원하고 있는 이 학생에게 도움을 주고 싶었다. 하지만 창특 수업에서 개별적인 멘토링을 하기에는 어려움이 있었고 LSP는 학기 초에 선발을 하고 있기에 들어오라고 말할 수 없는 상황이었다.

학생 성장의 또다른 공간을 만들고 싶다는 생각이 들었다. 마침《대한민국 독서혁명》이라는 책을 읽고 있었는데, 책에는 나비(나비: 나로부터 비롯되는 변화의 줄임말)독서모임을 통해 성장한 사람들의 사례가 나와 있었다. 독서모임을 통해서 변화된 사람들이 도움이 필요한 사람들을 데려와 변화될 수 있도록 도움을 주고 있었다. 나는 이 책을 보며 경안고에서도 경안나비 독서모임을 만들어 성장을 원하는 누구나 와서 도움을 받을 수 있는 모임을 만들고 싶었다.

그러다가 6월쯤 안산시에서 에코문예학교라는 이름의 공문이 하나 내려왔다. 독서모임 개척하는데 사용할 수 있는 예산이었다. 김건용 부장님과 최원 선생님과 함께 협의하여 독서모임을 개척하기 위한 전략을 수립했다. 우리끼리는 에너지가 부족하니까 전국적으로 나비독서모임을 운영하는 3P자기경영연구소의 도움을 받기로 했다. 그리고 LSP멘토들을 테이블리더로 삼아 학생들이 주도적으로 운영할 수 있도록 역량을 개발시켜주자는 의견이 모아졌다. 그렇게 경안나비 독서모임이 시작되었다.

함께할 동역자를 키우다

40명의 LSP 6기 멘토들을 모아서 독서모임 개척에 대하여 설명했다. 창특 수업 때 있었던 일을 이야기 하며 LSP 외에 또 다른 성장의 공간을 만들고 싶다고 이야기했다. 독서를 통해 변화를 원하는 학생들은 누구나 올 수 있도록 따뜻한 모임을 만들고 싶다고 했다. 그러면서 LSP 멘토 중에서 시간이 가능한 사람들은 경안나비의 독서리더로 도움을 달라고 부탁했다.

감사하게도 16명이 새로운 독서모임을 만드는 데 참여하겠다며 신청했다. LSP 멘토들은 학교생활을 정말 열심히 하는 학생들이다. 성실한 태도로 학교생활을 임하기에 선생님들의 신뢰를 받는 학생들이 많다. 그래서 LSP 멘토 말고도 전교 학생회 임원, 학급 반장, 동아리 부장, 봉사 단체 팀장 등 2~3개의 리더를 맡고 있다. 거기다가 학업도 열심히 해야 되기 때문에 새로운 모임에 참여하는 게 쉽지 않은 일이다. 그럼에도 많은 학생들이 독서리더에 지원을 해주어서 정말 고마웠다. 지원을 못한 학생들도 문자 메시지로 함께하지 못하는 이유를 설명하며, 그래도 경안나비가 개척되면 도움 될 일을 하겠다는 이야기를 해주었다. LSP에서 매주 외치는 "자신을 성장시켜 학교를 변화시키자"라는 구호가 헛되지 않았음이 확인되어 정말 기뻤다.

3P자기경영연구소에 전화해 3P본부에서 운영하는 양재나비에 아이들을 데리고 가겠다고 이야기했다. 학교에서 몇 시에 모여서 오냐는 질문에 "새벽 5시 40분이요"라고 답변했다. 그러자 담당자는 "새벽 5시 40분이요?"라며 놀라움을 표현했다. 양재나비에 참여한 첫날 강규형 대표님도 그 이른 시간에 모인 학생들에게 깜짝 놀라시며 양재나비에 참여한 사람들에게 우리 독서리더들을 소개하셨다.

3주 동안 양재나비에 참여하며 학생들은 양재나비에서 함께한 많은 어른들에게 격려를 받고 힘을 받았다. 대부분의 어른들이 이렇게 말했다.

"나는 어른이 되어서 독서의 중요성을 깨달았는데, 학창시절에 독서의 맛을 알게 된다면 크게 성장할 거예요."

그러면서 경안고에서 독서모임 개척이 꼭 성공해 많은 학생들이 독서를 통해 변화를 일으키면 좋겠다고 말씀하셨다.

양재나비에 참여한 학생들을 소개하는 강규형 3P자기경영연구소 대표님

3주 동안의 모임에서 학생들은 독서리더로서 독서모임을 어떻게 운영해야 하는지를 배울 수 있었다. 짧은 시간이었지만, 아이들은 양재나비의 따뜻함을 느끼며 경안나비를 어떻게 운영할지 아이디어를 얻었다.

경안나비 독서모임을 개척하다

필자가 독서리더를 세우는 일을 진행할 동안 최원 선생님은 1, 2학년 전체에 독서법 특강이 이뤄질 수 있도록 노력했다. 하루에 모든 학생들을 교육할 수 없기에 4개 반씩 2주 동안 교육하기로 했다. 최원 선생님의 노력으로 독서법 특강이 잘 준비되어 2주간의 강의가 잘 진행되었다.

독서모임이 끝난 후 독서리더들이 페이스북에 경안나비 페이지를 만들어 적극적으로 홍보하기 시작했다. 쉬는 시간마다 각 교실에 들어가 경안나비 참여를 홍보하기도 했다. 그리고 드디어 경안나비 첫 번째 모임이 진행되었다. 70명 정도 들어갈 수 있는 전자도서관이 꽉 찼다. 참여자 숫자를 파악하는 학생이 내게 와서 흥분을 감추지 못하고 인원수를 이야기했다. '89명'이었다. 아침 7시에 진행하는 독서모임에 90명 가까운 학생들이 참여한 것이다. 아이들이 점점 늘어서 100명이 넘게 온 날도 있었다. 아이들은 페이스북 페이지에 관련 사진과 영상을 편집해서 올리며 새로운 성장의 공간이 개척된 것을 알리기 시작했다. 이 자리에는 창특 수업 시간에 인생을 헛산 것 같다며 소리치던 학생도 참여했다. 이 학생도 경안나비에 자주 나오며 성장하게 되었다.

경안나비 페이스북 페이지

학생 주도형 모임으로 변신을 추구하다

2016년 경안나비의 첫 스타트를 성공적으로 마칠 수 있었다. 3P의 도움과 독서리더들의 열정으로 시작을 멋지게 해낼 수 있었다. 2017년 부터는 나비 운영 계획을 수립할 때, 2016년에서 좋았던 면뿐 아니라 보완점도 논의했다. 첫해는 양재나비에서 배운 것을 바탕으로 운영했지만, 경안나비만의 독창적인 특징도 있어야 된다는 의견이 나왔다. 그 결과 "들감(들어주셔서 감사합니다)", "나감(나눠주셔서 감사합니다)" 등의 경안고만의 독창적인 멘트가 생겨날 수 있게 되었다. 또한 사회자도 학생이 보면 좋겠다는 의견이 나와서 당시 독서리더 반장이었던 김주현 학생이 사회를 보게 되었다. 홍보, 참여 학생 명단 관리 등 대부분이 학생들이 주도적으로 진행했지만, 딱 한 가지만은 선생님들에게 부탁했다. 바로 원포인트 레슨이었다. 원포인트 레슨은 책에서 핵심이 되는 하나의 포인트를 잡아서 15~20분 정도로 정리해주는 활동이다. 학생들은 선

2017년 경안나비, 김주현 학생이 사회를 보는 모습

생님들의 원포인트 레슨을 통해 자신들이 놓쳤던 부분을 파악하는 데 도움이 되었다며 원포인트 레슨을 적극 부탁했다.

학생들이 주도적으로 진행할 여건이 만들어지면서 경안나비는 더 크게 성장할 수 있었다. 열정적인 독서리더들의 헌신으로 2017년에는 평균 100명 정도가 참여하는 놀라운 성장을 가져왔다. 2018년 이후부터는 평균 120명 정도가 참여하여 더 이상 전자도서관에서 진행할 수가 없었다. 경안나비는 더 넓은 급식실로 보금자리를 옮겼다.

 김주현 학생의 학생부 종합전형 자기소개서 기록

"리더십? 협동?"

저는 남들과 협동하는 성격이 못 되었습니다. 불안해서 남에게 맡기느니 힘들더라도 혼자 일을 하는 게 편했습니다. 그 와중에 2학년 2학기 멘토 선생님께 연락이 왔습니다. 선생님께서는 교내 아침 독서모임을 통해 학생 스스로 자신의 변화를 이끌 수 있는 공동체를 만들고 싶은데 함께 동참하지 않겠느냐고 제안을 하셨습니다. 저는 제안을 받아들였습니다. 그리고 독서모임 반장이 되어 '독서리더'라는 이름의 팀원들을 모아 독서모임 '나비'를 기획, 진행했습니다. 학교에 새로운 문화를 정착시키는 일이라 많은 것을 배우고 준비해야 했습니다. 토요일 새벽 5시 40분에 학교에 모여 서울 문정동으로 가서 '본깨적'이라는 독서법을 배우고, 방학 때 만나서 독서모임을 연습하는 등 만반의 준비를 했습니다. 하지만 하나부터 열까지 쉬운 일은 없었습니다. 사소한 것부터 의견이 맞지 않아 어려움을 겪었습니다. 나름 반장으로서 책임감과 리더십을 발휘해 홍보와 진행 순서 정하는 것을 전부 제가 했는데, 매일 밤을 새우며 홍보지를 만들고, 진행 계획을 짜고, 독서모임을 준비하기 위한 독서까지 하느라 감당할 수가 없었습니다. 그렇게 많은 일에 시달리고 나서야 뭔가 잘못됐다는 것을 느꼈습니다. 마침 독서모임 준비를 위해 읽은 《잭 웰치의 마지막 강의》라는 책에서 "조직의 문화는 모두가 자신의 역할의 담긴 의미를 이해하는 문화여야 한다"라는 구절을 보고 나는 지금 내 리더십이 잘못되었고, 팀원들을 아예 무시하고 있음을 깨달았습니다. 저는 친구들에게 회의를 제안했습니다. 회의를 통해 독서모임 운영에 꼭 필요한 팀만 남기고, 각자의 역할을 명확히 정할 수 있었습니다. 이후 저는 팀원들의 일하는 방식을 존중하려 노력했으며, 점차 독서모임 문화를 만들어냈고, 2017년 첫 모임 때 아침 구시에 120명이 모이는 기적적인 결과를 얻게 되었습니다. 주변에 있는 팀원들과 하이파이브를 하며 함께 일하여 얻는 성취감을 맛보았습니다. 진짜 협동을 한 기분이었습니다. 남들과 함께 일해 얻는 기쁨을 배운 경험뿐만 아니라 교내에 새로운 문화를 만든, 값진 경험을 했습니다.

독서리더들은 고3이 되어서 경안나비 개척 활동을 저마다의 역할에 맞게 자기소개서 소재로 삼았다. 그 학생들 대부분이 자신이 원하는 대학에 합격할 수 있었다.

언론의 관심을 받다

2018년부터 경안나비가 학생 주도로 잘 운영이 되자 언론의 관심을 받게 되었다. 2018년에는 한겨레신문에 독서법 관련하여 2회 연재를 할 기회가 생겼다. 본깨적 독서법 및 경안나비 운영법에 대해서 연재를 하여 경안고 독서 사례를 전국에 알릴 수 있었다.

매주 한 시간 반 '함께 독서'로 아이들이 달라진 사연

경안고 선생님의
고고플래닝

지난 5월29일치에 소개한 '본격적'[책을 읽은 뒤 본 것, 깨달은 것, 적용할 것을 찾아서 정리하는 독서법]에 대해 많은 분들이 관심을 보여주셨습니다. 특히 학교 안에서 책을 읽는 문화를 만드는 방법에 대해 많이들 궁금해하시더군요. 이번 주에는 현재 경안고등학교에서 운영하고 있는 '경안나비'['나로부터 비롯된다'는 줄임말] 독서모임을 소개해드리고자 합니다.

경안나비는 매주 금요일 아침 7시부터 8시30분까지 진행합니다. 이른 아침부터 꾸려가는데 평균 120여명이 참여하고 있습니다. 경안고 모든 학생에게 열려 있는 모임으로, 독서를 통해 생활·학습 면에서 변화·발전하고자 하는 학생이라면 누구나 참여할 수 있습니다.

경안나비는 학생들이 당면한 삶의 문제들을 책을 통해 해결하고, 자신을 성장시키는 것을 목적으로 두고 있습니다. 따라서 독서나 놀수업에 함께 읽는 책들도, 흔히 말하는 '필독서 100권' 등에서 고르지 않습니다. 아이들이 본인의 삶에 실제 영향을 받았다고 생각하

책 위주로 선정하고 있습니다.

경안나비에 참여하려면 매주 책 한 권을 본깨적 방법으로 읽은 뒤, 모임 시간에 책 내용을 함께 공유해야 합니다. 모인 학생들은 보통 한 테이블에 6~8명 정도 앉아 하나의 모둠을 꾸립니다. 해당 테이블에서 읽은 책에 대한 이야기를 나누고, 전체 학생들 앞에서 발표하는 방식으로 운영합니다.

'테이블 리더'[맡은 학생이 사회에 따라 책에서 인상 깊었던 내용, 자신의 삶에 적용하고 얻은 아이디어를 친구들과 공유합니다. 그 뒤 모둠에서 발표를 희망하는 학생 가운데 5~6명을 선정해 전체 발표를 진행합니다.

전체 발표가 끝난 뒤에는 담당 교사들이 책의 핵심을 정리해주는 '원 포인트 레슨'을 이어갑니다. 책의 핵심을 한 가지로 정리하여, 아이들 삶에 적용할 수 있는 아이디어를 제공해주는 것입니다.

경안나비에서 나누었던 〈성과를 지배하는 바인더의 힘〉, 〈실행이 답이다〉, 〈베이스캠프-지식세대를 위한 서재 컨설팅〉 등은 제가 교사로서 성장하는 데 도움을 받았던 책들이었습니다. 학생들에게도 제가 적용했던 사례를 제시해서 독서 및 플래닝 그리고 건강관리 습관 등을 형성할 수 있도록 조언을 해주었습니다.

지난해 5월26일 학생들이 경안고 전자도서관에서 '경안나비' 독서모임에 참여하고 있다. 한 학생이 책을 보고 깨달은 점, 자신의 삶에 적용해 변화된 모습을 발표하고 있다.

경안나비에서는 한 학기에 한번, 함께 읽은 책의 지은이를 초청하는 특강도 엽니다. 입시 교육이 최우선일 것만 같은 고등학교에서, 아침 7시에 '저자 특강'을 진행하는 사실에 다들 놀라워합니다. 여기 참여한 지은이들은 이른 시간에 학생이 독서 나눔을 하기 위해 모임난다는 것에 또 한번 놀라고, 아이들이 자발적으로 '지적·심리적 성장에 대한 갈급함'을 느끼며 꾸린 모임이라는 데 감동합니다.

책을 통해 변화한 학생들은 자신의 친구들을 모임에 데리고 옵니다. 친구를 따라 경안나비에 왔던 2학년 박수연양은 "중학교 때까지

독서가 너무 싫었는데, 경안나비를 통해 꾸준히 책을 읽게 되면서 삶이 크게 변화할 수 있었습니다. 모임을 하면서 작년 한 해 동안 86권의 책을 읽을 수 있었습니다"라고 소감을 말했습니다. 지금은 엘에스피[LSP] 토요학교[진로, 플래닝, 기업가정신 교육과 선후배 멘토십 문화를 통해 학생들의 미래역량을 키워주는 경안고 특성화 프로그램, 5월8일치 기사 참조]와 경안나비 모임 멘토로 활동하며 후배의 성장을 위해 노력하고 있습니다.

학교 혁신의 가장 중요한 주체는 학생이라고 생각합니다. 경안고에서는 많은 학생들이 경안나비와 엘에스피 토요학교를 통해 멘토 선배들과 만나고 있습니다. 선배들을 통해 자신에 맞은 플래닝 등을 알려주며 함께 성장하는 학교 문화를 만들어내고 있습니다.

갈피를 잡지 못하는 입시 정책으로 많은 학생들이 힘들어집니다. 이럴 때일수록 중요한 것은 아이들의 '자기 경영' 역량을 길러주는 것이라고 확신합니다. 그 역량은 책 읽는 학교 문화를 통해 가능하리라 생각합니다. 읽고, 나누고, 서로 공감하는 가운데 아이들은 '진짜 성장'을 경험할 것입니다. 글·사진 곽홍훈[안산 경안고 교사]

경안나비 관련 한겨레신문 기사, 2018. 06. 19. (화)

2019년에는 EBS뉴스에서도 관심을 가지고 취재하러 왔다. 담당 PD는 새벽 7시에 독서모임을 하는 모습에 감동을 하며 취재 내용을 방송으로 내보냈다.

나로부터 비롯되는 변화, '나비' 독서모임

경안나비 관련 EBS뉴스 보도, 2019. 07. 11. (목)

경안나비로 생각의 힘을 키우는 경안고 학생들

경안나비 개척 강사로 왔던 이재덕 작가는 본인의 저서《어쩌다 도구》에서 경안나비에 대한 회고를 다음과 같이 남겼다.

> "금요일 그것도 아침 7시부터 진행하는데, 자발적으로 모이는 학생의 수가 100명을 넘는다니, 듣고 보고도 믿을 수 없는 광경이었다. 동기부여를 돕고자 3번 정도 독서모임에 특강을 진행했는데, 학생들의 눈빛이 살아 있었다. 분명히 학생들은 독서를 할 수 있다. 자신의 생각을 잘 표현할 수 있다. 단지, 그럴 여유가 없었고, 그럴 환경이 주어지지 않았을 뿐이다."
>
> – 이재덕《어쩌다 도구》 p234

그렇다. 학생들은 독서를 잘할 수 있다. 안내해주는 사람이 있고, 독서할 공간이 있다면 학생들은 독서를 통해 자신을 성장시킬 역량이 된다. 다만 그럴 공간이 없기 때문에 아이들이 독서할 기회가 열리지 않는다고 생각한다.

독서에 대한 가치관이 백팔십도 바뀌었다. 독서의 가치와 힘을 깨달은 지금은 나비에 오기 전 나와 같은 견해를 가지고 있는 사람들이 안타깝게 느껴진다. 그 사람들 역시 책을 통해 변화할 수 있다는 믿음을 가지고 그 사람들을 도와주고 싶다.

- 경안나비 참석 학생 소감문, 2학년

이전엔 등교 시간보다 이른 시간에 나와서 책을 읽는다는 것은 상상도 못할 일이었다. 게다가 이렇게 많은 사람 앞에서 자신의 생각을 발표한다는 건 더 상상하기 어려웠다. 나비에 와서는 테이블 나눔을 통해 발표에 대한 자신감이 생겼다. 전체 발표도 하면서 나의 역량을 기를 수 있었다. 내 생각이 다른 사람에게 전해진다는 것이 뿌듯했다. 또한 이전에는 책도 '편식'하는 편이었다. 나비 덕분에 좋은 책을 많이 만나게 되었고, 그만큼 스스로에 대해 더 깊은 고민, 성찰을 할 수 있게 되었다.

- 경안나비 참석 학생 소감문, 1학년

독서록을 쓸 때 어떤 책을 골라야 할지도 몰랐고, 무작정 느낀 점과 줄거리만 쓰는 습관이 있었다. 그런데 본 것, 깨달은 점, 적용할 점을 쓰라고 권해주어서 책을 효과적으로 읽는 방법을 터득할 수 있었다. 그래서 책을 읽는 것에 흥미가 생겼고, 더 많은 책을 읽을 수 있었다.

- 경안나비 참석 학생 소감문, 1학년

지난 4년간 경안고에서 진로 독서 및 경안나비를 운영하면서 많은 어려움이 있었다. 그러나 학생들이 독서를 통해 성장하며 자신의 삶을 개척해나가는 모습을 보며 어려움을 이겨낼 수 있었다. 학생들에게 미래 사회에 필요한 역량을 함양시켜주는 '진짜 교육'을 하고 있다는 생각을 가질 수 있었다.

김지영 작가는 저서《다섯 가지 미래교육코드》에서 독서의 중요성을 다음과 같이 이야기 한다.

> "역설적으로 디지털 시대이기에 책읽기의 중요성은 더더욱 강조된다. 요즘처럼 지식의 수명이 짧고 새로운 것을 늘 익혀야 하는 시대에는 책은 유용한 지식의 원천이다. (중략) 책을 통한 간접경험은 다원화되는 사회를 이해하기 쉬운 렌즈를 제공해줄뿐더러 기계와 맞설 인간의 고유한 역량인 사고력을 높여준다."

인공지능이 본격적으로 등장하는 미래 사회에는 기계에 맞설 인간의 고유 역량인 사고력이 더욱 중요해진다. 학생 때부터 책을 통해 사고력을 길러야 되는 이유이다.

현재 교육계가 많이 어수선한 것 같다. 교육계가 어수선한 것과 관계없이 미래 사회는 빠르게 다가오고 있다. 많은 학교에서 경안나비와 같은 독서모임이 활성화되어 공교육을 통해 미래 사회에 필요한 역량을 함양하는 학생들이 많이 생겨나길 소망한다.

미래 사회에도 중요한 생각의 힘

왜 생각인가?

인공지능^{AI}, 로봇기술, 가상현실, 사물인터넷, 자율주행차, 드론 등이 주도하는 4차 산업혁명에서 인공지능은 막대한 영역을 차지하고 있다. 자동화되기 어려운 전문적인 일자리를 제외한 대부분의 일자리가 인공지능에 의해서 대체될 것이라는 보도도 쉽게 찾아볼 수 있다. 사실 인공지능에 의한 일자리 변화는 이미 일어나고 있고, 더 이상 안전한 직업은 없다고 말할 정도로 그 위력은 대단하다.

2017년 고용정보원에서는 2025년 인공지능으로 대체되는 직업 대체율을 발표한 적이 있다. 결과는 굉장히 충격적이었다. 의사 42.5%, 판검사 38.4%, 대학교수 37%, 초등학교 교사 60.8%, 간호사 66.2%, 기자 49.5%, 소방관 79.1% 등 현재 부모와 청소년들이 선호하며 준비하고 있는 직업들의 상당 부분이 인공지능에 의해서 대체될 것이라는 발표를 했다. 2025년이면 현재 청소년들이 직업을 갖게 되는 시기와 일치한다. 미래 사회를 준비하지 못하고 직업세계로 나오게 될 아이들의 미래가 걱정되는 부분이다. 미래 사회의 변화를 인지하고 있을지라도 무엇을 어떻게 준비해야 할지 몰라 힘겨워하고 있는 학생들도 많이 있을 것이다. 그래서 더더욱 걱정이다.

딸아이가 첫돌을 맞이하는 날이었다. 첫돌을 기념해 양가 가족들과 스튜디오에 사진을 찍으러 갔다. 촬영기사님께서 돌잡이 소품을 보여주시며 아이에게 잡게 하셨다. 붓, 무명실, 돈, 청진기, 마이크, 판사봉 등이 진열되어 있었는데, 부모가 자녀에게 기대하는 판사, 검사, 교사, 의사가 돌잡이 용품에도 그대로 드러나 있었다. 급변하는 미래 사회를 거부하기라도 하듯 우리의 사고는 고착되어 있는 듯하다.

나는 미래를 위해 두 방향으로 준비해야 된다고 생각한다. 하나는 변화하는 미래 기술을 준비하는 것이고, 또 다른 하나는 변하지 않는 인간다움을 키우는 것이다. 미래 기술을 이해하고 본인 실무에 활용할 수 있는 역량을 기르는 것과 인공지능에 대체되지 않는 인간다움 즉, 인간만의 고유한 사고력을 키우는 것이 중요하다고 본다. 여기서 말하는 사고력이란 창의력, 문제 해결 능력 이외에도 융합적 사고 능력 등도 포함된다. 본 장에서는 미래 사회를 준비하는 두 방향 중 인간의 사고력을 키워 미래 사회를 준비해야 한다는 것에 초점을 맞추어 사고력을 어떻게 기를 것인지 그 방법을 안내하고자 한다.

일부 학교에서는 기업가 정신 교육, 메이커 교육 등을 진행한다. 또한 일부 교사들은 수업 혁신을 시도한다. 모두 학생들의 사고력을 키워주기 위한 노력이다. 그러나 이러한 움직임이 교육계 전반적으로 퍼져 학생 개개인에게 영향을 미치기까지는 아직 시간이 많이 필요하다. 여전히 많은 학교에서는 국, 영, 수 중심의 암기 위주의 수업이 이루어지고 있다. 학생들도 입시에만 목표를 두고 공부한다. 그래서 당부한다. 미래 변화에 대비하고 싶은 학생이라면 학교 환경과 상관없이 청소년 시기에 사고력을 키우는 방법에 귀 기울여줄 것을!

　시중에는 사고력을 키우기 위해 '인문학적 관점을 키워야 한다', '철학적 관점을 키워야 한다'는 등의 여러 가지 솔루션이 떠돈다. 필자는 책 읽기를 솔루션으로 제안한다. 책 읽기는 자기 주도하에 이루어지기에 사고력을 키우는 데 매우 유용한 도구가 된다. 이 책에서 경안고 학생들의 사고력 향상에 도움이 된 책 읽기 방법의 노하우를 안내하겠다. 필자의 생각의 힘을 키워주었을 뿐만 아니라 경안고 학생들의 사고력 성장에도 큰 도움이 된 방법이다. 이 방법을 통해 여러분의 사고력을 키워 개인을 성장시키고 사회를 변화시키는 미래 사회의 인재가 되길 바란다.

본깨적 독서를 통한 생각 디자인

본깨적의 정의

살아 있는 책 읽기 방법으로 '본깨적' 독서 방법을 제시하고자 한다. **본깨적**이란 '저자'의 관점에서 책의 내용을 보고(본), '나'의 관점에서 깨 닫고(깨), 깨달은 것을 내 삶에 적용하는(적) 책 읽기 방법을 뜻한다. 본깨 적은 집중력을 키워주고 생각과 행동을 강화하는 역할까지 한다.

'**본**'은 저자의 관점에서 본 것을 뜻한다. 나의 입장에서 책의 내용을 받 아드리는 것이 아니라 저자의 관점에서 책의 내용을 보는 것이다.

'**깨**'는 나의 입장에서 깨달은 것을 말한다. 저자의 관점으로 보려고 노 력하며 책 읽기를 하다 보면 자신도 모르게 고개가 끄덕여지고, 빠져들 고, 공감되는 순간이 있다. 어떤 곳은 저자가 내 마음을 항변이라도 하 는 듯해서 펜으로 밑줄을 긋게 되기도 한다. 즉 깨달음이 생기는 부분이 다. 그 깨달음을 통해 내 손의 책은 박제되어 있는 글이 아니라 나의 삶 과 긴밀하게 연결되는 목소리가 된다.

'적'은 깨달은 것을 삶에 가져와 적용하는 것이다. 깨달음이 생각의 씨앗이 된다면 이 씨앗을 현실로 가져와 심는 것이 적용이다. '깨'가 정적이라면 '적'은 동적이다. 깨닫는 것은 '나'로 시작해 '나'로 끝나지만, 적용은 그렇지 않다. '나'와 '공동체'를 변화시키는 힘이 적용에 있다.

본깨적 시스템

(1) 책 속 본깨적

필자는 늘 책을 읽기 전에 필통에서 꺼내는 것이 있다. 바로 노란색 색연필이다. 노란색 색연필은 독서에 집중력을 높여주고 일반 펜보다 표시를 쉽게 할 수 있다는 장점이 있다. 필자는 책을 읽으면서 관심이 가는 내용에 노란색 색연필로 밑줄도 긋고 박스도 표시한다. 이렇게 밑줄을 긋거나 박스를 치는 것만으로도 책을 이해하는 데에 큰 도움이 된다. 하지만 책을 잘 보는 것뿐만 아니라 깨닫고 적용하는 것도 중요하기에 밑줄 긋기와 박스 치기에 메모하기를 더한, 책 속 본깨적을 추천한다.

책 속 본깨적이란 말 그대로 책을 읽으면서 필요한 내용을 페이지 상하단의 여백에 본깨적 메모를 하며

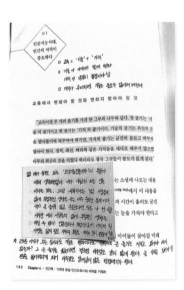

책 속 본깨적 사례

읽는 방법이다. 본 것은 페이지의 상단에, 깨달은 내용이나 깨달음을 바탕으로 삶에 실천하고 싶은 아이디어가 있다면 페이지의 하단에 기록한다. 책을 빨리 읽는 것이 아니라 책의 내용을 제대로 이해하고 재독 시간을 줄이는 것이 책 속 본깨적의 핵심이다.

(2) 본깨적 노트, 아이디어 노트, 좋은 글 노트 작성

처음 본깨적을 하는 여러분은 책 속 본깨적만으로도 스스로를 자랑스러워할 것이다. 맞다. 정말 제대로 된 책 읽기에 입문한 것이다. 하지만 중요한 과정이 하나 더 남아 있다. 바로 종이에 기록을 하는 것이다. 여기서 "또 해?"라고 반응하는 학생도 있을 것이다. 하지만 책의 내용을 좀 더 내 것으로 만들고 적용력도 높이려면 노트에 기록하는 과정이 필요하다. 책상 위에 책과 더불어 본깨적 노트, 좋은 글 노트, 아이디어 노트 총 3장의 노트를 펼쳐놓는다. 책을 넘기며 책 속에 흩어져 있던 본깨적 기록들을 본깨적 노트에 모은다. 본 것은 페이지를 표시한 후 정리하고, 깨달은 것이 있으면 별표(☆)를 한 후에 기록하고, 적용할 점이 있으면 네모(□)를 한 후에 작성한다. 여러분도 그대로 따라 하면 된다. 자투리 시간이나 대중교통을 이용할 때 본깨적 노트를 통해 재독을 해보자. 그러면 책의 내용이 더욱 선명해져 자신의 삶에 적용하는 실천력이 높아진다. 삶의 성장을 가져오는 '실용 독서'가 가능해진다.

책을 읽으며 머릿속에 떠오른 아이디어는 따로 모아 아이디어 노트에 적어둔다. 아이디어 노트는 보기만 해도 희망을 주는 노트이다. 작은 겨자씨 하나가 큰 아름드리나무가 되는 것처럼 작은 아이디어는 큰 성장의 가능성을 보여주기 때문이다. 인생의 중요한 영역들에 대해 좋은 아이디어를 모아 보자. 여러 책을 통해 쌓인 아이디어는 여러분의 삶에 귀중한 보물이 될 것이다.

마지막으로 책을 통해 나에게 힘이 되고 도전이 되었던 좋은 글이 있다면 좋은 글 노트에 기록해보자. 도움이 필요한 사람에게 힘을 주고 싶을 때 큰 도움이 된다. 사실 타인에 앞서 나 자신에게도 강한 동기부여를 주고 좋은 에너지를 공급해주는 자원이 된다. p. 269를 참고하여 작성해보자.

(3) 적용력을 더 높이기 위한 방법
One Book, One Message, One Action

경안나비에서 학생들을 성장시킨 중요한 포인트가 바로 원북, 원메세지, 원액션이다. 그중에서도 더 중요한 포인트는 원액션이다. 사실 책을 많이 읽는 것보다 더 중요한 것은 하나라도 실천해 보는 것이다.

One Book, One Message, One Action 사례

독서 목록/추천도서 목록/본깨적 노트/아이디어 노트 작성 TIP

Book List

20XX년 목표 __50__ 권

No	날짜	도서명	저자/출판사	메모
1	1/13~17	☒ 피터드러커의 자기경영노트	피터드러커/한국경제신문사	성과의 정의
2	1/17~20	☒ 불가능은 없다	윌리엄 H.오드아인하우스	
3	2/9~13	☒ 시간관리와 자아실현	이윤기/성철대방사	시간관리 10계명
4	2/13	☒ 선물(The Present)	스펜서존슨/랜덤하우스코리아	현재
5	2/14~20	☒ 관계우선의 법칙	왕중추/경영정신	고객
6	2/27	마케팅 불변의 법칙	알리스,잭트라우트/비즈니스맵	

> 책을 읽은 후 가장 먼저 떠오르는 느낌을 메모를 활용하여 작성해보자.
> 책 내용을 떠올릴 때 크게 도움받게 된다.

추천도서 List

날짜	도서명	저자/출판사	추천인
1/13	☒ 성과를 지배하는 바인더의 힘	강규형/스타리치북스	독서문화,비비
	☐ 마케팅 불변의 법칙	알리스,잭트라우트/비즈니스맵	강규형
9	☒ 탤런트 코드	대니얼 코일/웅진지식하우스	윤창숙
13	☒ 파라다트	리카드톨스/한국경제신문사	이현국
20	☐ 하프타임	밥버포드/국제제자훈련원	3P자기경영연구소

> 활동을 하다보면 선생님이나 선배들이 책을 추천해주는 경우가 많은데, 즉시 적지 않으면 추천해준 책을 잊어버리는 경우가 많다. 양식지를 활용하여 추천도서 리스트를 작성해보자. 심화활동을 전개할 때 크게 도움이 된다.

Idea Note

날짜	주제: 진로, 시명 영역
1/20	☒ 교육이란, 두 개의 줄기를 가진 나무와 같다. 한 줄기는 '기술'의 줄기이고, 한 줄기는 '가치'의 줄기이다. 기술의 줄기는 바꾸어야 하지만 가치의 줄기는 근간이 붙들고 바꾸지 말아야 한다.
	☒ '사건·의문 전문 기자'의 본질이란 무엇일까?
	☒ 언론과 의류 분야는 사람들에게 큰 영향을 미치는 분야이다. 그 속에서 큰 줄기를 읽고

좋은 글

출처를 밝혀보세요

시대를 바르게 오르기 보다는 올바른 사다리에 오르는 것이 훨씬 중요하고 현명한 것이다.

- 화력선에게 무역선이니 바쁘기는 마찬'가지'이다. 목적이 바른 방향이어야 한다.

올바른 방향을 결정한 후에 비로소 속도가 의미가 있는 것이다.

-성과를 지배하는 바인더의 힘-

본깨적 Note II

Pages: 본 것 ★ 깨달은 것 ✓ 진행중 ✗ 완료 작성일: 년   월   일

책 제목	성과를 지배하는 바인더의 힘	저자	강규형	출판사	스타리치북스

키워드 | 시간관리, 목표관리, 자기관리(자기경영, Self Leadership), 독서경영

P50 | 첫째, 경영자의 업무는 성과를 내는 것이다.

경영자는 예전의 회사를 운영하는 '사장님'만을 의미하는 것이 아니라 지식근로자까지를 포함한다.

두뇌를 사용해서 성과를 올리는 사람이라면 누구든지 지식근로자이다.

> (본 것)책의 핵심내용을 말한다. 페이지를 적고 저자가 말하고자 하는 핵심 내용을 정리한다.

둘째, 성과를 올리는 것은 습득될 수 있다.

> (깨달은 것)저자의 의도와 관계없이 나 자신이 소화한 것이다.
> 중요도에 따라 별기호를 적고 정리한다.
> ★ 중요 ★★매우 중요 ★★★핵심/컨셉

★★★ | 성과를 내는 사람이 '경영자', '지식근로자' / 열심보다 잘하는 것이 더 중요하다!

✗ | 피터드러커의 <성과를 향한 도전>을 읽어서 관련 내용을 더 깊게 공부하자!

> (적용할 점)책을 읽는 최종 목적이다.
> 구체적으로 내 삶에 적용할 것을 적으면 된다.
> 체크박스를 그린 후 진행도에 따라 ✓ 진행중 ✗ 완료로 표시하자.

04
타 영역으로 확대되는 본깨적

진로, 진학에서 활용되는 본깨적

본깨적 독서가 진로를 구체화시키는 데 도움이 될까? 진학에도 영향을 끼칠 수 있을까? 이 책을 읽는 많은 학생들의 관심일 것이다. 필자는 그동안의 경험을 바탕으로 "그렇다"라고 확신한다. 실제로 많은 경안고의 학생들이 본깨적을 통해 진로도 구체적으로 탐색해나가는 모습을 보았다.

(1) 본깨적 독서를 통해 미래 직업 세계로 진로를 확장한 사례

필자는 진로 수업 시간에 학생들의 진로를 미래 직업세계로 확장하기 위해 본깨적 독서법을 활용하고 있다. 사용하는 필독서는 김승 교수의 《10대가 맞이할 세상, 새로운 미래직업》과 김지영 교수의 《다섯 가지 미래교육코드》이다. 학생들은 이 책을 통해 자신의 진로를 미래 직업세

진로 수업 본깨적 독서 장면

계로 확장하는 일을 본깨적으로 진행하고 있다. 필자는 수업을 통해 학생들이 자신의 진로를 미래 직업세계로 확장시켜나가는 모습을 보았다.

아래 사례에 소개된 학생은 책을 통해 자신의 꿈인 교사라는 직업이 인공지능으로 대체되지 않으려면 학생 개개인에게 맞는 코칭 기술이 필요하다는 것을 깨닫게 되었다. 이어서 자신의 사명을 '코칭 전문 초등교사'로 구체화시킬 수 있게 되었다.

P.108 인간만의 창조력, 인간의 영역이 있을 것이다.
□ 개인 담임교사로 활동하려면 리더십보다는 학생개개인에
알맞는 코칭기술을 배워두어야 할 것 같다.
코칭에 대하여 알아보자

본깨적 독서를 통해 진로를 구체화시킨 사례

(2) 본깨적 독서를 통해 진학으로 연결시킨 사례

학생들이 본깨적 독서법을 활용해 확장된 진로를 자기소개서에 작성하여 진학에서도 좋은 평가를 받게 되는 경우도 많이 경험했다.

……저는 정보 소외 현상으로 인해 사회적 약자의 소외 및 빈부격차가 심화된다고 생각했고, 정보 소외 계층을 돕는 방법을 고민하게 됐습니다. 그러다가 접한 책이 《진흙, 물, 벽돌》입니다. 이 책은 빈곤 퇴치를 위한 개인 간 거래P2P 소액대출 플랫폼 'KIVA'의 창업 스토리입니다. 저자 제시카 재클리는 가난한 사람들의 불행을 동정하며 기부하기보다는 그들이 가진 창업 아이디어에 주목했고, 사업을 시작할 수 있도록 무이자 대출서비스를 제공해야 한다고 주장했습니다. 그의 말에 저는 단순한 동정 차원의 기부는 진정한 도움이 되지 않는다는 것을 알았고, 빈곤층 소외 극복의 궁극적인 목표는 경제력 신장이라는 것도 알게 되었습니다. 저는 이 책을 읽고 사람과 사람을 연결하는 P2P 대출과 핀테크에 관심이 생겼습니다. 그래서 3학년 때 '경제 읽기반' …… 주제로 P2P 대출을 선정했고, '경제스크랩반' 활동으로 핀테크, 가상화폐 기사를 분석했습니다. ……

장애인 등 사회적 약자를 도와주는 사람

책을 통하여 사회적 약자를 도와줄 방법으로 핀테크에 대한 관심증가

다양한 비교과 활동을 통해 진로구체화
(정보 소외 계층을 위한 금융소프트웨어를 개발함으로써 사회적 약자를 도와주는 핀테크 전문가)

본깨적 독서를 통해 진학에 도움을 받은 사례

위의 자료는 몇 년 전 학생부 종합전형으로 대학에 입학한 한 학생의 사례이다. 처음에는 '장애인 등 사회적 약자를 도와주는 사람'이라는 다소 추상적인 진로를 설정했다. 그러나 《진흙, 물, 벽돌》이라는 책을 읽고 사회적 약자를 도와줄 구체적인 방법으로 핀테크에 대해 관심을 갖게 되었다. 그 이후에 정규 동아리와 자율 동아리에서 핀테크 관련 활동을 하면서 자신의 진로를 더 구체화시킬 수 있었다. 이렇게 구체화된 자신의 진로 관련 활동을 학생부와 자기소개서에 기록하여 교과 성적이 다

소 부족함에도 원하는 대학에 진학할 수 있었다.

<table>
<tr><td colspan="2">IDEA NOTE</td><td></td></tr>
</table>

Date / Origin	Subject : 진료 , 사명 영역
1 / 20	☑ 교육이란 두 개의 줄기를 가진 나무와 같다. 한 줄기는 '기술'의
⟨ 다섯가지	줄기이고, 한 줄기는 '가치'의 줄기이다. 기술의 줄기는 바꾸어야
미래교육코드 ⟩	하지만 가치의 줄기는 굳건히 붙들고 바꾸지 않아야 한다.
	→ '보건 의료 전문 기자'의 본질이란 무엇인가 ?
	언론과 의료 분야는 사람들에게 큰 영향을 미치는 분야이다.
	그 속에서 큰 줄기를 잃고 흔들리는 일은 매우 거대한 일이다.
	언론 윤리와 사명, 그리고 초심을 잃지 않는 사람이 되자.

아이디어 노트를 통해 진로를 구체화시켜 진학에 도움을 받은 사례

위의 내용은 20학번으로 대학에 입학한 한 학생의 사례로 본깨적 독서를 통해 진로를 구체화시키고 진학으로 연결시킨 학생이다. 본깨적한 내용을 아이디어 노트에 작성하여 생각을 지속적으로 이어나갔다.

이러한 노력의 결과 처음에는 의학 전문 기자였던 꿈이 '사회적 약자의 편에서 사회제도를 변화시키는 보건의료 전문 기자'라는 구체적인 사명으로 발전할 수 있었다. 이 주제를 바탕으로 학생부를 브랜딩하여 결국은 교과 성적이 다소 부족함에도 원하는 대학에 진학할 수 있었다.

교과 수업에서 활용되는 본깨적

본깨적 방법이 숙달된 학생들은 다른 영역에서도 본깨적을 활용하여 생각의 힘을 강화시킬 수 있게 된다. 학생들이 본깨적을 활용하기 가장 좋은 영역은 교과 수업과 비교과 활동이다.

(1) 학교 활동 몰입 프로젝트를 활용한 교과 수업 본깨적

수업 본깨적은 수업을 듣고 깨달은 점과 적용할 점을 작성하는 것이다. 사실 이 내용은 3장 실행 디자인 파트에서 잠시 설명한 적이 있다. 학교 활동 몰입 프로젝트에 수업 본깨적이 담겨져 있다. 이해를 위해 앞의 내용을 다시 확인해보겠다.

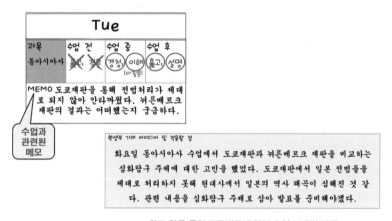

학교 활동 몰입 프로젝트에 담긴 수업 본깨적 사례

수업과 관련된 메모에 수업 집중도에 대해서 적어도 되지만, 수업을 본깨적한 내용을 적을 수도 있다. 수업을 듣고 깨달은 점이나 삶에 적용할 점을 작성하는 것이다. 수업 내용을 삶에 적용할 게 있냐고 반문할 수 있겠지만, 교과 심화 탐구를 전제로 하면 이야기가 달라진다. 수업을 통해 궁금한 내용이나 더 깊이 알고 싶은 내용을 적어두자. 작성한 메모 중에는 교과 세특을 풍요롭게 만들어주는 빅아이디어가 있을 수도 있다. 프로젝트 기간 동안 수업을 본깨적하는 습관을 들이자. 수업을 대하는 태도가 이전과는 달라져 있는 자신과 만나게 될 것이다.

(2) 수업 본깨적을 통한 교과 심화 아이디어 구상

프로젝트 기간이 끝나고 수업 본깨적 습관을 형성한 학생들은 아래에서 제시하는 양식지를 활용해 교과 심화 아이디어를 구상해보자.

교과명	일시	특이사항(심화 탐구 동기 & 주제 등)	교과 심화 및 학생부 기재 아이디어
문학	2019. 09.16	나의 진로는 '자신의 심리를 파악할 수 있도록 돕는 심리상담사'인데, 수업 시간에 고전문학을 통해 인물의 심리를 파악할 수 있다는 내용을 듣고 '고전문학 속 인물 심리파악'이라는 심화 탐구 주제에 대한 생각이 떠올랐다.	앞으로 수업 시간에 배울 홍길동전, 양반전, 허생전 등에서 인물의 심리를 파악해보자. 작품 속의 인물의 대사와 행동, 그리고 작가의 심리 변화에 대한 해설 등을 자세히 살펴보며 인물의 심리 변화에 대해 종합적으로 파악해보자. 주인공의 심리상담가가 된다는 심정으로 심화 탐구를 진행해보자. 재미있을 것 같다.^^
동아시아사	2019. 10.21	근대 문물의 도입 파트를 공부하면서 4차 산업혁명으로 새로운 기술이 도입되는 현재와 굉장히 비슷하다고 생각했다. 현재 우리가 어떤 태도를 취해야 하는지 과거의 사실로부터 교훈을 얻고, 사회적 약자들은 어떻게 대처해야 하는지에 대해 고민해보고 싶었다.	1, 2차 산업혁명기 기술(시계 사용, 철도,자동차, 전신 등 교통&통신혁명 등)의 변화를 통해 생활양식이 어떻게 변화되었는지 파악하고 현재의 기술 변화(인공지능, 사물인터넷, 퀀텀컴퓨팅, VR, AR 등)를 통해 어떻게 사회가 변화될지 《10대가 맞이할 새로운 세상》 등의 서적 등을 참고하여 파악해본다. 미래 사회의 변화에 대해 우리가 어떤 태도를 취해야 할지 역사 속에서 교훈점을 찾아 발표를 준비해보자.
생물	2019. 10.22 ~11.8	모둠 프로젝트 학습에서 이끔이를 맡아 활동을 이끌게 되었다. 몇몇의 친구들은 과학이 어렵다며 프로젝트에 큰 흥미를 보이지 않았다. 프로젝트를 제대로 이해한다면 흥미를 보일 거라는 생각에 조원들의 이해 수준을 분류하여 이해가 빠른 친구들을 먼저 멘토링한 후에 그 친구를 통해 다른 조원을 멘토링하는 시스템을 만들었다. 그래서 프로젝트가 원활하게 진행될 수 있도록 했다.	보고서와 발표 PPT에 프로젝트 내용뿐 아니라 각자의 역할에서 했던 활동을 상세히 기록하여 모둠원들이 '리더십', '공동체 의식', '성장 가능성' 등을 평가받을 수 있도록 해야겠다.

수업 본깨적을 통한 교과 심화 아이디어 예시

교과 심화 아이디어 양식지는 수업을 듣고 특이사항이 생길 때 작성하는 노트이다. '특이사항'에는 기본적으로 수업을 듣고 얻은 특별한 깨달음과 적용점을 작성하는 것이다. 수업 내용 자체를 작성하는 것은 여기서는 큰 의미가 없다. 수업 내용 자체에 대한 깨달음은 학습 노트를 활용해서 진행하면 된다. 여기서 말하는 특이한 깨달음은 학생부 기록과 관련된 내용이다. 수업 내용 중에 궁금증이 생겨 더 알아보고 싶은 것, 모둠 수업에서 역할을 제대로 하여 수업이 잘 되도록 기여한 것 등이 해당된다. 지속적으로 수업 본깨적을 진행하다 보면 교과별 세부 능력 및 특이사항이 풍성해질 것이다.

비교과 활동에서 활용되는 본깨적

비교과 활동도 본깨적 방식으로 아이디어를 관리할 수 있다. 많은 학생들이 학교 활동을 통해 많은 성장을 하면서도 기록을 하지 않아 아이디어가 깊어지지 않는다. 활동을 한 후 다음 활동에 대한 아이디어를 기록하는 것은 차후 활동에 큰 유익을 준다. 그런 활동의 결과 생각의 깊이가 더욱 깊어지게 된다. '생각'이 '활동'이라는 결과를 가져오면 자기가 하는 생각에 더 큰 의미를 부여하게 되기에 생각을 관리하게 된다. 그 결과 더 깊이 있는 생각으로 이어진다. 아래 예시는 경안고등학교 아침 독서모임인 경안나비를 본깨적한 예시 자료이다.

일시	느낀 점	학생부 기재 아이디어
11.15	오늘 경안나비에서는 랄프왈도 에머슨의 《자기신뢰》라는 책으로 나비를 했다. 오늘 책은 생각을 많이 하게 만든 책이었다. 그래서 책을 읽는 데는 별로 오래 걸리지 않았지만 나의 삶과 관련지어서 생각해보는 데 많은 시간이 걸렸다. 생각보다 내가 느끼고 깨닫고 위로를 받은 부분이 많았다. 특히 선경쌤의 원포인트 레슨이 정말 도움이 되었다. 원포인트 레슨을 들으며 혼자 울컥해서 눈물이 났다. 쌤이 '일관성'에 대해서 말씀하실 때 나의 삶과 너무 딱 들어맞는 말들이라 큰 위로가 되었기 때문이다. 고등학교에 들어와서 너무 힘들었는데, 선경쌤의 원포인트 레슨을 들으니 위로가 되었다. 나아가 지금도 충분히 열심히 살고 있다는 생각에 나를 채찍질하던 것을 멈추게 되었다. 오늘은 정말 지금까지 나비 중에 최고였다~♡	어렵다고 회피했던 고전을 통해 내가 위로를 받았다는 게 신기하다. 앞으로도 내 수준에서 읽을 수 있는 고전을 읽어보겠다. 경안나비에서 학생들이 읽을 만한 고전을 소개하고 있으니, 지속적으로 나비에 참여해 학생부 독서활동에 고전의 수를 늘리자.

비교과 활동 본깨적 사례(경안나비 독서모임)

비교과 활동 아이디어에서 '느낀 점'은 활동에 대한 전반적인 깨달은 점과 적용할 점을 작성하는 곳이다. 오른쪽의 '학생부 기재 아이디어'는 따로 모아서 관리하는 게 좋다. 예시에서는 자세히 기록되었지만, 실제로는 이렇게 자세히 작성하지 않고 간략한 느낌과 적용점을 작성하면 된다. 활동을 하다가 학생부 기재와 관련된 아이디어가 떠오를 때마다 작성하면 된다. 활동 중에 실천할 것은 따로 뽑아서 플래너에 기록하고 실행하면 된다. 이런 활동들을 지속하다 보면 생각의 깊이도 깊어지고 학생부 기록의 질도 높일 수 있다.

비교과 활동 아이디어를 기록할 때는 교과 아이디어와는 다르게 활동별로 나눠야 한다. 비교과는 자율, 동아리, 봉사, 진로 등 영역별로 성격이 매우 다르기 때문에 하나의 양식지에 여러 개의 느낀 점을 작성할 경우 혼란을 줄 수 있다. 활동별로 양식지를 따로 준비해서 아이디어를 관리하는 게 효율적이다.

T 생각 디자인 활동 가이드

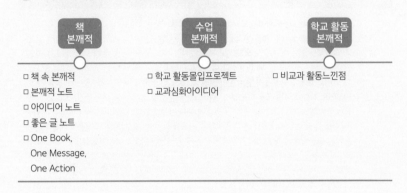

- 책 본깨적
  - □ 책 속 본깨적
  - □ 본깨적 노트
  - □ 아이디어 노트
  - □ 좋은 글 노트
  - □ One Book,
    One Message,
    One Action
- 수업 본깨적
  - □ 학교 활동몰입프로젝트
  - □ 교과심화아이디어
- 학교 활동 본깨적
  - □ 비교과 활동느낀점

Q. 본깨적 방법이 사고력을 기르는 데 도움이 될까요?

A. 본깨적 독서법은 단어에서 알 수 있듯이 글을 읽고 깨달은 점(깨)과 적용할 점(적)을 끊임없이 생각하게 합니다. 책을 단순히 읽는 것이 아니라 책의 내용을 통해 자신이 처한 상황과 끊임없이 비교하고 삶에 적용할 수 있는 아이디어를 고민하도록 합니다. 이 과정에서 생각하는 힘, 즉 사고력이 길러지게 됩니다. 특히 본깨적 독서법을 통해 길러진 사고력은 현실 속에 적용하며 길러진 사고력이기 때문에 미래 사회에서 요구하는 문제를 발견하고 해결하는 데 최적화된 사고력을 기를 수 있는 좋은 방법입니다. 실제로 본깨적 독서법이 적용된 후에 학교에서 진행하는 기업가 정신교육의 수준이 확실히 높아진 것을 경험하게 되었습니다.

Q. 본깨적 방법이 대학진학에 도움이 될까요?

A. 학종에서 가장 중요한 활동을 하나 꼽으라고 하면 교과 심화 탐구를 꼽을 수 있습니다. 교과활동 중에서 심도 있게 탐구할 내용을 선정하여 깊이 파고드는 활동입니다. 교과 심화 탐구 활동을 진행하려면 심화 탐구할 아이디어를 잘 선정해야 됩니다. 즉 교과내용을 보고(본) 심화 탐구할 아이디어를 내고(깨) 탐구를 진행하는 것(적)이 핵심입니다. 본깨적 독서법은 교과 심화 탐구를 진행할 수 있는 역량을 키워줍니다. 교과활동 뿐 아니라 학교에서 진행하는 창체(자율, 동아리, 봉사, 진로) 활동 등에서도 자연스레 깊이 있는 활동 아이디어를 낼 수 있도록 도움을 줍니다. 본깨적 독서법은 단순히 책을 통하여 사고력을 기르는 것 이상으로 학교 활동의 보는 관점을 향상시켜 대학진학에서도 좋은 결과를 가져올 수 있도록 돕는 독서법입니다.

LSP 7기 이시은

"고등학생에게는 공부도 중요하지만, 나중에 입시 면접을 대비해서 독서도 중요하단다. 지금부터라도 미리미리 읽어서 학기 말에 제출하도록 하렴!"

고1 담임선생님의 권유에 시은이는 떨떠름한 표정을 지었다. 긴 생머리에 두꺼운 뿔테안경을 쓴 시은이는 제 손으로 책을 사본 적이 없는 학생이었다. 만화책을 제외한 책은 숙제로만 여겨왔기 때문이다. 고등학교에 입학하자마자 위기감을 느낀 시은이는 점심을 먹자마자 도서관으로 직진했다. 무슨 책을 읽을지 고민하던 시은이의 눈에 '경안나비 독서모임'이라는 팻말이 보였다.

「매주 금요일 아침 7시, 전자도서관! 나로부터 비롯되어 삶을 바꾸는 나비 독서모임 함께해요!」

시은이는 시은이다운 반응을 보였다.

'아침 7시? 9시도 힘들어 죽겠는데, 새벽부터 책을 읽는다고? 저런 곳에 가는 사람도 있단 말이야?'

시은이는 신기한 듯 팻말을 잠시 바라보았지만 이내 관심을 다른 곳으로 돌렸다. 본인과는 전혀 상관없는 일로 생각했기 때문이다. 시은이는 아무 책이나 한 권 빌려 도서관을 나오면서 경안나비를 머릿속에서 깨끗하게 지워버렸다.

그런데 2학기가 되자 나비 독서모임에 절대 가지 않을 것 같던 시은이가 모임에 참석하게 되었다. 참석할 수밖에 없는 처지였다. LSP 멘토가 되는 데 나비 독서모임이 중요한 요소 중 하나였기 때문이다. 아침 7시에 간신히 학교에 도착한 시은이는 생각보다 뜨거운 나비 독서모임의 분위기에 깜짝 놀랐다.

"안녕하세요! 제 이름은 이시은입니다!"

"이시은! 이시은! 이시은! 힘!"

어슴푸레한 어둠을 뚫고 온 100여 명의 학생들은 나비 구호를 외치며 시은이를 반겼다. 그렇게 아침을 깨운 그들은 이어서 책에 대한 자신의 생각을 나누었다. 시은이가 떨리는 목소리로 자신의 이야기를 할 때엔 누구도 반박을 하거나 비꼬지 않았다. 8명으로 이루어진 조원들과 독서리더는 따듯한 눈빛으로 시은이의 의견에 경청하고, 이후 본인들의 생각을 정중하게 덧붙였다. 그런 분위기에서 시은이에게 변화가 일어났다. 처음엔 몇십 명의 학생 앞에서 본인의 생각을 이야기하는 것이 너무도 낯설어 나서지 않던 시은이도 몇 주가 지나자 전체 발표 시간에 손을 높이 들고자 노력하는 학생이 된 것이다.

시은이 자신도 본인의 변화가 놀라웠다. 실제로 시은이의 변화는 놀랄 만한 것이었다. 이전에는 책이 더러워질까봐 메모를 하는 것은 생각도 못했는데, 요즘엔 직접 책을 구매해서 본깨적을 기록하며 책을 읽고 있었다. 책을 읽고 바로 잊어버리는 것이 아니라 본깨적을 보면서 당시의 감동을 새록새록 떠올리며 되새기게 되었다. 혼자 조용한 곳에서 책을 읽던 예전과는 달리 생각을 나누면서 더 깊이 있는 독서를 하게 되었고, 나아가 배운 점을 삶에 적용하게 되었다.

시은이는 독서나눔을 통해 옳고 그름으로만 나뉘는 세상이 아닌, 타인의 다른 모습을 받아들이는 포용력이 있는 세상을 배울 수 있었다. 이전에는 마음이 힘들 때 혼자 버텨야 한다는 생각으로 노래를 듣거나 억지로 잠을 청하곤 했었지만, 독서나눔을 통해 아픔을 타인과 나누는 것을 배울 수 있었다. 자신의 상처를 드러내는 것을 배우며 시은이는 점차 단단한 내면을 가진 아이로 성장하고 있었다.

시은이는 본인의 변화를 다른 이에게도 나누고 싶었다. 그래서 2학년으로 올라가 독서리더가 되고, 리더반장이 되었다. 나비 사회자로 학생들의 발표를 진행하는 역할을 맡기도 했다. 전체발표 시간에 발표자를 선정하고, 발표 후 간단한 코멘트를 하기 위해 시은이는 책을 몇 번이나 읽고 자신의 생각을 정리해야 했다. 부담도 되고, 시간도 많이 걸렸지만 발표 후 힘을 얻는 학생들을 보면 과거의 자신이 생각이 나 뿌듯한 마음이 들었다.

곁에서 지켜본 시은이는 매번 진심으로 학생들과 소통하는 학생으로 성장해 있었다. 자신의 과거의 아픔이나 부담감도 솔직히 이야기하며 학생들을 위로하고자 노력했다. 시은이의 진행에 감동을 받아 나비 리더를 하고 싶다고 찾아오는 학생들도 있었다.

"선생님, 저 지금 2학년인 학생인데요, 혹시 다음 학기에 나비 리더를 할 수 있을까요?"

"2학년 2학기부터 할 수 있지. 혹시 왜 하고 싶은지 알 수 있을까?"

"친구가 끌고 와서 한번 와봤는데, 분위기도 너무 좋고, 책도 계속 읽을 수 있고요. 그리고, 사실 시은 언니가 발표할 때마다 응원해주는 게 너무 좋아서요! 제가 성격이 강해서 의도하지 않게 친구들에게 상처를 줄 때가 있었거든요. 나눔에서 털어놓은 적이 있는데, 언니가 저를 위로 해줬어요. 그때 엄청 감동받았어요. 저도 그런 나비 리더가 되고 싶어요!"

학생들의 성장을 매주 지켜본 시은이는 교사가 되어 '나도 학교에 나비모임을 만들어 건강한 독서문화로 학생들을 성장시키고 싶다!'는 생각을 품게 되었다. 이 생각은 자연스레 사명으로 발전했다. 시은이의 사명은 '정체된 공교육 환경에서 청소년들이 자신에게 주어진 재능으로 미래 사회를 준비할 수 있도록 교사로서 진로, 플래닝, 독서를 통해 학생들의 성장을 돕는 것'이다.

시은이는 나비를 통해 사명을 준비하고자 노력했다. 하지만 고3이 되자 조금씩 압박을 느끼기 시작했다. 본인이 공부할 시간이 부족함을 더욱 체감하고 있었다. 그러나 시은이는 포기하지 않았다.

"선생님, 저는 나비모임이 힐링 그 자체예요. 일주일 내내 힘들게 공부하다가 나비에 오면 마음이 얼마나 따뜻해지는지 몰라요. 여기 계속 나오고 싶으니까 더 열심히 하려고요."

시간이 부족한 만큼 시은이는 시간관리를 더욱 철저히 하기 위해 플래너를 꺼내들었다. 시험 3주 플랜을 세우면서 주요과목을 더욱 탄탄하게 공부하고자 주요과목 공부를 시험 플랜 이전에 배치해놓고 도서관에 틀어박혔다. 나비와 관련된 일에만 교무실에 얼굴을 비추는 시은이가 대단하기도 하고 안쓰럽기도 했다.

3학년 1학기까지 나비 임기를 마친 시은이는 시원섭섭한 표정이었다. 마지막으로 사회자의 역할을 마치고 인사를 받으며 "힘들면 가끔 나올게요."라고 약속한 시은이는 정말로 가끔 얼굴을 비추며 고3을 마무리 했다.

한창 바쁜 입시 기간이 끝난 후 시은이가 편지 한 통을 내밀었다.

선생님, 저 교사가 하고 싶었는데, 사범대는 다 떨어졌어요. 신경 써주
셨는데, 죄송해요. 대신 홍익대학교 경영학과에 붙었어요. 여기 가서
도 잘해보려고요!

마음이 아팠다. 교사가 되어 학교에서 나비를 진행하길 바라던 시은
이였는데 많이 힘들겠다 싶었다.

그렇지만 시은이는 생각 이상으로 강한 학생이었다. 대학생이 된 시
은이가 어느 날 내게 이런 말을 건넸다. LSP에 대해 대화를 하던 중에
나온 말이었다.

"선생님, 제가 경영학과에 와서도 여전히 교육에 관심이 가는 건 사명
덕분이 아닐까 싶어요. 처음엔 교육학과에 가지 못한 것이 너무 아쉬웠
지만, 지금은 너무 좋아요. 경영학과 특성상 다양한 배움과 진로가 있고,
교육 쪽으로 갔다면 경험하지 못했을 것들을 경험하며 견문을 넓히고 있
어요. 제가 교사가 되고 싶었던 이유는 청소년들을 위해서인데, 직업은
도구일 뿐 사명을 이룰 수 있는 방법은 정말 다양하다는 걸 느꼈어요."

시은이의 이 말에 정말 울컥했다. 실제로 시은이는 경영학과에서 열
심히 공부하며 살아가고 있었다. 꾸준히 교육봉사를 다니면서 플래닝을
통해 학점도 상위권으로 유지하고 있었다. 학과에서 연구발표 소모임에
들었는데, 1학년답지 않게 생각이 깊고 연구도 잘한다고 칭찬을 받았다

고도 했다. 그 말을 하며 기뻐하는 시은이의 모습에 나 역시 기쁨을 감출 수 없었다.

"상황이 바뀌었으니 진로 바인더도 다시 만들어 볼 예정이에요. 저는 지금도 정말 즐거워요, 선생님. 고등학생 때 읽었던 책을 다시 읽고 있는데 제가 했던 본깨적 메모가 정말 도움이 많이 되더라고요. '그때는 이런 생각을 했었구나' 하면서 감동도 받고요. 오히려 그때가 지금보다 더 철들었던 것 같아요. 나비 리더를 했던 게 고등학생 때 가장 잘한 일 중 하나라고 생각해요!"

이렇게 말하는 시은이는 정말 철이 깊게 들어 있었다.

얼마 전 LSP 대학생 멘토를 제안하려고 시은이에게 전화를 걸었다. 시은이는 봉사동아리 지역반장을 맡게 되어 시간 내기 어려울 것 같다며 미안해했다. 아쉬웠다. 하지만 어디를 가나 리더의 역할을 맡게 되는 시은이의 모습에 아쉬움은 뿌듯함으로 변했다.

간혹 학생부에 이름을 올리기 위해 겉핥기 독서를 하는 학생들을 보게 된다. 절박함은 이해가 되지만 한편 안타까운 생각이 든다. 삶을 바꿀 수 있는 기회를 놓치고 있는 것 같아서다. 경안고에서는 '실용독서'라는 말을 사용하고 있다. 삶에 적용할 수 있는 독서를 하자는 의미를 담고 있는 말이다. 실제로 독서를 통해 삶이 변화되는 학생들도 정말 많이 있다. 여러분도 독서를 통해 삶이 더욱 멋지게 변화되는 기적을 체험하기를 진심으로 바란다.

다가오는 4차 산업혁명 시기를 맞이하여 존재의 성장과 진학의 성공을 소망하며……

쌤! 안녕하세요. ○○이예요. LSP멘티 때 처음 뵙고 벌써 3년이 다 지나서 졸업을 하게 되는 날이 오네요.ㅜㅜ 진짜 시간이 빠르게 흐른 것 같아요. 경안고에서 지내면서 힘들고 어려웠던 순간도 많았지만 그 만큼 얻어가는 것도 많아요. 특히 LSP를 하면서 절대로 하지 못했을 경험과 성장, 감정들을 얻게 되었어요. 큰 성장을 하게 해주셔서 감사해요. 그리고 제 가능성을 알아봐주시고 할 수 있다고 응원해주신 것도요! 선생님 응원 덕에 무너지지 않고 고3까지 버틸 수 있었어요. 그리고 '성과를 위해 존재를 버리지 말자'라고 이야기 해주셔서 감사해요. 앞으로도 스스로의 존재를 위해 걸어가는 사람이 될게요. 그동안 정말 감사했습니다.

- 2020년 1월 졸업생의 감사편지

힘겨운 학교생활 가운데 학생의 감사편지가 필자에게 큰 감동을 주었다. 학생은 이 책에서 제시된 CAT Design 원리를 자신의 삶에 실천하여 상대적으로 부족한 내신에도 원하는 학교에 합격을 할 수 있었다. 학생의 진학 성공이 진심으로 기쁜 이유는 존재를 성장시키면서 진학까지도 성공했기 때문이다. 고등학교 3학년 동안 매우 힘겨웠을 테지만, 생각해보면 지금의 고등학교생활은 누구에게나 힘겨울 것 같다. 특히 기존의 질서가 점점 붕괴되고 새로운 질서가 창조되는 이 시기에 학창시절을 보내는 것은 매우 어려울 것이다. 기존 학교 체계 속에서 새로운 사회가 요구하는 역량을 함께 개발해야 되기 때문이다.

이 책이 마무리 되어 가고 있는 지금도 서울 주요대학의 정시 40%확대에 대한 기사가 나오고 있다. 한쪽에서는 정시를 더 늘려야 된다는 주장과 다른 쪽에서는 대학의 자율에 맡겨야 된다는 주장이 팽팽하게 대립되고 있다. 사회 전반적으로 여러 가지 대립이 발생하고 있다. 매우 혼란한 시대이다. 이런 혼란 가운데 학생들은 기존 사회에서 요구되는 역량과 새로운 사회에서 요구되는 역량을 함께 길러야 되는 힘든 상황 가운데 놓여져 있다. 그러나 걱정이 되는 것은 혼란한 사회와 교육제도 가운데 청소년들이 힘들기만 하고 '얻게 되는 것이 아무것도 없는' 학창시절을 보내게 될 수 있다는 점이다.

필자는 이 책을 통해 혼란한 교육 현실 가운데 제대로 성장할 방향을 제시해주고 싶었다. 기존의 교육체계 속에 있을 학생들에게 미래가 너무 먼 이야기일까봐, 현실에 기반을 두고 미래를 준비하는 '3.5차원 사고'를 컨셉으로 저술을 하였다. 이 책에서 제시된 CAT Design만이라도 익히면 혼란한 교육제도 가운데서도 인생의 체계가 잡히고 학종의 체계가 잡히는 '많이 얻는' 학창 시절을 보낼 수 있게 된다. 힘들긴 하지만 진정으로 행복한 학교생활을 할 수 있게 된다.

이 책을 읽는 모든 청소년들이 진정으로 행복한 학교생활을 통해 4차 산업혁명 시대의 인재로 성장했으면 좋겠다. 책의 마지막 부분을 읽고 있는 여러분들이라면 충분히 그럴 가능성이 높은 학생들이다. 이 책을 한 번 읽고 끝내지 말고 책의 내용을 곱씹으며 자신의 삶에 하나씩 실천했으면 좋겠다. 자세한 안내가 필요한 학생들은 유튜브에 "진로 디자인 학교"를 검색해서 필자들의 강의를 들으면서 하나씩 체화시켜보는 것도 좋을 것 같다. 이 책을 읽는 모든 독자들이 존재의 성장과 진학의 성공의 결실이 이뤄지기를 간절히 소망한다.

감사의 글

책을 마무리 하며 내 삶의 최고 디자이너이신 하나님께 감사드린다. 지나온 삶을 돌아보면 모든 일이 하나님의 인도함 가운데 이루어진 것임을 깨닫게 된다.

학교에서 부족한 나를 변함없이 믿어주고 일할 수 있는 환경을 만들어주신 김건용 교감님께 감사를 드린다. 김건용 교감님의 보이지 않는 헌신을 통해 학교 안에서 많은 교사들과 학생들이 성장할 수 있었고, 지금도 성장할 수 있는 희망이 생겼다. 이상주의자인 내 의견 하나하나에 귀 기울여주고 학생 성장의 공간을 만들기 위해 함께 헌신한 최원 선생님께도 감사를 드린다. LSP운영 초기에 아무도 뛰어들지 않는 사역에 함께 뛰어들어 죽을 만큼 고생한 일에 감사한 마음과 죄송한 마음이 함께 든다. 후배 교사가 성장할 수 있도록 사랑으로 격려해주시는 강찬성 선생님께도 감사를 드린다. 학생들을 성장시키는 일이 얼마나 어려운지늘 공감해주고 용기를 주셔서 성장할 수 있게 되었다. 신앙으로 학생들을 성장시키기 위해 함께 노력 중인 송건용 선생님을 비롯한 기독교사회 선생님들과 학생 성장의 학교 환경을 만들려고 노력 중인 배나공 선생님들께도 감사를 드린다.

LSP가 시작할 수 있도록 여건을 만들어준 장희걸 선생님, 박상국 교장님과 LSP를 끝까지 믿고 신뢰해주신 박두천 교장님께도 감사를 드린다. 정규수업을 통해 진로교육을 할 수 있도록 맡겨주신 정기숙 교감님과 학생의 성장을 늘 생각하시며 교육 여건을 만들어주시는 박수용 교감님께도 감사를 드린다. 새벽 5시 반에 학교까지 와서 독서리더 학생들을 서울로 데려가 경안나비가 시작될 수 있도록 도움을 주신 김진회 교장님과 LSP에서 이뤄지는 교육에 늘 관심을 가져주시며 격려를 아끼지 않으시는 행정실장님께 감사를 드린다. 무엇보다도 경안고에서 학생 성장의 문화가 만들어질 수 있도록 끊임없이 신뢰해주시는 이사장님께 진심으로 감사를 드린다.

LSP에서 학생들을 성장시키기 위해 함께 동역한 김예은, 박형우 선생님과 기업가 정신교육으로 학생들의 미래 역량을 함양하기 위해 도움을 준 어썸스쿨의 황필권, 이지섭 대표와 모든 청년강사들에게도 감사를 표한다. 아무것도 없는 황무지에서 선생님을 믿고 함께해준 이선경, 최윤수, 구현진, 최상규, 배성현, 임채환, 정수정, 박미선, 곽지현, 이혜연, 김준형, 김정우, 박장미, 이유정, 김주현(L주), 김주현(E주), 김지승, 이소정, 채세인, 김정현, 장성대, 서잘됨, 이지선 등 모든 대학생 멘토들에게도 감사를 표한다. LSP에서 선생님을 믿고 함께 동역한 1기부터 10기까지의 멘토들과 훈련을 받은 멘티들에게도 진심으로 감사를 표한다. 너희들이 없었더라면 이 책은 나오지도 못했을 거야. 진심으로 고마워~.

삶의 방향을 잡을 수 있도록 돕는 멘토가 되어주신 분들께도 감사를 드린다. 고등학생 시절 좌절하고 넘어져 다시 일어설 수 없다고 생각한 나를 일으켜 세워주신 임숙자 선생님께 감사를 드린다. 선생님의 헌신이 없었다면 내 삶이 어떠했을지 상상이 가지 않는다. 학생 성장의 이상만 컸지 방법을 몰라 헤맸던 나에게 플래닝 콘텐츠를 알려주신 고봉익 TMD 대표님께 감사를 드린다. 플래닝 교육과 더불어 진로교육의 스승이신 김승 교수님께도 감사를 드린다. "Kyunganism"이라는 용어로 LSP학생들의 성장을 주목해주시고 책을 집필할 수 있도록 용기를 주셔서 이 책의 집필이 시작될 수 있었음을 고백한다. 진로교육을 위해 헌신의 삶을 사시며 LSP를 아껴주시는 중학교 시절 스승이신 정종희 선생님께 감사를 드린다. 소명 기반 진로교육 체계를 알려주셔서 이 책의 사명 부분을 쓸 때 도움을 주신 정승인 교수님께도 감사를 드린다. 처음으로 미래 사회의 변화에 대해 알려주신 정지훈 교수님과 4차 산업혁명기에 어떠한 교육을 해야 되는지 알려주신 김지영 교수님께도 감사를 드린다. 두 분의 교수님을 통해 학생들에게 미래 사회에 꼭 필요한 교육을 할 수 있게 되었다. 학생을 성장시키기 위해 교사 자신이 성장해야 된다는 것을 깨닫게 해주신 3P자기경영연구소의 강규형 대표님, 류경희 이사님께 감사를 드린다. 또한 성장할 수 있도록 많은 도움을 주신 유성환, 용현중, 이상경, 장주영, 홍혜숙, 이재덕, 한선영, 양시온, 전규현 등 많은 선배님들께도 감사를 드린다. 3P에서 배운 자기경영과 독서경영을 통해 나 자신은 물론 내가 속한 공동체도 크게 성장할 수 있었다.

교직생활 초기 좋은교사 예비교사 아카데미를 통해 교직의 방향을 알려주신 김성천, 김현섭 선생님과 함께 성장의 가치를 알려주신 협동학습 연구회 선생님께도 감사를 드린다. 후배 기독교사의 가능성을 인정해주신 장슬기, 조창완, 김영식 선생님과 프로젝트X를 통해 LSP사례를 전국에 알릴 수 있도록 도움을 주신 김진우, 임종화 선생님께도 감사를 드린다. 진학에 대하여 자세히 알려주기 위해 도움을 주신《수박먹고 대학간다》저자인 박권우 선생님과 진학관련 서적의 공저자로 참여하여 배움의 기회를 마련해주신 베스트셀러《끝판왕 시리즈》저자인 정동완 선생님께도 감사를 드린다. 두 분의 선생님을 통해 진학에 대해 자세히 알 수 있게 되었고, 이 책의 학종 디자인을 쓸 때 큰 도움을 받을 수 있었다. 진로교사의 전문성을 더욱 신장시켜주기 위해 도움을 주신 최지연, 이건남, 문성채, 남중수, 임한려 교수님과 함께 성장을 위해 노력 중인 교원대 진로 3기 동기 선생님들께도 감사를 드린다.

내 인생의 첫 책쓰기 오병곤 사부님과 15기 만월 동기들께도 감사를 드린다. 바쁜 학교 업무로 책집필에 소홀해질 때마다 매번 책을 써야 되는 이유를 알려주시고 동기부여 해주셔서 이 책이 나올 수 있었음을 고백한다.

진리의 말씀과 진실된 모습을 통해 올바른 삶의 방향을 가르쳐주시는 제자들교회 박종진 목사님, 김기월 사모님과 늘 기도로 중보해주시며 우리 가족을 아껴주시는 정광채, 박현주 목사님께도 진심으로 감사를 드린다.

책이 나오기까지 노력해주신 장주영 팀장님과 애플씨드 대표님과 직원분들께도 감사를 드린다. 특히 책집필까지 함께해준 애제자 선경이와 평생의 동반자 아내 정은에게 진심으로 고마움을 표한다. 이외에도 지면의 부족으로 싣지 못한 분들께도 감사를 전한다.

　마지막으로 사랑하는 두 딸 아인, 하이와 평생 기도로 중보해주신 어머니께 감사를 드린다.

대표저자 곽충훈

부록

참고문헌 및 자료
진로 성과를 높이는 실전 양식

- 강규형, 《성과를 지배하는 바인더의 힘》, 스타리치북스, 2013
- 강규형, 《대한민국 독서혁명》, 다연, 2016
- 강일용, 〈CEO 열전: 하워드 슐츠〉, IT DongA, https://it.donga.com/27839/, 2018.6.18,
- 게리 컬러·제이 파파산, 구세희 역, 《원씽》, 비즈니스북스, 2013
- 고든 맥도널드, 홍화옥 역, 《내면 세계의 질서와 영적 성장》, IVP, 2003
- 고봉익·육근혜, 《고봉익의 공부습관 4가지 비밀》, 아리샘, 2015
- 고봉익·윤정은, 《진로 로드맵》, 웅진윙스, 2014
- 고봉익·이정아·성기철, 《공부계획의 힘》, TMD북스, 2014
- 고봉익·홍기운·임정빈, 《이것이 진로다》, 미디어숲, 2013
- 구본형 변화경영연구소, 《나는 무엇을 잘할 수 있는가》, 고즈윈, 2008
- 김경민·이정란, 《피드백》, 뷰티플휴먼, 2012
- 김미란·정보근·김승, 《미래인재 기업가정신에 답이 있다》, 미디어숲, 2018
- 김승 · 김미란 · 이정원, 《베이스캠프》, 미디어숲, 2014
- 김승·이정아·정동완, 《10대가 맞이할 세상, 새로운 미래직업》, 미디어숲, 2017
- 김지영, 《다섯 가지 미래 교육 코드》, 소울하우스, 2017
- 김지영, 《나를 위한 해시태그》, 소울하우스, 2018
- 김형준 외 6인, 《부모가 먼저 알고 아이에게 알려주는 메이커 교육》, 콘텐츠하다, 2016
- 나카지마 사토미, 양수현 역, 《오늘 또 일을 미루고 말았다》, 북클라우드, 2017
- 다큐프라임, 《왜 우리는 대학에 가는가》, EBS1, 2014
- 데이비드 록, 이경아 역, 《일하는 뇌》, 랜덤하우스코리아, 2010
- 류영철, 《학종로드맵》, 우리교과서, 2017
- 마커스 버킹엄·도널드 클리프턴, 박정숙 역, 《위대한 나의 발견 강점 혁명》, 청림출판, 2013
- 모리스 마텔를링크·차보금, 《파랑새》, 한국톨스토이, 2014
- 문석현, 《미래가 원하는 아이》, 메디치미디어, 2017
- 박상배, 《인생의 차이를 만드는 독서법 본깨적》, 위즈덤하우스, 2013
- 박승오·홍승완, 《시계를 멈추고 나침반을 보라》, 공감의기쁨, 2012
- 벤저민 프랭클린, 이계영 역, 《프랭클린 자서전》, 김영사, 2001
- 사이먼 사이넥, 이영민 역, 《나는 왜 이 일을 하는가?》, 타임비즈, 2013

- 서울대학교, 2016 서울대학교 학생부 종합전형 우수성과 공유 컨퍼런스 책자
- 서울대학교, 2020 학생부 종합전형 안내서, 2020
- 서울여자대학교, 2020 학생부 종합전형 가이드북, 2020
- 세스 고딘, 유영희 역, 《세스 고딘의 시작하는 습관》, 21세기북스, 2011
- 신동열, 《소명에 답하다》, 스텝스톤, 2013
- 연세대학교, 2018 학생부 종합전형 안내서, 2018
- 연세대학교, 2020 학생부 종합전형 안내서, 2020
- 이민규, 《실행이 답이다》, 더난출판사, 2011
- 이재덕, 《어쩌다도구》, 태인문화사, 2019
- 이재영, 《탁월함에 이르는 노트의 비밀》, 한티미디어, 2008
- 이지성·김종원, 《가장 낮은 데서 피는 꽃》, 문학동네, 2012
- 이혁규, 《한국의 교육 생태계》, 교육공동체벗, 2015
- 장주영, 《라이프 서핑》, 바이북스, 2019
- 전도근·윤소영, 〈직업카드200〉, 교육과학사, 2015
- 정동완·김두용·곽충훈·장광원, 《나만의 학생부 만들기》, 넥서스에듀, 2020
- 정동완·박상철·김형준·김두용·곽충훈, 《자소서 끝판왕》, 꿈구두, 2020
- 정선주, 《학력파괴자들》, 프롬북스, 2015
- 정승인, 《생명에서 소명으로》, 천국의숲, 2015
- 정철상, 《대한민국 진로백서》, 중앙경제평론사, 2018
- 조벽, 《조벽 교수의 인재혁명》, 해냄출판사, 2010
- 조현탁(연출), 〈스카이캐슬(TV 드라마)〉, HB엔터테인먼트, 2019
- 존 로빈스, 안의정 역, 《존 로빈스의 음식혁명》, 시공사, 2011
- 존 맥스웰, 김고명 역, 《사람은 무엇으로 성장하는가》, 비즈니스북스, 2012
- 중앙대학교, 2020 학생부전형 가이드북, 2020
- 폴 D. 티거·바버라 배런·켈리 티거, 이민철, 백영미 역, 《나에게 꼭 맞는 직업을 찾는 책》, 민음인, 2016
- 폴 D. 티저·바버라 배런-티저, 강주헌 역, 《사람의 성격을 읽는 법》, 더난출판사, 2006
- 홍기운·김승, 《나만의 북극성을 찾아라 1~3권》, 미디어숲, 2012

비교과 활동 계획

작성일:　　　　년　　　월　　　일

영역	활동명	활동 동기 & 목적	활동 아이디어
자율 활동			
동아리 활동			
봉사 활동			
진로 활동			
기타			

교과 심화 탐구 계획

작성일:　　년　　월　　일

과목명	심화 탐구 주제	심화 탐구 동기	활동 아이디어

나의 흥미 유형 프로파일　작성일:　　　년　　　월　　　일

1. 나의 상위 3개 흥미유형은?

나의 상위 3개 흥미유형은 _____, _____, _____ 이다.

2. 흥미육각형

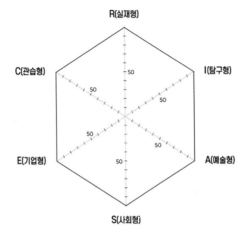

- R(실재형)
- I(탐구형)
- A(예술형)
- S(사회형)
- E(기업형)
- C(관습형)

3. 나의 주요 흥미유형과 관련된 특성

순위	흥미유형	성격 특성	직업 특성
1위			
2위			
3위			

4. 흥미유형별 직업 및 학과정보

순위	흥미유형	대표직업	대학 학과
1위			
2위			
3위			

사명 로드맵

직업입문과정
1. 필요한 자격증

2. 요구되는 능력

3. 예상되는 어려움

4. 요구되는 능력 획득 및 예상되는 어려움 극복 방안

사명성취과정
1. 필요한 자격증

2. 요구되는 능력

3. 예상되는 어려움

4. 요구되는 능력 획득 및 예상되는 어려움 극복 방안

첫번째 직업에 입문하기 위한 대화과 학습

사명으로 가기 위한 첫번째 직업

사명 기반 진로설학

주간 시간 설계표

날짜	이번 주 나를 이끌어 갈 한마디!
/ ~ /	

TIME	MON	TUE	WED	MON	FRI	SAT	SUN
05							
06							
07							
08							
09							
10							
11							
12							
1							
2							
3							
4							
5							
6							
7							
8							
9							
10							
11							
12							
01							
가용시간							
자주학시간							

교과 학업 계획

과목	교재/내용	목표 분량		학습 요일						
		전체 목표	하루 분량	월	화	수	목	금	토	일

비교과 활동 계획

과목	내용	학습 요일						
		월	화	수	목	금	토	일

자투리시간 계획

언제	할 일

여유시간 계획

언제	하고싶은 일

Month

☐ 중요한 일 ╱ 진행중 ✕ 완료 ← 취소 → 연가·위임

	비교과 활동 계획	교과 학업 계획	
Mon			06-07
Don't Forget			07-08
			08-09
			1교시 2교시 3교시 4교시
			점심
			5교시 6교시 7교시 보충
			18-19
			19-20
			20-21
			21-22
			22-23
			23-24
Tue	비교과 활동 계획	교과 학업 계획	06-07
			07-08
			08-09
			1교시 2교시 3교시 4교시
			점심
			5교시 6교시 7교시 보충
			18-19
			19-20
			20-21
			21-22
			22-23
			23-24
Wed	비교과 활동 계획	교과 학업 계획	06-07
			07-08
			08-09
			1교시 2교시 3교시 4교시
			점심
			5교시 6교시 7교시 보충
			18-19
			19-20
			20-21
			21-22
			22-23
			23-24
Thu	비교과 활동 계획	교과 학업 계획	06-07
			07-08
			08-09
			1교시 2교시 3교시 4교시
			점심
			5교시 6교시 7교시 보충
			18-19
			19-20
			20-21
			21-22
			22-23
			23-24

Plan └ do   Professional·Performance·Process

Year

Fri	비교과 활동 계획	교과 학업 계획	

06-07
07-08
08-09
1교시
2교시
3교시
4교시
점심
5교시
6교시
7교시
보충
18-19
19-20
20-21
21-22
22-23
23-24

Sat	비교과 활동 계획	교과 학업 계획	

06-07
07-08
08-09
1교시
2교시
3교시
4교시
점심
5교시
6교시
7교시
보충
18-19
19-20
20-21
21-22
22-23
23-24

Sun	비교과 활동 계획	교과 학업 계획	

06-07
07-08
08-09
1교시
2교시
3교시
4교시
점심
5교시
6교시
7교시
보충
18-19
19-20
20-21
21-22
22-23
23-24

Plan   do

수면습관	Mon	Tue	Wed	Thu	Fri	Sat	Sun
취침시간	시 분	시 분	시 분	시 분	시 분	시 분	시 분
기상시간	시 분	시 분	시 분	시 분	시 분	시 분	시 분
수면시간	시간 분	시간 분	시간 분	시간 분	시간 분	시간 분	시간 분
공부습관	Mon	Tue	Wed	Thu	Fri	Sat	Sun
자주학시간	시간 분	시간 분	시간 분	시간 분	시간 분	시간 분	시간 분
공부만족도	만족,보통,불만족	만족,보통,불만족	만족,보통,불만족	만족,보통,불만족	만족,보통,불만족	만족,보통,불만족	만족,보통,불만족

부록 303

이 책의 특징은 현장에서 실현 가능하고 효과성이 검증된 진로 교육에 대해 자세히 안내하고 있다는 것이다. CAT Design은 학교 진로 교육에서 어떻게 진로와 학종을 연계할 수 있는가에 대한 방향성을 제시해 줄 것이다. 진로 교사들이 이 책의 내용을 하나씩 적용해, 학교 진로 교육의 방향성을 제시할 수 있기를 기대한다.

_ 문성채 한국교원대학교 선임연구원

이 책은 지난 10여 년간의 LSP 운영 경험을 토대로 저술되었기에 신뢰가 가며, 또 쉽게 이해할 수 있다. 이 책의 장점은 진로 교육을 통해 인생 전체를 조망하도록 하였고, 실행에 옮길 수 있는 플래닝 교육을 제시하였으며, 독서교육을 통해 창의적 능력을 키울 수 있는 구체적 방법을 제시한다는 것이다.

_ 정종희 경기도교육연구원, 한국진로교육연구소장

지금도 그렇고, 미래는 더욱더 시간을 자기 것으로 사용하는 사람들이 삶을 더 풍요롭게 누릴 수 있다. CAT Design! 진로를 만들고, 성과를 경험하면서 아이들이 더 행복하게 성장하는 방법이 이 책에 담겨 있다. 꼭 2독을 권한다.

_ 정동완 《베스트셀러 끝판왕 시리즈》 저자

진로 교육은 단순히 진학을 위한 수단이 아니라 학생의 삶을 만들어가는 과정이 되어야 한다고 생각하지만 실제 학교 현장에서 그 방법을 찾기가 쉽지 않다. 이 책을 통해 학교생활은 물론 진로 및 진학 준비와 인생에 대한 설계가 가능할 것이다.

_ 이경민 방어진고등학교 교사

이 책은 막막한 학종 전형에서 해답을 찾아가고 싶은 학생들에게 길잡이가 되어줄 것이다. 자신만의 진로를 디자인하고 실현시키는 전 과정이 담겨 있다.

_ 정찬희 소하중학교 교사

이 책은 자신의 진로를 찾아 어두운 길을 헤매는 많은 학생들에게 이정표와 같은 역할을 할 것이라 확신한다.

_ 변정현 석천중학교 교사

이 책에 소개된 학생들의 진로 목표엔 자신의 가치관과 소명이 그대로 담겨 있다. 학생의 진로를 고민해야 하는 현직 교사들에게 큰 도움이 될 것이다.

_ 김명숙 고잔고등학교 교사

곽충훈 선생님은 역량기반 진로 진학 지도의 선구자라고 말할 수 있다. 학생들이 진로를 세심하게 파악하고 체계적으로 진학 계획을 수립할 수 있도록 도우며 학교 활동을 통해 역량을 개발할 수 있도록 안내하고 있다.

_ 박유진 동탄고등학교 교사

학교 현장에서 학생 개개인에 대해 애정과 관심을 가지고 도운, 곽충훈 선생님의 노력들이 집약된 책이다. 학생들과 연대감, 유대감을 가지고 꼼꼼하게 지도하신 선생님의 노력에 찬사를 보낸다.

_ 권유라 서울 성재중학교 교사